高等院校会计学专业应用型人才培养系列教材

基础会计学
（第二版）

张梦洮 林 源 主 编
杨 洁 白改侠 副主编

清华大学出版社
北京

内 容 简 介

本书根据企业会计准则的基本准则和相关具体准则的规定编写,以最新的会计理念阐述了会计的基本概念、基本职能与目标、基本方法以及会计的基本约束条件等基本原理;以会计的基本核算方法为核心,系统介绍了会计要素、会计科目、账户设置方法、复式记账方法、凭证填制方法、账簿登记方法、成本核算方法、财产清查方法、会计报表的编制方法以及这些方法在会计确认、计量、记录、报告循环中的具体运用,使学生对会计基本理论和基本方法的运用有一个整体的认识和初步系统地掌握。本书注重理论与实践的有机结合,专业知识与思政内容的相辅相成,每章开篇都有相应的引例,章节中根据需要插入了例题、课程思政、小贴士等内容,并配套一定数量的习题。

本书编写的目的是使学生知晓会计学的基本原理和方法,掌握会计工作基本操作技能和会计信息生成的基本程序,形成初步的会计理念和会计逻辑,为进一步学习会计专业课程以及从事会计工作奠定较为扎实的基础。

本书适合应用型本科院校会计学、财务管理、审计学及其他相关专业的学生使用。

本书封面贴有清华大学出版社防伪标签,无标签者不得销售。
版权所有,侵权必究。举报: 010-62782989, beiqinquan@tup.tsinghua.edu.cn。

图书在版编目(CIP)数据

基础会计学/张梦洮,林源主编. —2 版. —北京:清华大学出版社,2024.2(2024.8 重印)
高等院校会计学专业应用型人才培养系列教材
ISBN 978-7-302-65224-3

Ⅰ.①基⋯ Ⅱ.①张⋯ ②林⋯ Ⅲ.①会计学-高等学校-教材 Ⅳ.①F230

中国国家版本馆 CIP 数据核字(2024)第 027124 号

责任编辑:左卫霞
封面设计:傅瑞学
责任校对:刘　静
责任印制:沈　露

出版发行:清华大学出版社
　　　　网　　　址:https://www.tup.com.cn,https://www.wqxuetang.com
　　　　地　　　址:北京清华大学学研大厦 A 座　　　　邮　　编:100084
　　　　社 总 机:010-83470000　　　　　　　　　　　邮　　购:010-62786544
　　　　投稿与读者服务:010-62776969,c-service@tup.tsinghua.edu.cn
　　　　质量反馈:010-62772015,zhiliang@tup.tsinghua.edu.cn
　　　　课件下载:https://www.tup.com.cn,010-83470410
印 装 者:三河市君旺印务有限公司
经　　销:全国新华书店
开　　本:185mm×260mm　　　　印　　张:14.75　　　　字　　数:356 千字
版　　次:2014 年 9 月第 1 版　2024 年 2 月第 2 版　印　　次:2024 年 8 月第 2 次印刷
定　　价:49.80 元

产品编号:091580-02

第二版前言

本书第一版于2014年9月出版,得到了很多兄弟院校的支持和厚爱,获得了宝贵的反馈意见和建议。时间飞快,会计专业的发展,新技术的出现,新法规的颁布,新的教学手段的不断涌现,使原教材中的一些内容已经不合时宜。新版教材与时俱进,将党的二十大报告提出的"全面贯彻党的教育方针,落实立德树人根本任务,培养德智体美劳全面发展的社会主义建设者和接班人"的教育思想融入书中,本书做了较为全面的修订。

本次修订主要体现在以下三个方面。

第一,全书各章节加入课程思政相关内容。本书贯彻执行教育部印发的《高等学校课程思政建设指导纲要》,各章内容都以"价值塑造、知识传授和能力培养"为主旨,以知识点为载体,将立德树人切实落实到教材的全部章节中,贯穿整个教学过程。

第二,把原来作为一章的企业主要经济业务拆成了三章。拆分的主要原因在于日常教学中发现企业的主要经济业务内容庞杂,一章内容对于入门级的学生来说,学习难度过大。在教学实践中,编写团队已将各项活动按照资金运动的顺序进行了拆分教学,故本次修订将这一章内容划小,一章一总结,规避掉过程较长引起的教学困难。

第三,与时俱进,修改书中的陈旧内容。原第1章的内容注重引入会计概念,对现代商业环境内容介绍较少,本次修订,希望学生更加熟悉现代商业环境,了解现代会计的应用范围,因此减少了对会计发展史的介绍,增加了企业组织形式、会计信息使用者等相关内容。企业主要经济业务相关章节采购和销售活动所有例题和本章习题的增值税税率均改为13%。根据财政部2017年7月修订印发的《企业会计准则第14号——收入》的相关规定,对第5章销售活动收入部分的内容进行了更新。根据财政部2019年4月《关于修订印发2019年度一般企业财务报表格式的通知》(财会〔2019〕6号)的规定,对第10章相关报表格式进行了调整。原第12章的内容陈旧,根据行业发展对其进行了修改,以使所有内容能满足当下环境下的教学使用。

一本好的教材不在于知识点的堆砌,也不在于紧追最新的技术和观点,而在于真正领悟"教育公平"的思想。所谓的教育公平,是真正的因材施教,是教材对于受教育对象的实用性。对应用型本科的学生,本书不要求知识的大而全,而要求为会计专业学生的学习打基础,并注重知识的"适用和够用",在能力上则突出"应用性、实践性和可操作性"。本书提供课件、习题答案等教学资源,可在清华大学出版社官网下载。

本书由广州新华学院张梦洮、林源担任主编,杨洁、白改侠担任副主编。其中,张梦洮主要负责各章内容的统筹、知识点更新和删补、案例修改等工作,林源主要负责全书修订工作的统筹安排和审核工作,白改侠主要负责全书课程思政内容的编写和融入,杨洁主要负责课后习题修订和 PPT 制作。

  本书修订借鉴和参考了同行专家的有关著作,收益良多,在此深表感谢!由于编者水平有限,书中难免会有疏漏和不妥之处,恳请各位专家、同行不吝赐教,以便我们继续修订和完善。

编 者

2023 年 10 月

第一版前言

为了适应应用型本科院校会计人才培养目标的需求,满足不断提升会计教学质量的要求,我们在认真总结以往教材编写经验与不足的基础上,结合多年的教学积累与体会,编写了这本《基础会计学》教材。

几年来,我们一直想为我们的学生写一本好的会计入门教材,让它成为学生的一位好老师,帮助学生顺利地进入会计的殿堂,去探索知识的奥秘。在林林总总的会计学入门教材中,风格各异、各有千秋,但感觉真正得心应手的不多。长期的一线教学经历使我们感悟出,教材作为知识的传输媒介,不仅反映出作者对知识把握的透彻度,更浸透着作者教学经验的积累;写教材不仅要有深厚的专业知识基础,还要对学生有透彻的了解。一本好教材不是知识的堆砌,而是知识与教学艺术的有机结合。本着这样的理念,我们在教材的篇章架构、内容选择、层次安排、语言表达等方面都做了许多努力,试图写出一本难度适中的、与应用型本科会计人才培养目标相符的《基础会计学》教材。由于本教材是会计学专业和其他经济管理类学生学习会计学的入门教材,其内容在后续专业课学习中起"奠基"作用,有着举足轻重的地位,因此,我们十分重视这本教材的基础性和实用性。

本教材的编写突出以下三大特点。

第一,以会计循环中的"三基"为主线,即在会计确认、计量、记录、报告中贯穿会计的基本概念、基本理论和基本方法。在教材的结构上以会计的基本概念和基本理论为基础,以会计的基本核算方法为核心,系统阐述账户的设置方法、复式记账方法、凭证的填制方法、账簿的登记方法、成本的计算方法、财产清查方法、会计报表的编制方法以及这些方法的具体应用,使学生对会计确认、计量、记录和报告四大环节中会计的基本理论和基本方法的运用有一个整体的认识和初步系统地掌握。

第二,以学生应用能力的培养为出发点。根据应用型本科院校人才培养目标的定位和教学要求,教材中只对会计基本方法有根源性和指导性的会计基本理论作必要阐述,重点放在会计基本方法及其应用上,并注重会计理论与会计实务操作的有机结合,插入必要的案例,配备一定量的习题和实训资料,突出对学生应用能力的培养。

第三,以规范、适用、够用为原则。规范就是教材内容上要准确、有凭有据、符合会计规范要求;适用,就是编写中要关注对象群体。本教材服务于应用型本科人才,是会计初学者专业基础阶段的用书,所以,教材在内容、逻辑结构、语言表述等方面都要准确清楚、通俗易懂,做到"由浅入深、深入浅出";够用,则是指教材的内容只要满足"三基"的内容需要就可以,不做延伸,以便使基础会计和后续的中级财务会计有一个层次的界限和良好的衔接。

本教材共 10 章,分别为总论、会计的对象、账户与复式记账、账户与复式记账法的运用——工业企业基本经济业务的核算及成本计算、会计凭证、会计账簿、财产清查、财务报告、会计处理程序及会计工作的组织。

本教材由中山大学新华学院孙晓梅任主编,林源、许彩玲、张梦洮任副主编。其中,第1、2、3 章由孙晓梅编写;第 4、7 章由林源编写;第 8、9、10 章由许彩玲编写;第 5、6 章由张梦洮编写。本教材编写大纲由孙晓梅教授设定,最后由孙晓梅统稿。

本教材在编写中参阅了一些不同版本、不同层次的图书,从中受到了一些启发和借鉴,丰富了我们的思维和灵感,使我们的眼界更加开阔,为此,向这些作者和出版者一并表示感谢。与此同时,我们还要感谢清华大学出版社、中山大学新华学院为本教材的编写工作提供了很多的支持与帮助!

由于我们水平有限,无法使教材尽善尽美,缺点与错误也在所难免,敬请广大读者提出宝贵意见。

编 者

2014 年 6 月

目　录

第 1 章　总论 ··· 1
　1.1　会计的发展历程 ·· 2
　1.2　现代企业与会计 ·· 4
　1.3　会计的职能和目标 ··· 7
　1.4　会计的基本方法 ·· 10
　1.5　会计的基本约束条件 ·· 12
　本章小结 ·· 18
　本章习题 ·· 19

第 2 章　会计的对象 ··· 21
　2.1　会计对象 ··· 22
　2.2　会计要素与会计等式 ·· 23
　2.3　会计科目 ··· 35
　本章小结 ·· 39
　本章习题 ·· 39

第 3 章　账户与复式记账 ·· 43
　3.1　账户 ··· 43
　3.2　复式记账原理 ··· 46
　3.3　复式记账方法——借贷记账法 ··· 47
　本章小结 ·· 57
　本章习题 ·· 57

第 4 章　筹资活动与投资活动中复式记账法的运用 ····························· 63
　4.1　工业企业筹资活动在资金运动中的位置 ······································ 64
　4.2　筹集资金过程的账户设置及运用 ·· 64
　4.3　采购过程的账户设置及运用 ·· 69

本章小结 ……………………………………………………………………… 76
　　本章习题 ……………………………………………………………………… 76

第 5 章　生产与销售活动中复式记账法的运用 …………………………………… 79
　　5.1　生产过程及产品成本计算过程的账户设置及运用 ………………………… 79
　　5.2　销售过程的账户设置及运用 ………………………………………………… 85
　　本章小结 ……………………………………………………………………… 92
　　本章习题 ……………………………………………………………………… 92

第 6 章　财务成果的产生与分配中复式记账法的运用 …………………………… 95
　　6.1　期间费用、利得与损失核算的账户设置及应用 …………………………… 95
　　6.2　财务成果形成过程的账户设置及应用 ……………………………………… 99
　　6.3　财务成果分配过程的账户设置及应用 …………………………………… 101
　　本章小结 …………………………………………………………………… 104
　　本章习题 …………………………………………………………………… 104

第 7 章　会计凭证 ………………………………………………………………… 109
　　7.1　会计凭证概述 …………………………………………………………… 110
　　7.2　原始凭证 ………………………………………………………………… 116
　　7.3　记账凭证 ………………………………………………………………… 119
　　本章小结 …………………………………………………………………… 126
　　本章习题 …………………………………………………………………… 126

第 8 章　会计账簿 ………………………………………………………………… 130
　　8.1　会计账簿的意义和种类 ………………………………………………… 131
　　8.2　会计账簿的设置 ………………………………………………………… 134
　　8.3　会计账簿的登记 ………………………………………………………… 136
　　8.4　账簿的核对与错账更正 ………………………………………………… 142
　　8.5　结账 ……………………………………………………………………… 148
　　本章小结 …………………………………………………………………… 151
　　本章习题 …………………………………………………………………… 151

第 9 章　财产清查 ………………………………………………………………… 154
　　9.1　财产清查的意义和种类 ………………………………………………… 154
　　9.2　财产清查的方法 ………………………………………………………… 156
　　9.3　财产清查结果的处理 …………………………………………………… 163
　　本章小结 …………………………………………………………………… 166
　　本章习题 …………………………………………………………………… 167

第 10 章 财务报告 ······ 170

10.1 财务报告的意义与种类 ······ 171
10.2 资产负债表的意义与基本填列方法 ······ 173
10.3 利润表的意义与填列方法 ······ 183
10.4 现金流量表的意义与结构框架 ······ 188
10.5 会计报表附注和财务情况说明书 ······ 191
本章小结 ······ 193
本章习题 ······ 193

第 11 章 会计处理程序 ······ 197

11.1 会计处理程序的意义和种类 ······ 198
11.2 记账凭证会计处理程序 ······ 198
11.3 科目汇总表会计处理程序 ······ 200
11.4 汇总记账凭证会计处理程序 ······ 206
本章小结 ······ 208
本章习题 ······ 208

第 12 章 会计工作组织 ······ 212

12.1 会计基本工作规范 ······ 213
12.2 我国的会计规范体系 ······ 216
12.3 会计档案 ······ 220
本章小结 ······ 223
本章习题 ······ 224

参考文献 ······ 226

第1章 总　　论

本章的学习将会使你：
- 了解会计发展的历程；
- 熟悉企业的类型和各类型的特点；
- 了解企业信息使用者的分类；
- 熟悉和掌握会计的概念、职能、目标、会计假设及会计信息质量规范等；
- 熟悉和掌握会计基本方法的具体内容。

导入案例

"改革派"与"改良派"的友谊

"科学之原理原则，彼此固无二致，何来中外新旧之分。"

20世纪初，中国的民族工业呈现出蓬勃发展之势，传统的记账方式已不能满足日渐复杂的经济活动，中国会计何去何从？

20世纪30年代，潘序伦与徐永祚之间曾展开一场争论，焦点是中国会计要不要与国际接轨。徐永祚为代表的"中式簿记改良派"，主张在保存中式簿记核算形式的前提下进行改良，而潘序伦为代表的改革派认为，会计属于一种科学技术，是不分国界的，也无所谓中西之分，而要看方法科学与否。

1928年，上海暨南大学《会计学报》创刊号发表了徐永祚的《改良中国会计问题》。文中提出，中式簿记具有古代"四柱结算法"原理的优点，应用"改良簿记"。1933年元月，徐永祚会计师事务所创办并主编《会计杂志》月刊，介绍国内外财会管理的理论和经验。随后，徐永祚的《改良中式簿记概说》出版，此外他还发表了《改良中式簿记实例》《改良中国会计问题》《改良中式簿记缘起及简章》等文章，并在上海举办改良中式簿记展览会，掀起了改良中式簿记的热潮。

而在1934—1935年，潘序伦先后在《会计杂志》上发表《为讨论"改良中式簿记"致徐永祚君书》《批评徐永祚的改良大纲10条》和《改良中式簿记之讨论》等文，顾准也推出了《评徐永祚氏"改良中式簿记"》。

这场学术争论，被以后的会计史学者认为是"改良派"与"改革派"之争。"改良派"以徐永祚为首，认为尽管中式簿记存在许多问题，但都可以参照西方复式簿记原理加以改良，仍然保留收付为记账符号及中式账簿记账方式等传统做法。"改革派"以潘序伦等为代表，则认为中式簿记是不科学的、不进步的，只有借贷复式记账法（西式簿记）才是科学的、进步的，从发展趋势看，中式簿记必然被西式簿记所取代。

我国著名会计史学家郭道扬教授这样评价："20世纪30年代所发生的改革或改良中国会计之争，是我国会计发展史上影响最大的一次会计学术讨论与交流，是我国老一辈会计学家、学者为振兴中国实业，改进中国会计行业落后状况而作的重要努力，也是我国会计学术初步取得进展的重要标志。"

这场学术争论推动了中国会计事业的发展,而潘序伦与徐永祚更是因为这场争论结下了友谊。有了徐永祚这个标杆,潘序伦也更加注重钻研学术,专注于现代会计学在中国的传播和推广。抗日战争胜利后,在中国民主建国会地下组织的直接领导下,徐永祚在上海以组织"聚餐会"的形式,开展争取民主、反对内战的革命活动,影响和团结会计界同仁。"聚餐会"每月一次,日期和时间固定,不发通知,风雨无阻。上海会计界同仁被邀参加的约20人,其中就有潘序伦及夫人张蕙生。

资料来源:曹继军,颜维琦.中国现代会计之父——写在潘序伦诞辰120周年.光明日报,2013-09-12(13).

思考:"改革派"和"改良派"谁的观点对?为什么?

1.1 会计的发展历程

1.1.1 会计的产生

在人类社会发展的历史进程中,会计作为管理经济的一种重要手段已有了千百年的历史。人们对会计的认识是随着社会生产的发展和经济管理要求的提高而不断发展和完善的。纵观人类社会生产发展的历程,每一阶段的社会生产都是投(入)与产(出)、耗费与收回的矛盾与统一过程,产出大于耗费、收入大于付出,是人类社会发展的必然前提,也是人类社会生产的共同目标。因此,对经济活动中的产出与耗费、收入与付出的计量、记录、计算、对比、分析就成了一种必然的需求。这种需求也是会计产生的自然基础。

1.1.2 会计的发展

会计的发展历程大致可划分为以下三个阶段。

1. 形成期(15世纪末以前)

追溯历史,公元前1000年左右出现会计的萌芽,但当时它只是作为生产职能的附带部分,由生产者在生产之余自己做的一些简单计量与记录行为,表现为"结绳记事""刻契记数"等原始记录形式,用于计算劳动的成果,为劳动成果的分配服务。随着生产的不断发展、生产力的提高,剩余产品的大量出现以及文字、数字的产生,社会分工和私有制出现,特别是商品生产和商品交换的产生,为这种原始记录形式的改变提供了推动力和条件,对由商品生产而带来的生产、消费、交换、分配过程的计量、记录、计算过程就不再是生产者本身能够完成的事情,它需要一个专职的人员来完成,这就使会计从萌芽期向雏形期发展,从生产职能中分离出来,成为一个专门的职能,并逐步形成了从事会计工作的专职岗位(马克思曾考证:在远古的印度公社中,已经有了农业记账员。在那里,簿记已经独立为一个公社官员的专职)。

我国会计史料记载,在西周时,周王朝已设立了专门的会计官吏——"司会"(掌握会计事务,"凡上之用,必考于司会"。司会还负责朝政经济收入的会计核算和出纳事务,并建立钱粮赋税"日成""月要""岁会"的报告文书,初步具有日报、月报、年报的会计报表的作用。目的是掌控奴隶王朝的收支情况)。到了封建社会,西汉时期,官府和民间都有了会计账簿,中式簿记开始从单一流水账发展成为"草流"（也叫底账）、"细流"和"总清"三账，会计的核算方法发展为"三柱结算法"，即根据本期收入、支出、结余三者之间的关系（入－去＝余）结算本期财产物资增减变化及其结果。唐宋时期，创立了"四柱结算法"，奠定了中式簿记的基本原理。"四柱"是指"旧管"（即上期结存），"新收"（即本期收入），"开除"（即本期支出），"实在"或"见在"（即本期结余）。按"四柱"编制的反映本期结存的一种表册称为"四柱清册"。"四柱清册"的出现使我国当时的会计技术得到了进一步发展。明末清初，山西豪商傅青山参考当时的官厅会计设计出一种比较复杂的、存在内部钩稽关系的"龙门账"。它把全部账户划分为四大类，即"进"（收入类）、"缴"（支出类）、"存"（资产及债权类）、"该"（负债及业主投资）。这四大类账户的关系：进－缴＝存－该。每年度决算时，也运用上述关系验算等式两边差额是否相等，并借以确定当年盈亏。"龙门账"的出现，使会计方法由单式记账向复式记账发展迈进了一大步。这是我国在世界会计史上曾经的辉煌。

2. 发展期（15世纪末至20世纪50年代）

会计的发展期经历了一个比较漫长的历史阶段，大体上有以下三个比较重要的发展标志。

标志一：一般认为，15世纪末期，意大利数学家卢卡·巴其阿勒有关复式簿记论著的问世，标志着近代会计的开端，是会计发展的第一个里程碑式的标志。

15世纪航海技术的发明使人类发现了地球，从此掀开了人类文明的序幕。意大利的佛罗伦萨、热那亚、威尼斯等地的商业和金融业因此特别繁荣。日益发展的商业和金融业要求不断改进和提高已经流行于这三个城市的复式记账法。1494年，意大利数学家卢卡·巴其阿勒出版了他的《算术、几何、比与比例概要》一书，系统地介绍了威尼斯的复式记账法，并给予了理论上的阐述。至此开始了近代会计的历史。

标志二：18世纪末到19世纪初，英国工业革命促成的成本会计的诞生及其不断完善，以及由此带来的会计理论和方法的发展，是会计发展的第二个重要标志。

15世纪到18世纪，会计的理论与方法的发展是比较缓慢的。直至18世纪末到19世纪初，蒸汽技术的发明实现了欧洲的工业革命，不仅带来了生产力的巨大发展，也带来了会计的较大发展。此时成本会计产生并得到不断完善，会计的理论与方法也得到了进一步的发展。18世纪60年代开始，逐渐形成了以英、美等国为代表的"英美派会计"体系和以德、法等国为代表的"大陆派会计"体系，成为近代会计发展史上的两大支柱。

标志三：20世纪30年代至50年代前后（第一次世界大战以后），财务会计与管理会计分离，管理会计的产生和发展是会计发展史上的一次重大变革，从此会计形成了财务会计和管理会计两大分支。这是会计发展的第三个重要标志。

第一次世界大战结束后，由于美国经济的迅速崛起使其成为世界经济的"领头羊"。无论是生产，还是科学技术的发展都处于世界领先的地位，一举取代了英国。从此，会计学的发展中心，也从英国转移到美国。随着会计信息需求的改变，使企业会计从以对内提供会计信息为主逐渐转变为对外提供会计信息为主，导致管理会计和财务会计相分离。丰富了会计学科内容，增强了会计功能。

由此可见，对会计发展作出重大贡献的三个国家包括意大利（13—15世纪的复式簿记方法及理论）、英国（18—19世纪的成本会计诞生）和美国（19—20世纪的财务会计与管理会计的分离）。

小思考
为什么会计发展期的发展标志诞生在西方而不是在中国？

3. 成熟期（20 世纪中期至今）

20 世纪中期以后，由于科学技术水平的不断发展使现代数学、现代管理科学与会计相互结合，特别是电子计算机技术引进会计领域，使会计的记账手段有了根本性的变化，会计的方法更加完善；同时，随着管理会计和财务会计相互分离，使会计目标和会计理论更加丰富，管理会计以对内提供会计信息为主，财务会计以对外提供会计信息为主；财务会计和管理会计两大理论体系已经形成。

进入 20 世纪 70 年代，随着知识经济时代的到来，会计的视野更开阔，相继出现关注宏观经济的社会会计；为跨国公司经营服务的国际会计；为消除通货膨胀因素影响的通货膨胀会计；关注人力资源价值及成果的人力资源会计以及关注人力生存环境因素的环境会计等一些新的会计领域。

进入 21 世纪，随着世界经济一体化进程的加快，会计规范的国际化要求得到进一步提高，国际趋同的会计准则体系日渐形成，会计作为国际通用的"商业语言"已然成为现实。2006 年 2 月 15 日，财政部发布新企业会计准则体系，自 2007 年 7 月 1 日起在上市公司施行，这是我国会计规范体系建设上的一个里程碑式事件，更是我国会计准则向国际会计准则体系全面趋同的战略性举措。至 2019 年，财政部又颁布了 4 号新会计准则，并对若干号会计准则进行了修订。至此，我国现有企业会计准则体系由 1 号基本准则和 42 号具体准则以及相应应用指南所构成。

总之，会计随着社会生产的发展和经济管理要求的提高在不断地发展和完善。

课程思政

（1）经济越发展，会计越重要。学习会计，必须先了解会计的发展史。伴随经济的飞速发展，会计从最初的古代会计，发展到如今的现代会计。会计从古至今发生了巨大变化，从中感知会计在国家建设、经济发展中的重要贡献。

（2）在会计发展的过程中，涌现了许多中外会计名人，如卢卡·帕乔利、潘序伦、谢霖、顾准、杨纪琬、葛家澍等，他们对会计的杰出贡献进一步推动了会计的发展。了解会计名人事迹，向榜样学习，制订初步的职业规划，确定初步的奋斗目标，努力成为对国家、对社会有贡献的社会主义新青年。

（3）会计的记账方式从最早的结绳记事、算盘等，到现在的计算机、财务机器人、大数据、云计算、区块链等，使会计处理信息的质量和效率大大提升，从中感知科技、创新的力量和魅力，感受国家的强大，增强民族自信心和自豪感，培养爱国主义精神。

1.2 现代企业与会计

1.2.1 现代企业的组织形式

企业是从事生产、流通和服务等经济活动的社会基本经济细胞，它是以生产或服务满足社会需要，实行自主经营、独立核算、依法设立的一种营利性的经济组织。企业具有独资企业、合伙制企业和公司制企业三种主要类型。

1. 独资企业

独资企业,是指在中国境内设立,由一个自然人投资,财产为投资人所有,投资人以其个人财产对企业债务承担无限责任的经营实体。独资企业的特征:出资人是一个具有完全民事行为能力的自然人,不能从事法律、法规禁止的营业性活动。企业不具有法人资格,企业只是投资者进行商业活动的一种特殊形态。投资者也是经营者,投资者参与企业经营管理。独资企业财产归投资人个人所有,但投资人也以个人全部财产对企业债务承担无限责任。由于独资企业由投资者自己经营,所以该类型企业一般规模较小,且很难大规模扩张,如个人开设的便利店、小饭店等。

独资企业的优点:灵活,经营权和所有权统一于一人,所以企业经营各方面都非常方便。注册的要求低,国家对独资企业的注册资料文件等要求简单,注册流程快捷。

独资企业的缺点:规模难以扩张,从战略到执行都是所有者一人,由于精力有限,很难再对企业规模扩张。由于所有者和经营者都为一人,无法分工,所有权与经营权不分离,所有者需要以个人财产为限对企业负债承担无限责任。

2. 合伙制企业

合伙制企业,是依照合伙企业法在中国境内设立的,由各合伙人订立合伙协议,共同出资、合伙经营、共享收益、共担风险,并对合伙企业债务承担无限连带责任的营利性组织。合伙制企业的特征:出资人由两个或两个以上的个人组成。合伙人之间需就成立合伙企业签订相关合伙协议。合伙人共同出资成立企业,共同经营合伙企业,共享合伙企业带来的收益。合伙人对合伙企业债务承担无限连带责任。合伙制企业由于合伙人共同经营,所以其规模能够扩张。会计师事务所、律师事务所等一般都是合伙制企业。

合伙制企业的优点:相对独资企业,合伙制企业更易于扩张规模。由于参与经营的人数多,所以更利于企业分工。

合伙制企业的缺点:由于决策需要所有者共同同意,所以企业经营不够灵活。企业注册需要各合伙人签订协议,规范各方权责,所以注册的资料文件较多,流程相对繁琐。所有权与经营权不分离,所有者需要以个人财产为限对企业负债承担无限连带责任。

3. 公司制企业

公司制企业的所有权与经营权分离,投资者享有所有权,但不参与企业经营管理,企业由职业经理人经营管理。公司制企业在法律上具有民事权利能力和民事行为能力,故公司称为法人。公司制企业的投资者可以是自然人,也可以是其他公司、外商(包括外籍个人和公司)和国家。出资人以出资额为限承担有限责任。投资者之间需按照相关法律签订投资协议,需按照我国企业会计准则编制会计报表,对外列报会计信息。本书内容都按照公司制企业编排,例题所涉及企业都是公司制企业。公司制企业也是我国数量最多的企业类型,如华为、格力电器、中国石化等。

公司制企业的优点:经营权与所有权分离,所有者以出资额为限对企业债务承担有限责任。

公司制企业的缺点:由于所有者不参与经营,所以企业注册的法律要求极为严格。国家对公司制企业也有极严格的会计信息披露要求。

小贴士——有限合伙企业

有限合伙企业是一种类似于普通合伙的合伙企业,只是除了"普通合伙人"之外有限合伙还可以包括"有限合伙人"。普通合伙人对企业债务承担无限连带责任,有限合伙人对企业债务以出资额为限承担有限责任。有限合伙制度源于英美法系,它是指由普通合伙人和有限合伙人共同组成的合伙组织,在经济活动中发挥着灵活高效的作用。有限合伙企业本质还是合伙制企业。根据《中华人民共和国合伙企业法》的规定合伙人人数为二人以上五十人以下,至少有一个普通合伙人。

课程思政

当今,公司的组织形式多样,股份制公司的股东不直接参与企业的日常经营管理,身为职业经理人等,要用自身的专业技能为公司创造更大的利益,努力成为有知识、有作为、有担当的社会主义接班人。

1.2.2 会计的概念

尽管会计从产生到现在已有上千年的历史,但人们对会计本质的认识是一个逐渐发展和提高的过程。在会计从简单到复杂,从低级到高级的不断发展、完善过程中,其内涵和外延也在不断地丰富。迄今为止,人们对会计的含义尚未得出一个统一公认的概念标准。对现代会计的认识,我国比较有代表性的有信息系统论和管理活动论两大主流学派。

1. 信息系统论

信息系统论认为,现代会计是一个以提供财务信息为主的经济信息系统。

将会计作为一个信息系统,是站在会计本身功能的角度来认识会计。会计信息系统是通过会计的确认、计量、记录、报告等程序,对企业经济活动中的资金运动过程进行核算和监督,产生以货币为主要度量的会计信息,以便信息需求者使用。会计信息也被称为国际商业的语言。

会计信息系统是由若干具有内在联系的程序、方法和技术组成的,用于处理经济数据、提供财务信息和其他有关经济信息的有机整体。

2. 管理活动论

管理活动论认为现代会计是经济管理的重要组成部分,是一种经济管理活动。

管理活动论是从会计发挥作用的角度来理解会计。将会计记录、计算和考核经济活动过程及其财务收支情况,记录、计算和考核经营成果的过程,看作一项重要的经济管理活动。因为经济管理过程所包括的计划、组织、协调、控制、分析、考核、激励等环节都有会计发挥作用。会计人员通过会计的程序和方法对企业经济活动的原始数据进行加工处理,产生以货币为量度的会计信息,既为管理者分析、考核和控制经济活动过程提供了依据,也直接或间接地参与到企业的管理活动中。

信息系统论和管理活动论是人们认识事物的角度不同而得出的不同结论。信息系统论,是从会计本身功能的角度认识会计;管理活动论,是从会计发挥作用的角度认识会计。前者认为会计是在生产并传递一种经济信息,强调的是信息的作用;后者认为会计是在参与一种管理活动,强调的是会计本身的作用。本书认为,两种观点不是孰对孰错,而是对会计的定位问题。管理活动论强调的是会计在企业内部的作用,是以一个企业为对象;信息系统论强调的是会计信息的作用,是以众多的信息使用者为对象。因此本书认为,将现代会计定义为一个信息系统更能表述会计的本质属性和其目的性。因为现代会计的环境已经发生了很大变化,会计的作用不再是只对一个企业、一个投资主体发生作用了。会计信息已经是企业之间、投资主体之间相互了解、相互交流的一种工具,已经成了商业的语言。

随着社会经济的发展和人们认识的不断深入,会计是一个经济信息系统的观点正在被更多的人接受和认可。基于这种观点,本书对会计进行以下描述:会计是以货币为主要计量单位,运用一系列专门的方法,通过会计的确认、计量、记录、报告等程序,对一定主体的经济活动中的资金运动过程进行核算和监督的一个以提供财务信息为主的经济信息系统。

据此,归纳出现代会计是以下几大特征。

(1) 会计的本质:一种生产并传递会计信息的过程。
(2) 会计的目的:提供财务的信息。
(3) 会计的计量:以货币为主要计量单位。
(4) 会计的手段:通过确认、计量、记录和报告等一系列专门的方法和程序。
(5) 会计的职能:核算和监督。
(6) 会计的内容(对象):一定会计主体(单位)经济活动中的资金运动。

我国现行会计准则对会计下的定义:会计是以货币为主要计量单位,以凭证为依据,借助专门的技术方法,对一定单位的资金运动进行全面、综合、连续、系统的反映与监督,向有关各方面提供会计信息、参与经营管理、旨在提高经济效益的一种经济管理活动。

1.3 会计的职能和目标

学习和理解会计的基本职能与目标是进一步理解会计概念内涵的需要,会计的基本职能与目标是会计基本概念的深层次内容。

1.3.1 会计的基本职能

会计的基本职能是指会计本身所具有的功能,它是会计的客观内涵。马克思在《资本论》中曾经对簿记的作用有过一段精辟的论述:"过程越是按社会的规模进行,越是失去纯粹个人的性质,作为对过程的控制和观念总结的簿记就越是必要。"这里的"过程"是指再生产过程,"控制"和"观念总结"就是指"簿记"本身所具有的功能,即簿记的基本职能。其中"控制"通常被理解为监督;"观念总结"被理解为核算。也就是说,对再生产过程(的资金及其运动过程)的核算和监督是会计的两个基本职能。

历史将"簿记"时代推向了现代会计时代,会计职能作用的范围扩大了,但基本职能没有变,即核算和监督仍是现代会计的两大基本职能。

1. 会计的核算职能

会计的核算职能又称反映职能,是指会计依照会计法规制度的要求,采用货币计量形式,通过确认、计量、记录、报告,从价值量上核算某一单位已经发生或完成的各项经济活动,为经济管理提供会计信息,它是会计最基本的职能。会计核算职能的基本特点如下。

(1) 从表现形式上:以货币为主要计量单位,对各单位的经济活动进行确计、计量、记录和报告,是会计核算的主要表现形式。

（2）从内容和时间上：主要是对各单位已经发生或已经完成的各项经济活动，通过运用一系列专门的方法使之转化为一系列有用的经济信息，从而掌握经济活动的全过程。会计核算职能主要是事后核算，这是会计的基本工作。而事中和事前的计划、控制等职能对经济管理也很重要，但不属于会计核算职能。

（3）从目的性上：提供连续、系统、全面、综合的会计信息是会计核算职能的目标。连续是指对各种经济业务应当按照其发生的时间顺序依次进行登记，而不能有所中断；系统是指会计提供的数据资料必须是在科学分类的基础上形成相互联系的有序整体，而不能杂乱无章；全面是指对所有会计核算内容都必须加以记录，不能遗漏；综合是指将日常大量的会计核算资料按照统一的指标体系，利用价值形式通过报送财务报告，综合地反映各单位的经济活动情况，以此来考核各单位的经济效益。

2. 会计的监督职能

会计的监督职能是指在会计核算的同时，通过对会计事项发生过程及结果是否符合法规制度、规定和计划等的审核，来对各单位的经济活动过程进行控制，使之达到预期目标的功能。会计监督职能的基本特点如下。

（1）监督的依据：国家制定的财经法规制度和财经纪律，企业的规章制度、计划、预算、定额等，这些都是会计行使监督职能的依据。

（2）监督的形式：会计监督与会计核算是同时进行的，它不独立于会计核算，它属于会计工作的一部分，与审计监督有本质的区别。

【例1-1】 吴用出差回来报销差旅费，财务人员在对其报销单据进行审核时发现，开具住宿发票与车票行程起止日期不相符；住宿发票填写不规范，大小写不一致，发票专用章未盖。因此，财务人员拒绝为其报销，要求吴用按制度要求提供有效的凭据后再来办理报销手续。

（3）监督的目的：会计监督是要干预经济活动使之遵守国家的财经法规制度，以保证经济活动的合法性；同时从本单位的经济利益出发，对经济活动的合理性、有效性进行事前、事中控制、分析和检查，以防止损失和浪费。

3. 会计职能的发展趋势

有学者提出，从现代会计发展趋势来看，会计的职能应总结为"核算"和"管理"两大职能比较合适。核算职能是指将会计信息向使用者进行充分的揭示和披露；管理职能是指会计参与到企业经营管理的各个方面，包括预测、决策、控制、分析等。会计核算职能和管理职能是相互联系、不可分割的。核算职能是管理职能的基础，为管理职能的发挥提供服务，管理职能是会计的固有职能，是会计的首要职能。实践证明，企业经营管理水平越高，对会计与管理结合的要求也越高，会计管理职能也就发挥得越充分。

1.3.2 会计信息使用者

定位会计目标，就需要了解会计信息的使用者是谁，以及不同信息使用者对于会计信息的需求和特征。会计信息使用者通常也被称为企业的利益相关者。按照其与企业的关系可划分为外部信息使用者和内部信息使用者。

1. 外部信息使用者

我国《企业会计准则——基本准则》第四条明确规定，财务会计报告使用者包括投资者、债权人、政府及其有关部门和社会公众等。

(1) 投资者。投资者也称为企业的所有者,是企业会计信息最主要的使用者,投资者既包括现有的投资者也包括潜在的投资者。投资者通过参与分红的方式与企业发生经济关系,他们可直接参与或不参与企业经营和管理。投资者最关心的是投资回报和投资风险,他们需要企业经营成果和利润分配等信息,借以衡量企业的经营业绩,并据以进行投资决策。

(2) 债权人。债权人是通过签订合同,向企业提供资金,以收取利息和收回本金的方式与企业发生经济关系。企业主要债权人为银行、非银行金融机构、公司债券持有人以及为企业提供商业信用的其他债权人等。债权人不参与企业经营管理,他们需要会计信息,借以了解企业的财务实力,据以进行信贷决策。

(3) 政府及其有关部门。政府部门为企业提供基础设施及其各种行政事业服务,政府通过征税和收取各种行政事业费的方式与企业发生经济关系。政府相关部门主要包括国家发展与改革委员会、中国人民银行、税务部门、统计部门、财政部门、证券监管部门、国有资产监管部门、银行和保险监督管理部门等。政府有关部门需要会计信息,以便进行管理并作为制定有关政策、制度的依据。

(4) 社会公众。当今社会,社会公众也是企业会计信息的使用者之一。企业在经营管理中,通过对经济的贡献、就业、员工培训、医疗劳保和环境保护等影响到社会公众。社会公众需要企业的会计信息,以便作出跟自身有关的各种决策。

(5) 其他外部信息使用者。除上述外部信息使用者以外,供应商、客户、会计师事务所、审计部门、新闻媒体、监管机构等其他社会团体都因为自身的业务需要与企业发生各种经济关系,他们都需要企业的会计信息来做出与自身利益相关的各种决策。

2. 内部信息使用者

内部信息使用者主要是指企业的管理层,也包括企业的员工和职工工会等。企业管理层既包括企业董事会中的高管人员,也包括内部的各部门经理等,他们是企业直接的利益相关者,需要会计信息来了解企业的整体经营情况,明确经营管理中存在的问题,以便制定企业战略、检验战略执行效果,验证企业经营成果,调整投融资规模等决策,使企业能够更好地生存与发展。企业员工与企业签订劳动合同,领取劳动报酬,他们需要企业会计信息来判断企业发展前景及就业保障。

1.3.3 会计目标

会计目标是会计工作总的目的性要求,它是会计职能的具体化,是会计活动的出发点和落脚点,它所要解决的是会计向谁提供信息和提供什么样的信息的问题,表明会计信息使用者所要求的信息量和信息范围。其实质是在总体上规范会计信息需求的质与量,界定提供会计信息量的多与少。

会计目标是会计理论结构中的最高层次;是指导特定会计系统的建立并引导其有效运行,从而构成会计理论的逻辑起点;是会计准则等会计规范设计、规划和制定的基础,是评价和修改各种会计规范的依据。在会计信息系统中,会计的程序、方法以及会计工作的每一个环节都要以会计目标作为规范和运行的前提。

1. 理论界的会计目标

关于会计目标,理论界有决策有用观和受托责任观两种不同见解。

(1) 在提供信息的内容和提供对象上,决策有用观认为,会计应向现时的投资人和潜在的投资人(包括债权人)提供其投资决策所需要的信息;受托责任观则认为,会计应以向现时的投资人提供反映管理当局受托责任履行情况的信息。在信息质量特征上,决策有用观要求所提供的信息应与决策有着直接的相关性;而受托责任观认为,反映报告主体经济活动的真实性是首要的标准。决策有用观依存的是发达的资本市场,而受托责任观则立足于直接往来形成资源的委托与受托关系。

(2) 西方各国普遍认可决策有用观。比较而言,受托责任观更适合在产品经济条件下,会计信息使用者通过运用会计信息来考察受托者对托付财产或资源的管理和经营责任的履行情况。随着我国经济改革和市场经济的发展,特别在资本市场逐步完善的情况下,会计信息使用者不但关注受托资源的经营情况,而且随时通过资本市场间接地对其所托付的资源进行调配,使会计信息对决策的作用日益重要。

2. 财务会计和管理会计的目标

现代会计分为财务会计和管理会计两大分支,二者的服务对象及会计信息的使用者不同,因此其会计目标也有所不同。

(1) 财务会计的目标。财务会计侧重于向企业外部提供有关整个企业的经营业绩和资源变动状况及现金流量的信息,所以财务会计也称为对外报告会计。财务会计的主要目标就是通过提供企业的财务报告来向信息使用者传递企业的这些方面信息。财务报告包括会计报表及附表、报表附注和财务状况说明书。需要说明的是,财务会计信息对企业的经营者和内部有关部门的决策和控制也有重要作用。

(2) 管理会计的目标。管理会计主要目标在于向企业的经营者和内部管理部门提供旨在进行经营管理,作出预测和决策所需要的相关信息,所以管理会计也称对内报告会计。管理会计信息侧重于反映和控制现在、预测和规划未来,提供信息的形式灵活多样,内容也比较广阔。

1.4 会计的基本方法

为了发挥会计职能的作用,完成会计任务,必须借助一定的会计方法。会计方法是用以核算和监督会计对象,执行和完成会计目标的技术手段。它是随着会计的职能、作用和目标的发展而不断发展和完善的。

一般认为,会计方法应至少包括会计核算的方法、会计分析的方法、会计监督的方法三个方面的内容。其中,会计核算方法是会计的基本方法,其他的会计方法是会计核算方法的延伸与发展。

会计核算方法是指对会计对象进行连续、系统、全面的确认、计量、记录和报告所采用的专门方法。会计核算方法主要包括设置会计科目及账户、复式记账、填制和审核凭证、登记账簿、成本计算、财产清查和编制财务会计报告七种方法,它构成会计的循环过程。具体内容如下。

1. 设置会计科目及账户

会计科目是对会计对象的具体内容进行科学分类的名称。由于会计对象的内容是多种多样的,因此必须通过科学分类的方法,才能将它系统地反映出来。企业可以选用国家统一会计制度设置的会计科目,也可以根据统一会计制度规定的内容自行设置和使用会计科目。

账户是根据会计科目在账簿中设置的,具有一定的结构,用以反映会计对象具体内容的增减变化及其结果的一种专门方法。设置会计科目与账户,对复式记账、填制凭证、登记账簿和编制财务会计报告等方面的运用,具有重要意义。

2. 复式记账

复式记账是指每一项经济业务事项,都要以相等的金额,在相互关联的两个或两个以上的账户中同时进行记录的方法。任何一项经济业务事项,都会引起至少两个方面的变化,或同时出现增减,或此增彼减。这种变化既相互独立,又密切联系。如果采用单式记账法,只能对其中的一种变化进行核算和监督,无法全面地反映经济业务事项的全貌。采用复式记账法,可以通过账户的对应关系完整地反映经济业务的来龙去脉,还可以通过每一项经济业务事项所涉及的两个或两个以上的账户之间的平衡关系,来检查会计记录的正确性。

3. 填制和审核凭证

会计凭证是记录经济业务事项,明确经济责任人的书面证明,是登记账簿的依据。填制和审核凭证,是为了保证会计记录真实、可靠、完整、正确而采用的方法。它不仅是会计核算的专门方法,也是会计监督的重要方式。对于任何一项经济业务事项,都应根据实际发生和完成的情况填制或取得会计凭证,经有关部门和人员审核无误后,方可登记账簿。填制和审核凭证是保证会计资料真实、完整的有效手段。

4. 登记账簿

会计账簿是由具有规定格式的账页所组成,用以全面、系统、连续地记录经济业务事项的簿籍。登记账簿,是根据审核无误的会计凭证,分门别类地记入有关簿籍的专门方法。账簿是将会计凭证中分散的经济业务事项进行分类、汇总、系统记录的信息载体。账簿记录的资料,是编制财务会计报告的重要依据。

5. 成本计算

成本计算就是将经营过程中发生的全部费用,按照一定对象进行归集,借以明确各对象的总成本和单位成本的专门方法。通过成本计算,可以考核各企业的物化劳动和活劳动的耗费程度,进而为成本控制、价格决策和经营成果的确定提供有用资料。

6. 财产清查

财产清查是指定期或不定期地对财产物资、货币资金、往来结算款项等进行清查盘点,以查明其实物量和价值量实有数额的一种专门方法。通过财产清查,可以保证账实相符,从而确保财务会计报告的数据真实可靠。同时,也是加强财产物资管理,充分挖掘财产物资潜力,明确经济责任,强化会计监督的重要制度。

7. 编制财务会计报告

编制财务会计报告是根据账簿记录的数据资料,概括综合地反映各单位在一定时期经济活动情况及其结果的一种书面报告。财务会计报告由会计报表、会计报表附注和财务情况说明书组成。编制财务会计报告是对日常核算的总结,是在账簿记录基础上对会计核算资料的进一步加工整理,也是进行会计分析、会计检查、会计预测和会计决算的重要依据。

上述七种会计核算的主要方法相互联系、相互配合,构成了一个完整的方法体系,如图 1-1 所示。经济业务事项发生时,首先要取得或填制会计凭证并加以审核;然后,按照设置的会计科目,运用复式记账登记账簿;对于生产经营过程中发生的各项费用,应当进行归集并按一定的对象定期计算成本;同时,定期或不定期地进行财产清查,核对账目;在账证相符、账账相符、账实相符的基础上,根据账簿资料,定期编制财务会计报告。

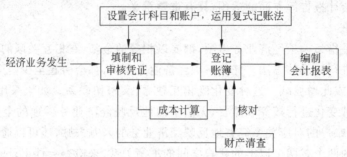

图 1-1　七种会计核算方法的相互联系

小贴士——会计方法的发展与演变

在我国,很多史料记录了会计方法的发展历程。在记录西周时期的史书《周礼·天宫》篇中就曾经提到:"司会主天下之大计……以参互考日成,以月要考月成,以岁会考岁成之事。"这就是说,每天、每月、每年终了以后,在会计上就采用了一定的方法来对财物的收支进行结算;汉朝出现了单式收付记账法的雏形;北宋时期,出现了"四柱清册"方法,即把一定时期的收支分为旧管(期初结存)、新收(本期收入)、开除(本期支出)、实在(期末结存)四个部分来反映,这是我国会计方法的重大发展;到清朝初年,官府对钱粮的征收、支用的登记,使用了"截票、印簿、循环簿及粮册、奏销册",又规定"各省巡抚于每年奏销时,盘查司库钱粮"(《清史稿》),当时有了比较健全的会计凭证,有了分门别类登记不同经济业务的专用账册,同时还普遍使用了财产清查的方法。西方国家会计的方法也同样经历了一个不断发展、改进的过程。在 13—14 世纪,意大利就已经有了复式记账法;15 世纪末,意大利的卢卡·巴其阿勒对复式记账的理论与方法做了进一步系统的论述,从而奠定了会计方法的理论基础。到 20 世纪 50 年代,随着电子科学技术的产生及其在会计领域的运用,带来了会计方法的深层次变革,标志着会计方法向着更加完善的方向继续发展。

1.5　会计的基本约束条件

1.5.1　会计假设

小思考

佳佳 20×2 年考入了中山大学,要在中山大学完成四年的学业。学校对佳佳有以下约束条件:第一,佳佳要有学校的录取通知书和相关的报到证明,是中山大学的一名正式学生;第二,她要在学校分八个学期完成学业;第三,每个学期她要学完学校规定的课程;第四,她要达到学校规定的成绩标准(学分标准)。如果佳佳不能达到这些约束条件,结果会怎样呢?

会计假设是对会计活动在时、空、量方面所做的限定，具有公理的性质。为了保证会计工作正常进行和会计信息的质量，需要对会计核算的范围、内容、基本程序和方法进行限定。之所以称其为假设，是因为这些限定是出于人们对会计活动面临的复杂多变的经济环境的深度分析，从会计核算的基础条件和会计确认和计量的需求考虑，根据客观的、正常的情况或趋势所做的合乎事理的假设条件，即假设会计是在某种特定条件下进行活动的。如果会计没有这些假设条件，会计工作将无法正常进行。

会计假设不是毫无根据的猜想，而是根据已被证实的理论进行逻辑推理的结果。目前为会计界普遍认可的基本假设有会计主体假设、持续经营假设、会计分期假设和货币计量假设。

1. 会计主体假设

🔍 **小思考**

假设你毕业后到一家个人独资的私营企业上班做会计，有一天，老板家里来了亲戚，老板请他们到饭店就餐，花费 1 000 元。于是老板拿来发票请你报销，同时也说明了用餐的真实原因。你觉得这笔费用是否应该报销呢？为什么？你应该怎么处理呢？

会计主体也称会计实体，是指会计工作为之服务的特定单位或组织。会计主体既可以是一个企业，也可以是由若干企业组成的集团、公司；既可以是法人，也可以是不具有法人资格的经济实体。提出会计主体假设，是为了把特定会计主体的经济活动与其他会计主体以及投资者的经济活动区分开，从而明确会计核算的空间范围。即会计核算的必须是属于该主体经营活动范围内的经济业务，与该主体经营活动无关的支出不在会计的核算范围之列。

上例中老板招待亲友的费用与企业或者说与企业的经营管理没有关系，不属于会计核算的范围，也就是说，不在会计主体假设的范围内，不应该作为公司的费用报销。因此，就企业而言，会计主体假设的真正含义是指只有那些与企业或者说与企业的经营管理有关系的业务才是该企业会计核算的范围。

作为会计主体必须具备三个条件：①具有一定数量的经济资源；②进行独立的生产经营活动或其他活动；③实行独立核算，提供反映本主体经济情况的会计报表。会计主体确定之后，会计人员只是站在特定会计主体的立场上，核算特定会计主体的经济活动。

2. 持续经营假设

持续经营是指会计主体的生产经营活动将会持续、正常地进行下去，在可以预见的未来，企业不会因进行清算、解散、倒闭而不复存在。持续经营假设是指会计核算应当以持续正常的经营活动为前提，而不考虑企业是否破产清算等。在此前提下，选择会计程序及会计处理方法，进行会计核算。

微课：会计主体假设、持续经营假设

尽管客观上企业会由于市场经济的竞争而面临被淘汰的危险，但只有以作为会计主体的企业是持续、正常经营为前提，会计原则和会计程序及方法才有可能建立在非清算的基础之上，才能保持会计信息处理的一致性和稳定性。这一前提明确了会计工作的时间范围。

会计核算所采用的一系列会计处理方法都是建立在持续经营前提的基础上。例如，在持续经营的前提下，才能运用历史成本原则计量企业的资产，并按照原来的偿还条件偿还所承担的债务。如果是在清算的条件下,则不能运用历史成本原则,资产的价值必须按照实际变现的价值来计算,负债则必须按照资产变现后的实际负担能力来清偿。

3. 会计分期假设

会计分期是指把企业持续不断的生产经营过程,划分为较短的等距会计期间,以便分期结算账目,按期编制会计报表。它是对会计工作期间范围的具体划分。

企业在持续经营的情况下,要计算会计主体的盈亏情况,反映其生产经营活动成果,从理论上来说只有等到企业所有的生产经营活动最终结束时,才能通过收入与费用比较,进行确切的计算。但那时提供的会计信息已经失去了应有的作用,因为企业的投资者、债权人、国家财税部门需要及时了解企业的财务状况和经营成果,需要企业定期提供其决策、管理和征纳税依据的财务信息,这就需要会计人员将企业持续不断的生产经营活动人为地划分为相等的、较短的期间进行核算,这种人为的分期就是会计期间。

会计分期是对会计结算工作所规定的起讫日期,主要是确定会计年度。我国企业会计准则规定以日历年度作为我国的会计年度,即以公历1月1日至12月31日作为一个会计年度。每一会计年度再按日历划分为半年度、季度和月度,半年度、季度和月度均为会计中期。

会计分期对会计核算有着重要的意义,有了这一前提才产生了本期与非本期的区别,才产生了收付实现制和权责发生制的区别,才能正确贯彻配比原则。只有正确地划分会计期间,才能准确地提供经营成果和财务状况的资料,才能进行会计信息的对比。

4. 货币计量假设

货币计量是指会计主体在会计核算中以货币作为统一计量单位记录和反映会计主体的经营情况。

微课:会计分期假设、货币计量假设

货币计量假设包含两层含义:一是一切会计事项均采用货币计量,即货币可作为计量的共同尺度;二是假定货币币值是稳定不变的。企业的生产经营活动具体表现为商品的购销、各种原材料和劳务的耗费等实物运动。由于各种实物和劳务的耗费没有统一的计量单位,无法比较。为了全面完整地反映企业单位的生产经营活动,会计核算客观上需要一种统一的计量单位作为会计核算的计量尺度。在商品经济条件下,货币是衡量商品价值的共同尺度,会计核算必然选择货币为计量单位,以货币形式来反映企业生产经营活动的全过程。会计在以货币为量度时,是以货币价值不变、币值稳定为条件的,对于货币购买力的波动不予考虑。因为只有在币值稳定或相对稳定的情况下,不同时点的资产价值才具有可比性,不同时间的收入和费用才能进行比较,会计核算提供的会计信息才能客观、可靠地反映企业的经营状况。但货币本身的价值是不稳定的,币值变动时有发生,也就是说,货币并不是一个充分稳定的计量单位,这就需要假定币值不变。

根据《中华人民共和国会计法》(简称《会计法》)规定,企业的会计核算以人民币为记账本位币。业务收支以人民币以外的货币为主的企业,可以选定其中一种货币作为记账本位币,但是编报的财务会计报告应当折算为人民币。

📖 课程思政

会计要记录和反映会计主体的经营情况,会计主体有别于法律主体,大家要意识到会计与法律在某些方面的不同,作为会计人应做到公私分明、客观、公正,不能滥用私权、徇私舞弊,否则要承担相应的法律责任。

1.5.2 会计信息质量标准

会计信息质量标准是对企业财务报告中所提供会计信息质量的基本要求,是使财务报告中所提供会计信息对信息使用者决策有用所应具备的基本特征,主要包括可靠性、相关性、可理解性、可比性、实质重于形式、重要性、谨慎性和及时性等。

1. 可靠性

可靠性要求企业应当以实际发生的交易或者事项为依据进行确认、计量、记录和报告,如实反映符合确认和计量要求的各项会计要素及其他相关信息,保证会计信息真实可靠、内容完整。

会计信息要有用,必须以可靠为基础,如果财务报告所提供的会计信息是不可靠的,就会给投资者等使用者的决策产生误导甚至损失。可靠性要求企业:①不得根据虚构的、没有发生的或者尚未发生的交易或者事项进行确认、计量和报告。②不能随意遗漏或者减少应予披露的信息,与使用者决策相关的有用信息都应当充分披露。③会计信息应当是中立的、无偏的。企业不得在财务报告中为了达到事先设定的结果或效果,通过选择或列示有关会计信息以影响决策和判断。

【例 1-2】 某公司于 20×2 年年末发现公司销售萎缩,无法实现年初确定的销售收入目标,但考虑到在 20×3 年春节前后,公司销售可能会出现较大幅度的增长,公司为此提前预计库存商品销售,在 20×2 年年末制作了若干存货出库凭证,并确认销售收入实现。公司这种处理不是以其实际发生的交易事项为依据的,而是虚构的交易事项,违背了会计信息质量要求的可靠性原则,也违背了《中华人民共和国会计法》的规定。

2. 相关性

相关性要求企业提供的会计信息应当与投资者等财务报告使用者的经济决策需要相关,有助于投资者等财务报告使用者对企业过去、现在或者未来的情况作出评价或者预测。

微课:可靠性和相关性

会计信息是否有用,是否具有价值,关键是看其与使用者的决策需要是否相关,是否有助于决策或者提高决策水平。相关的会计信息应当能够有助于使用者评价企业过去的决策,证实或者修正过去的有关预测,因而具有反馈价值。相关的会计信息还应当具有预测价值,有助于使用者根据财务报告所提供的会计信息预测企业未来的财务状况、经营成果和现金流量。例如,区分收入和利得、费用和损失,区分流动资产和非流动资产、流动负债和非流动负债以及适度引入公允价值等,都可以提高会计信息的预测价值,进而提升会计信息的相关性。

会计信息质量的相关性要求,需要企业在确认、计量和报告会计信息的过程中,充分考虑使用者的决策模式和信息需要。但是,相关性是以可靠性为基础的,两者之间并不矛盾,不应将两者对立起来。也就是说,会计信息在可靠性前提下,尽可能地做到相关性,以满足投资者等财务报告使用者的决策需要。

3. 可理解性

可理解性要求企业提供的会计信息应当清晰明了,便于投资者等财务报告使用者理解和使用。

企业编制财务报告、提供会计信息的目的在于使用,而要使使用者有效使用会计信息,应当能让其了解会计信息的内涵,弄懂会计信息的内容,这就要求财务报告所提供的会计信息应当清晰明了,易于理解。只有这样,才能提高会计信息的有用性,实现财务报告的目标,满足向投资者等财务报告使用者提供决策有用信息的要求。

会计信息毕竟是一种专业性较强的信息产品,在强调会计信息的可理解性要求的同时,还应假定使用者具有一定的有关企业经营活动和会计方面的知识,并且愿意付出努力去研究这些信息。对于某些复杂的信息,如交易本身较为复杂或者会计处理较为复杂,但其与使用者的经济决策相关的,企业就应当在财务报告中予以充分披露。

4. 可比性

可比性要求企业提供的会计信息应当相互可比,这主要包括以下两层含义。

微课:可理解性和可比性

(1) 同一企业不同时期可比。为了便于投资者等财务报告使用者了解企业财务状况、经营成果和现金流量的变化趋势,比较企业在不同时期的财务报告信息,全面、客观地评价过去、预测未来,从而做出决策。会计信息质量的可比性要求同一企业不同时期发生的相同或者相似的交易或者事项,应当采用一致的会计政策,不得随意变更。但是,满足会计信息可比性要求,并非表明企业不得变更会计政策,如果按照规定或者在会计政策变更后可以提供更可靠、更相关的会计信息,可以变更会计政策。有关会计政策变更的情况,应当在附注中予以说明。

(2) 不同企业相同会计期间可比。为了便于投资者等财务报告使用者评价不同企业的财务状况、经营成果和现金流量及其变动情况,会计信息质量的可比性要求不同企业同一会计期间发生的相同或者相似的交易或者事项,应当采用规定的会计政策,确保会计信息口径一致、相互可比,以便不同企业按照一致的确认、计量和报告要求提供有关会计信息。

5. 实质重于形式

实质重于形式要求企业应当按照交易或者事项的经济实质进行会计确认、计量和报告,不仅以交易或者事项的法律形式为依据。

企业发生的交易或事项在多数情况下,其经济实质和法律形式是一致的。但在有些情况下,会出现不一致。例如,不存在无条件地避免交付现金或其他金融资产的合同义务的企业发行的优先股或永续债,其本质具有所有者权益的特征,则确认为所有者权益;而存在无条件地避免交付现金或其他金融资产的合同义务的优先股或永续债,其本质则具有负债的特征,企业需要确认为负债。又如,企业按照销售合同销售商品但又签订了售后回购协议,虽然从法律形式上实现了收入,但如果企业没有将商品所有权上的主要风险和报酬转移给购货方,没有满足收入确认的各项条件,即使签订了商品销售合同或者已将商品交付给购货方,也不应当确认销售收入。

6. 重要性

重要性要求企业提供的会计信息应当反映与企业财务状况、经营成果和现金流量有关的所有重要交易或者事项。

微课:实质重于形式和重要性

在实务中,如果会计信息的省略或者错报会影响投资者等财务报告使用者据此做出决策的,该信息就具有重要性。重要性的应用需要依赖职业判断,企业应当根据其所处环境和实际情况,从项目的性质和金额大小两方面加以判断。

例如,我国上市公司要求对外提供季度财务报告,考虑到季度财务报告披露的时间较短,从成本效益原则的考虑,季度财务报告没必要像年度财务报告那样披露详细的附注信息。因此,中期财务报告准则规定,公司季度财务报告附注应当以年初至本中期末为基础编制,披露自上年度资产负债表日之后发生的、有助于理解企业财务状况、经营成果和现金流量变化情况的重要交易或者事项。这种附注披露,就体现了会计信息质量的重要性要求。

7. 谨慎性

谨慎性要求企业对交易或者事项进行会计确认、计量和报告应当保持应有的谨慎,不应高估资产或者收益、低估负债或者费用。

在市场经济环境下,企业的生产经营活动面临着许多风险和不确定性,如应收款项的可收回性、固定资产的使用寿命、无形资产的使用寿命、售出存货可能发生的退货或者返修等。会计信息质量的谨慎性要求,需要企业在面临不确定性因素的情况下作出职业判断时,应当保持应有的谨慎,充分估计到各种风险和损失,既不高估资产或者收益,也不低估负债或者费用。例如,要求企业对可能发生的资产减值损失计提资产减值准备、对售出商品可能发生的保修义务等确认预计负债等,就体现了会计信息质量的谨慎性要求。

谨慎性的应用也不允许企业设置秘密准备,如果企业故意低估资产或者收益,或者故意高估负债或者费用,将不符合会计信息的可靠性和相关性要求,损害会计信息质量,扭曲企业实际的财务状况和经营成果,从而对使用者的决策产生误导,这是会计准则所不允许的。

8. 及时性

及时性要求企业对于已经发生的交易或者事项,应当及时进行确认、计量和报告,不得提前或者延后。

会计信息的价值在于帮助所有者或者其他方面作出经济决策,具有时效性。即使是可靠、相关的会计信息,如果不及时提供,就失去了时效性,对于使用者的效用就大大降低甚至不再具有实际意义。在会计确认、计量和报告过程中贯彻及时性,一是要求及时收集会计信息,即在经济交易或者事项发生后,及时收集整理各种原始单据或者凭证;二是要求及时处理会计信息,即按照会计准则的规定,及时对经济交易或者事项进行确认或者计量,并编制出财务报告;三是要求及时传递会计信息,即按照国家规定的有关时限,及时地将编制的财务报告传递给财务报告使用者,便于其及时使用和决策。

微课:谨慎性和及时性

在实务中,为了及时提供会计信息,可能需要在有关交易或者事项的信息全部获得之前即进行会计处理,这样就满足了会计信息的及时性要求,但可能会影响会计信息的可靠性;反之,如果企业等到与交易或者事项有关的全部信息获得之后再进行会计处理,这样的信息披露可能会由于时效性问题,对于投资者等财务报告使用者决策的有用性将大大降低。这就需要在及时性和可靠性之间作相应权衡,以最好地满足投资者等财务报告使用者的经济决策需要为判断标准。

课程思政

会计信息要满足可靠性、相关性、可比性等质量要求,才能帮助信息使用者作出有用的决策。今后从事会计工作,必须要具备诚信、科学、专业的职业素养,领悟"人有信则立,业有信则兴"的道理。

1.5.3 会计基础——权责发生制与收付实现制

小思考

某企业20×0年12月20日销售商品的收入为50万元,货款在20×1年的1月10日收到。这笔销售收入应确认为12月的还是次年1月的?哪种更能准确反映企业当月的经营成果?如果20×0年11月5日就预收了货款,12月20日才发货,什么时候确认收入?

权责发生制与收付实现制是会计核算的两种记账基础。由于确立了会计分期基本假设,产生了本期与非本期的区别,因此在确认收入或费用时,就要区分归属期。收入或费用的归属期不同,对损益的影响也会不同,为了约束会计核算的行为,便有了权责发生制与收付实现制两种不同的记账基础。

1. 权责发生制

权责发生制是以收入和费用是否归属于本期为前提来确认本期的损益。具体是指,凡在本期取得的收入或者应当负担的费用,无论款项是否已在本期收付,都应当作为本期的收入或费用;凡不属于本期的收入或费用,即使款项已经在本期收到或已在本期支付,都不能作为本期的收入或费用。因此,权责发生制原则,也称为应收应付原则。

在权责发生制基础上,小思考中销售行为是在12月发生,收入应属于12月取得的,即使当月没有收到,也是属于12月的收入。而11月或1月即使收到款项,由于没有发生销售行为,也不能作为当月收入确认。

2. 收付实现制

与权责发生制相对应的是收付实现制。收付实现制也称现收现付制,是以收入和费用是否实际收到或付出作为确认收入或费用的依据。具体是指,凡在本期实际收到或付出款项,无论是否归属于本期,都作为本期的收入或费用;凡没有在本期实际收到或付出款项,都不能作为本期的收入或费用。

在收付实现制基础上,小思考中只要是在1月10日收到货款,无论这款项是不是由本月业务实际发生的,都作为1月收入处理。

权责发生制与收付实现制都是会计核算的记账基础。建立在权责发生制基础之上的会计处理可以正确地将收入与费用相配比,正确地计算损益。因此,我国《企业会计准则——基本准则》规定,企业应当以权责发生制为基础进行会计确认、计量和报告。

本 章 小 结

会计是伴随人类生产实践活动的发展和经济管理与经济决策的客观需要而产生的,它是为管好经济而起作用的。经济越发展,会计越重要。会计是以提供财务信息为目的,以货币计量为主要形式,运用一系列专门的方法和程序,对一定主体的经济活动过程进行连续、系统、全面、综合的核算和监督。核算和监督是会计的两大基本职能,也是实现会计目标、完成会计任务的手段。

为了发挥会计职能的作用,完成会计任务,还必须借助一定的方法。会计的方法包括会计核算的方法、会计分析的方法和会计监督的方法,其中会计核算的方法是基础。会计核算的方法有七种，包括设置会计科目及账户、复式记账、填制和审核凭证、登记账簿、成本计算、财产清查和编制财务会计报告。它们贯穿于会计的确认、计量、记录和报告四个环节，其中会计确认和计量贯穿于会计核算的全过程，会计记录是会计核算的核心内容，而会计报告是会计核算的结果，也是会计核算的目的。

为了达到会计的目标，会计过程中所运用的会计核算方法及会计处理程序都要有其特定的约束条件，包括对会计核算所处时间、空间及计量环节所做的合理设定——会计假设；对会计信息质量所做的相关要求——会计原则；以及对会计确认、计量、记录和报告的基础的规定——权责发生制。

学习本章可使大家对会计有一个最基本的认识，认识什么是会计，会计的基本职能与目标、会计的基本方法以及会计的基本约束条件等，是学习会计的起点。

本 章 习 题

一、单项选择题

1. 企业会计的确认、计量和报告应当以（　　）为基础。
   A. 历史成本　　　B. 权责发生制　　　C. 复式记账　　　D. 收付实现制
2. 现代会计以（　　）作为主要的计量单位。
   A. 实物量度　　　　　　　　　　B. 劳动工时量度
   C. 货币量度　　　　　　　　　　D. 以上任何一种都可以
3. 会计的目标是（　　）。
   A. 为信息使用者提供决策有用的信息　　B. 保证国家财政政策的执行
   C. 监督企业经营者依法行事　　　　　　D. 记录企业的会计业务
4. 会计的基本职能是（　　）。
   A. 核算与监督　　　　　　　　　B. 预测与决策
   C. 监督与分析　　　　　　　　　D. 计划与控制
5. 属于会计核算方法之一的是（　　）。
   A. 会计分析　　　B. 会计检查　　　C. 复式记账　　　D. 会计控制
6. 在我国，制定会计准则和会计制度的机构是（　　）。
   A. 国家税务总局　B. 财政部　　　　C. 主管部门　　　D. 企业自身
7. 现代会计起源于（　　）。
   A. 19世纪末　　　B. 20世纪50年代　C. 1494年　　　　D. 1949年
8. 会计信息系统论者认为（　　）。
   A. 会计是一种技术　　　　　　　B. 会计是一项管理活动
   C. 会计是一门艺术　　　　　　　D. 会计是一个信息系统
9. 会计的权责发生制核算基础是以（　　）为前提的。
   A. 会计主体　　　B. 持续经营　　　C. 会计分期　　　D. 货币计量

二、多项选择题

1. 会计的基本职能包括（　　）。
   A. 核算　　　　　B. 计划　　　　　C. 监督　　　　　D. 预测

2. 属于会计核算方法的是（　　）。
   A. 设置账户　　　　　　　　　　B. 会计分析
   C. 财产清查　　　　　　　　　　D. 编制会计报表
3. 下列不属于会计核算方法的是（　　）。
   A. 成本计算　　　　　　　　　　B. 会计检查
   C. 复式记账　　　　　　　　　　D. 会计分析
4. 现代企业的组织形式有（　　）。
   A. 公司制企业　　B. 独资企业　　C. 合伙制企业　　D. 公益组织
5. 会计信息使用者有（　　）。
   A. 企业投资者　　　　　　　　　B. 企业债权人
   C. 企业管理当局　　　　　　　　D. 与企业有利益关系的团体和个人
6. 会计的目标包括（　　）。
   A. 为决策者提供决策有用的信息　　B. 反映经营管理者的经管责任履行情况
   C. 提供企业非货币的技术信息　　　D. 提供企业非货币性的人员信息
7. 会计方法包括（　　）。
   A. 会计核算方法　　　　　　　　B. 会计分析方法
   C. 会计检查方法　　　　　　　　D. 会计预测方法
8. 会计信息质量标准包括（　　）。
   A. 可靠性　　　　　　　　　　　B. 可比性
   C. 谨慎性　　　　　　　　　　　D. 实质重于形式

三、判断题
1. 会计可反映过去发生的经济活动。　　　　　　　　　　　　　　（　　）
2. 会计是一项经济活动。　　　　　　　　　　　　　　　　　　　（　　）
3. 会计只能用货币进行核算和监督。　　　　　　　　　　　　　　（　　）
4. 会计的目标既要提供决策有用的会计信息，同时还应提供受托责任的信息。（　　）
5. 会计的基本职能既反映过去，又控制现在，还要预测未来。　　　（　　）
6. 会计核算贯穿于经济活动的全过程，它是会计最基本的职能。　　（　　）
7. 财务会计主要提供对外的会计信息，管理会计主要提供对内的会计信息。（　　）
8. 权责发生制从时间上规定会计确认的基础，其核心是根据权责关系的实际发生期间来确认企业的收入和费用。　　　　　　　　　　　　　　　　　　（　　）
9. 会计记录不一定要求连续地记录，对于不重要的经济业务可以不记录。（　　）
10. 会计分期是指将一个企业持续经营的生产经营活动划分为一个个连续的、长短相同的期间，以便分期结算账目和编制财务会计报告。　　　　　　（　　）
11. 由于有了持续经营这个会计核算的基本前提，才产生了当期与其他期间的区别，从而出现了权责发生制与收付实现制的区别。　　　　　　　　　（　　）
12. 会计核算的各种专门方法在会计核算过程中应单独运用，互不相干。（　　）
13. 我国会计分期是按公历起讫日期确定的。　　　　　　　　　　（　　）
14.《企业会计准则——基本准则》的主要内容有财务会计报告的目标、会计基本假设、会计基础、会计信息质量要求、会计要素分类以及会计确认、计量原则等。（　　）

第 2 章　会计的对象

本章的学习将会使你：

从三个层次逐级认识会计的对象：
- 第一层次——会计对象的含义与内容(会计要素)；
- 第二层次——会计要素与会计等式(会计对象的具体化，六大会计要素及其相互关系)；
- 第三层次——会计科目(每一会计要素的具体项目)。

通过对会计对象的逐级分解，深刻认识和理解会计对象的内容，掌握会计对象、会计要素、会计等式和会计科目的概念及相互关系，为进一步理解会计的内容和方法打下良好的基础。

导入案例

舒玛的创业之路

舒玛是广州一所著名美术学院的学生。她目前手头有800元，决定于20×1年12月创办一个美术培训部。她支出120元在一家餐厅请朋友坐一坐，帮她出出主意；支出200元印制500份广告宣传单；用100元购置信封、邮票等。根据她曾经在一家美术培训班服务兼讲课的经验，她还向一个朋友借款4 000元，以备租房等使用。她购置了一些讲课所必备的书籍、桌椅等，并支出一部分钱用于装修画室。她为美术培训部起名"白鹭美术培训部"。经过上述努力，8天后舒玛已经有17名学员，规定每人每月学费1 800元，并找到一位较具能力的同学做合伙人。她与合伙人分别为培训部的发展担当不同的角色(合伙人兼作培训部的会计和讲课教师)，并获取一定的报酬。至20×2年1月末，她们已经招收50名学员，除归还朋友的借款本金和利息计5 000元、抵销各项必需的费用外，各获得讲课、服务等净收入30 000元和22 000元。她们用这笔钱继续租房，扩大画室面积。为扩大招收学员的数量，她们聘请了非常有经验的教授、留学归国学者，免费做了两次讲座，为培训部的下一步发展奠定了良好基础。

4个月下来，她们的"白鹭美术培训部"平均每月招收学员39名。她们还以每小时200元的讲课报酬雇用了4位同学做兼职教师。至此，她们除去房租等各项费用，共获利67 800元。这笔钱足够她们各自购买一台心仪的计算机，并且还有一笔不小的节余。更重要的是，她们通过4个月的锻炼，学到了不少财务知识，掌握了许多营销技巧，也懂得了应该怎样与人合作和打交道，获得了比财富更为宝贵的工作经验。

资料来源：http://wenku.baidu.com/view/a0ce62d4360cba1aa811dac5.html.

思考：从以上案例中可获得哪些会计方面的术语？

2.1 会计对象

2.1.1 会计对象的含义

会计对象是指会计核算和监督的内容。凡是会计主体能够用货币表现的经济活动都是会计核算和监督的内容。用货币表现的经济活动,又称为资金运动。所以,会计的一般对象就是社会再生产过程中的资金运动。

资金运动包括资金取得、资金运用(循环和周转)、资金退出三个环节。具体到企业、事业和行政单位,由于经济活动的具体内容有较大差异,其资金运动的方式和特点有所不同,会计的具体对象也不相同。下面以工业企业为例,说明企业会计的具体对象。

工业企业的资金运动包括资金投入、资金循环和周转、资金退出三个部分。

工业企业必须拥有一定数量的资金,这是工业企业进行生产经营活动的前提条件。其资金的取得主要来自投资者投资和向债权人借入,这两个渠道共同构成企业经营活动所需的资金来源。投资者投入的资金一般是在企业注册成立时或者注册变更时投入,属于企业所有者权益;债权人投入的资金,包括向金融机构等借入贷款、日常交易中形成的应付款项等,属于企业债权人权益——企业负债。投入企业的资金一部分构成流动资产;另一部分构成非流动资产。

工业企业取得的资金,随着生产经营活动的进行,将不断地改变形态,不断地进行循环和周转。工业企业的生产经营过程分为供应过程、生产过程、销售过程三个过程。供应过程是产品生产的准备过程,在该过程中,要以货币资金购买原材料等,同时还要购置厂房、机器设备等固定资产。因此,一部分货币资金转化为储备资金和固定资金。

生产过程是工业企业生产经营活动的中心环节。在生产过程中,将劳动对象(原材料)加工成产成品,要消耗材料形成材料费用;固定资产由于价值减损会形成折旧费用;由于支付职工工资形成人工费用,等等。这时,一部分储备资金、固定资金转化为生产资金,另一部分货币资金也转化为生产资金(支付工资、支付其他费用),并随着产品完工入库,生产资金又转化为成品资金(库存商品)。

销售过程是产品价值的实现过程。在销售过程中,生产的产品销售出去,取得销售收入,收回销货款,成品资金又转化为货币资金。销售回收的货币资金一部分用于补偿生产经营中的耗费;一部分留作企业的积累,形成留存收益;还有一部分则用于上缴税金、清偿债务、向投资者分派利润,从而资金退出企业。具体过程见图 2-1。

由此可见,工业企业的资金从货币资金开始,顺序通过供、产、销三个过程,依次转化为储备资金、生产资金、成品资金,最后又回到货币资金形态,这个过程就是资金的一次循环。由于企业经营过程的持续进行,资金会这样不断地循环下去,周而复始的资金循环即为资金周转。

上述资金运动的三个阶段,就是会计对象的内在结构,它们是相互支撑、相互制约的统一体。没有资金的取得,就不会有资金的运用;没有资金的运用,就不会有成本、费用、耗费、收回以及债务的偿还、税费的上缴和利润的分配等;也不会有新一轮的资金取得和企业的不断发展。

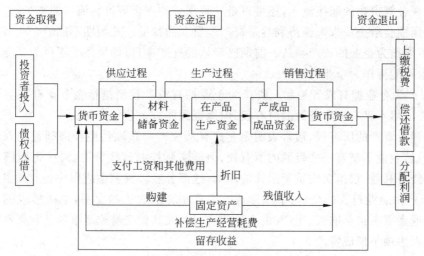

图 2-1 工业企业的资金运动过程

2.1.2 会计对象的具体内容

从上述对会计对象的阐述得知,企业在生产经营活动中会发生各种各样的交易或事项。交易是指企业与其他企业或个人之间发生的各种经济利益交换,如物资采购、产品销售等;事项是指在企业内部发生的具有经济影响的各类事件,如计提折旧等。这些经济业务事项都会引起企业资金的运动和变化,因此都是会计事项,是会计对象的具体内容。

2.2 会计要素与会计等式

2.2.1 会计要素

会计要素是对会计对象具体内容按照资金运动的内在联系所做的科学分类。分为反映企业财务状况的要素和反映经营成果的要素。会计要素既是会计确认和计量的依据,也是确定会计报表结构和内容的基础。

企业会计准则规定,企业会计要素分为资产、负债、所有者权益、收入、费用和利润。其中,资产、负债和所有者权益是反映企业的财务状况的要素;收入、费用和利润是反映企业的经营成果的要素。

1. 资产

在企业生产经营资金的运动过程中,资金总会以各种不同的形态存在,如房屋、建筑物、机器设备、运输设备、材料、产品、货币等,这些以不同形态存在的资金被称为资产。资产是企业正常经营的物质基础。

(1) 资产的定义。资产是指企业过去的交易或者事项形成的、由企业拥有或者控制的、预期会给企业带来经济利益的资源。根据资产的定义,资产具有以下几个方面的特征。

① 资产是一项资源,预期会给企业带来经济利益。资产具有直接或者间接导致现金和现金等价物流入企业的潜力。这种潜力既可以来源于企业的日常经营活动,也可以来源于非日常经营活动。带来的经济利益,既可以是现金和现金等价物的直接流入,也可以是转化

为现金和现金等价物的间接流入,还可以是导致现金和现金等价物流出的减少。

资产预期会给企业带来经济利益是资产最重要的特征。凡预期不能给企业带来经济利益的,均不能作为企业的资产确认。前期已确认的资产项目,如果预期不再为企业带来经济利益的,也不能再作为企业的资产。

② 资产为企业拥有或者控制。资产为企业拥有或者控制是指企业享有某项资源的所有权,或者虽然不享有某项资源的所有权,但该资源能被企业所控制。

企业拥有资产的所有权,通常表明企业拥有从资产中获取预期经济利益的权利。有些情况下,虽然企业不享有一些资源的所有权,但能实际控制这些资源,同样也能够从这些资源中获取经济利益,根据实质重于形式的原则,这部分经济资源也应作为企业的资产。

③ 资产由企业过去的交易、事项形成。资产是企业过去的交易、事项形成的。企业过去的交易或者事项包括购买、生产、由企业建造行为或其他交易或者事项。预期在未来发生的交易或者事项不形成资产。

(2) 资产的确认条件。符合资产定义的资源,在同时满足以下条件时确认为资产:与该资源有关的经济利益很可能流入企业;该资源的成本或者价值能够可靠地计量。

符合资产定义和资产确认条件的项目,应当列入资产负债表;符合资产定义,但不符合资产确认条件的项目,不应当列入资产负债表。

(3) 资产的分类。企业的资产按其流动性,可以分为流动资产和非流动资产。

① 流动资产是指可以在一年或者超过一年的一个营业周期内变现或者耗用的资产。其主要有库存现金、银行存款、交易性金融资产、应收及预付款、存货等。

库存现金,即企业为保证日常零星开支需要而存放在企业保险柜中、由出纳员负责管理的现金。

银行存款,即企业存放在银行或其他金融机构的各种存款。

交易性金融资产,即企业为了近期内出售而持有的、以赚取差价为目的所购买的有活跃市场报价的股票、债券、基金投资等。

应收及预付款,包括应收票据、应收账款、预付账款、应收股利、应收利息及其他应收款等。

存货,即企业在生产经营过程中为销售或者耗用而储存的各种实物资产,包括库存商品、半成品、在产品以及各类原材料、周转材料等。

② 非流动资产,即需要在一年或者超过一年的一个营业周期以上变现或者耗用的资产。其主要有债券投资、其他债权投资、投资性房地产、固定资产及无形资产等。

债券投资,业务模式是仅以收取合同现金流量为目标,且在特定日期产生的现金流量仅为对本金和以未偿付金额为基础的利息的支付的金融资产。

其他债权投资,即既想获得合同约定的现金流,又想获得资本利得的债权类的非衍生金融资产等。

投资性房地产,即为赚取租金或资本增值,或两者兼有而持有的房地产。

固定资产,即为生产商品、提供劳务、出租或经营管理而持有的,使用寿命超过一个会计期间的有形资产。其包括房屋及建筑物、机器设备、运输设备、工具器具等。

无形资产,即企业拥有或者控制的,没有实物形态的可辨认非货币性资产。其包括专利权、非专利技术、商标权、著作权、土地使用权等。

课程思政

资产对企业和个人至关重要,资产要取之有道,一定的资产积累可以提升幸福感。通过对资产要素的学习,要懂得节俭、不铺张浪费,不断积累个人财富,以备不时之需;力所能及地为社会、为他人作贡献。

2. 负债

企业取得的资产总会有相应的来源途径,如投资人投入,或者贷款购入,或者向供货商赊购。向银行借款购入的资产和赊购取得的资产,都会使企业背负相应的债务,这些债务就是企业未来要偿还的负债。

微课:负债要素

(1) 负债的定义。负债是指由过去的交易或者事项形成的、预期会导致经济利益流出企业的现时义务。

根据负债的定义,负债具有以下几个方面的特征。

① 负债是企业承担的现时义务。现时义务是指企业在现行条件下已承担的义务。

② 负债的清偿会导致经济利益流出企业。负债是企业所承担的现实义务,履行义务时必然会引起企业经济利益的流出。否则,就不能作为企业的负债来处理。

③ 负债由过去的交易或者事项所形成。负债是企业过去的交易或者事项所形成的结果。过去的交易或者事项包括购买商品、使用劳务、接受贷款等。预期在未来发生的交易或者事项不形成负债。

(2) 负债的确认条件。符合负债定义的义务,在同时满足以下条件时,确认为负债:与该义务有关的经济利益很可能流出企业;未来流出的经济利益的金额能够可靠地计量。

符合负债定义和负债确认条件的项目,应当列入资产负债表;符合负债定义,但不符合负债确认条件的项目,不应当列入资产负债表。

(3) 负债的分类。负债按其偿还期限,分为流动负债和长期负债。

① 流动负债,即需要在一年或超过一年的一个营业周期内偿还的债务,包括短期借款、应付票据、应付账款、预收账款、应付职工薪酬、应交税费、应付利息、应付股利、其他应付款等。

② 长期负债,即偿还期在一年或超过一年的一个营业周期以上的债务,包括长期借款、应付债券、长期应付款等。

课程思政

有借有还,再借不难。借钱、还钱可以考验一个人的人品,通过对负债要素的学习,明确欠债还钱的责任和义务,做一个重信用、守承诺、乐于助人的好青年。

3. 所有者权益

(1) 所有者权益的定义。所有者权益是指企业资产扣除负债后由所有者享有的剩余权益。所有者权益又称为股东权益。所有者权益的来源包括所有者投入的资本、直接计入所有者权益的利得和损失、留存收益等。

① 所有者投入的资本既包括所有者投入的、构成注册资本或股本部分的金额,也包括所有者投入的、超过注册资本或股本部分的资本溢价或股本溢价。

② 直接计入所有者权益的利得和损失,即不应计入当期损益、会导致所有者权益发生增减变动的、与所有者投入资本或者向所有者分配利润无关的利得或者损失。其中,利得是

指由企业非日常活动所形成的、会导致所有者权益增加的、与所有者投入资本无关的经济利益的流入。损失是指由企业非日常活动所发生的、会导致所有者权益减少的、与向所有者分配利润无关的经济利益的流出。直接计入所有者权益的利得和损失一般记入其他综合收益项目。

③ 留存收益,即企业历年实现的净利润中留存于企业的部分,主要包括盈余公积和未分配利润。

(2) 所有者权益的确认条件。所有者权益的确认依赖于其他会计要素,尤其是资产和负债要素的确认。所有者权益的金额也主要取决于资产和负债的计量。

所有者权益项目应当列入资产负债表。

(3) 所有者权益的分类。所有者权益按其构成的内容,可以分为以下五个项目。

① 实收资本(股本),即所有者投入的,构成注册资本或股本的部分。

② 资本公积,即投资人投入的资本溢价或股本溢价。

③ 其他综合收益,即指企业根据其他会计准则规定未在当期损益中确认的各项利得和损失,即计入所有者权益的利得和损失。

④ 盈余公积,即按国家有关规定从税后利润中提取的公积金等。

⑤ 未分配利润,即企业留于以后年度分配的利润或待分配利润。

课程思政

法律层面,债权人权益优于所有者权益,所有者是公司风险的最终承担者。通过对负债和所有者权益要素的对比学习,区分债权人权益和所有者权益,树立投资需谨慎、量力而行的观念。

4. 收入

(1) 收入的定义。收入是指企业在日常活动中形成的、会导致所有者权益增加的、与所有者投入资本无关的经济利益的总流入。根据收入的定义,收入具有以下几个方面的特征。

① 收入是在企业日常活动中所形成。日常活动是指企业为完成其经营目标所从事的经常性的活动以及与之相关的活动。例如,工业企业制造并销售产品、商业企业销售商品等。

微课:收入要素

② 收入会导致经济利益的流入。收入使企业资产增加或者负债减少,但这种经济利益的流入不包括由所有者投入资本的增加所引起的经济利益流入。

③ 收入最终导致所有者权益增加。因收入所引起的经济利益流入,使企业资产的增加或者负债的减少,最终会导致所有者权益增加。

(2) 收入的确认条件。符合收入的定义,确认收入要同时满足以下条件。

① 与收入相关的经济利益很可能流入企业。

② 经济利益流入企业的结果会导致企业资产增加或者负债减少。

③ 经济利益的流入额能够可靠计量。

符合收入定义和收入确认条件的项目,应当列入利润表。

(3) 收入的分类。收入按其取得的来源分为主营业务收入和其他业务收入。

① 主营业务收入,又称基本业务收入,指企业在主要的生产经营业务中产生的收入。

例如,工业企业在生产和销售商品的过程中所取得的收入。

② 其他业务收入,指企业在主营业务以外的生产经营活动中产生的收入。例如,材料的销售收入、技术转让收入、固定资产的出租收入等。

5. 费用

(1) 费用的定义。费用是指企业在日常活动中发生的、会导致所有者权益减少的、与向所有者分配利润无关的经济利益的总流出。根据费用的定义,费用具有以下几个方面的特征。

① 费用是企业日常活动中所发生。日常活动中所发生的费用包括生产产品消耗材料、支付职工薪酬、计提折旧费用等。

② 费用是与本期收入相配比的。能确认为费用的一定是与本期收入相配比的。

③ 费用会导致经济利益的流出。费用使企业资产减少或者负债增加,但这种经济利益的流出不包括向所有者分配利润引起的经济利益流出。

④ 费用最终导致所有者权益减少。因费用所引起的经济利益流出使企业资产减少或者负债增加,最终会导致所有者权益减少。

(2) 费用的确认条件。符合费用的定义,在同时满足以下条件时,确认为费用。

① 与费用相关的经济利益很可能流出企业。

② 经济利益流出企业的结果会导致企业资产减少或者负债增加。

③ 经济利益的流出额能够可靠计量。

符合费用定义和费用确认条件的项目,应当列入利润表。

> **小贴士——费用确认及其与当期损益计算的关系**
>
> (1) 企业为生产产品、提供劳务等发生的可归属于产品或劳务等成本的费用,应当在确认产品销售收入、劳务收入等时,将已销售产品、已提供劳务的成本等计入当期损益。
>
> 例如,本期生产产品100件,共消耗直接材料费用5 000元,直接人工费用3 000元,制造费用2 000元;100件产品全部完工验收入库。其中本期销售了80件,则本期的营业成本确认为8 000元。其余的20件的生产成本不能作为本期的营业成本,而只能作为存货的成本。
>
> (2) 企业发生的支出不产生经济利益的,或者即使能够产生经济利益但不符合或者不再符合资产确认条件的,应当在发生时确认为费用,计入当期损益。
>
> (3) 企业发生的交易或者事项导致其承担了一项负债而又不确认为一项资产的,应当在发生时确认为费用,计入当期损益。

(3) 费用的分类。费用可分为营业支出、期间费用和资产减值损失等。其他费用科目在《中级财务会计》中再详细讲解。

① 营业支出,包括营业成本和税金及附加。

营业成本是指已销售商品或已提供劳务等应承担的产品或劳务成本,主营业务成本和其他业务成本。

税金及附加是按规定计算应缴纳的消费税、城市维护建设税、资源税、教育费附加、房产税、土地使用税、车船使用税、印花税等相关税费(除增值税和所得税以外的几乎所有税费)。

② 期间费用,包括企业行政管理部门为组织和管理生产经营活动而发生的管理费用;为筹集资金等而发生的财务费用;为销售商品和提供劳务而发生的销售费用和为组织商品

流通而发生的物流费用。由于期间费用与会计期间直接相连,则期间费用与其发生期的收入相配比,在当期的利润计算中应全额予以抵减。

③ 资产减值损失,即资产已发生的不能带来经济利益的减值损失。

6. 利润

(1) 利润的定义。利润是指企业在一定会计期间的经营成果。利润包括收入减去费用后的净额、直接计入当期利润的利得和损失等。

① 收入减去费用后的净额,反映了企业日常经营活动的业绩。

② 直接计入当期利润的利得和损失,是指应当计入当期损益、会导致所有者权益发生增减变动的、与所有者投入资本或者向所有者分配利润无关的利得或者损失。

微课:收入与利得

(2) 利润的确认条件。利润的确认主要依赖于收入、费用、利得和损失的确认。利润金额取决于收入和费用、直接计入当期利润的利得和损失金额的计量。利润项目应当列入利润表。

(3) 利润的分类。利润通常包括以下项目。

① 营业利润,即营业收入减去营业成本、税金及附加、销售费用、管理费用、财务费用、资产减值损失,加上其他收益、投资收益(减损失)、公允价值变动收益(减损失)、资产处置收益(减损失)后的余额。

微课:费用与损失

② 利润总额,即营业利润加营业外收支差额后的余额。

③ 净利润,即利润总额减去所得税费用后的差额。

以上六大会计要素,在《企业会计准则——基本准则》中分别做了详细说明。会计要素的划分,是设置会计科目和账户、构筑基本会计报表框架的依据,在会计核算上具有重要意义。

2.2.2 会计等式

会计等式又称会计方程式,是会计诸要素之间相互关系的表达式。会计等式揭示了会计要素之间的内在联系,因而成为会计核算的理论基础。

微课:会计等式的定义

1. 会计基本等式(静态会计等式)

一个企业进行生产经营活动所拥有的资产必有其特定的来源,或来源于投资者的投入资本,形成所有者对企业资产的要求权;或来源于向债权人借入的资金,形成债权人对企业资产的要求权。所有者对企业资产的要求权称为所有者权益;债权人对企业资产的要求权称为负债。有一定数额的资产,就必须有一定数额的负债和所有者权益。资产与负债、所有者权益是相互依存的,没有无资产的权益,也没有无权益的资产。因此,从数量上看,一个企业拥有的资产总额,必然等于负债与所有者权益总额。甲工厂20×1年1月1日资产、负债与所有者权益状况如表2-1所示。

表 2-1 资产、负债与所有者权益状况　　　　　　　　　　　单位:元

资产项目	金额	负债及所有者权益项目	金额
		负债:	
库存现金	2 500	短期借款	188 000

续表

资产项目	金额	负债及所有者权益项目	金额
银行存款	56 000	应付账款	157 000
应收账款	89 000	长期借款	226 500
原材料	235 000	所有者权益：	
库存商品	189 000	实收资本	530 000
固定资产	690 000	盈余公积	100 000
		未分配利润	60 000
资产总计	1 261 500	负债及所有者权益总计	1 261 500

表中资产与负债、所有者权益之间的关系用公式表示即为

资产(1 261 500)＝负债(571 500)＋所有者权益(690 000)

或

资产(1 261 500)＝权益(1 261 500)

该公式称为基本会计等式，它反映了企业资产的归属关系，揭示了企业在某一时点的财务状况，它是设置账户、复式记账和编制资产负债表的理论依据。

小贴士——所有者权益与负债(债权人权益)的不同

所有权与债权人享有的索偿权从性质上完全不同，债权人对企业资产有索偿权；投资者的投资一般不规定偿还期限，也不规定企业应偿付的资产报酬，但享有在金额上等于投入资本加上企业自创立以来所累计的资本增值。因此，所有者权益又称为净权益。

基于法律上债权人权益优于所有者权益，所以会计基本式表达为

资产＝负债＋所有者权益

课程思政

资产＝负债＋所有者权益，一定的资产必定有合法的来源方式。不管发生何种类型的经济业务，会计始终存在这种平衡，从中欣赏会计的平衡之美，进而学会发现日常生活中的小美好，提升学习和生活的幸福感。

微课：会计等式的意义

2. 动态会计等式及对基本等式的影响

企业在一定时期内会取得生产经营的各项收入，为取得收入要发生各种费用，一定时期的收入抵补费用后形成企业利润(或亏损)。利润是企业的经营成果。会计期末表现为如下会计等式：

收入－费用＝利润(亏损)

该会计等式是编制利润表的理论基础。

若将上述两会计等式结合起来会有以下结果。

期初：　　　　　　资产＝负债＋所有者权益

期末：　　　　资产＝负债＋所有者权益＋(收入－费用)

注：期末等式中的资产等于期初资产加本期收入减本期费用。

企业运用债权人和投资者所提供的资产，经其经营运作后获得收入，同时以发生相关费

用为代价。收入,会引起资产的增加或是负债的减少,进而使所有者权益增加;费用,会引起资产的减少或是负债的增加,进而使所有者权益减少。

收入与费用两大会计要素记载的经济业务事项,依据配比原则并通过结账形成利润,最终转化为所有者权益。因此,在会计期末,会计恒等关系又恢复至其基本形式,即

$$资产=负债+所有者权益$$

3. 经济业务的发生对会计等式的影响

企业在经营过程中,会不断发生各种经济业务,如企业购进原材料,将原材料用于生产消耗,将产品销售出去,支付生产经营过程中发生的各种费用,归还借款,交纳税金等。这些经济业务的发生,必将会使企业的资产、负债、所有者权益发生增减变化。那么,变化的结果将是什么样呢?变化后的会计等式会是一个什么结果?

举例说明经济业务的发生对会计等式的影响。承表 2-1 案例,假设甲工厂 1 月发生下列经济业务。

【例 2-1】 从银行提现金 5 000 元。

这项经济业务的发生,一方面使甲工厂的银行存款减少了 5 000 元,另一方面使甲工厂的现金增加了 5 000 元。而现金和银行存款都属于资产项目,两者一增一减,增减的金额相等。所以,这项业务发生的结果,并未影响到本工厂资产总额(仍为 1 261 500 元),更未涉及平衡公式右边权益项目,因此,资产与负债所有者权益仍保持平衡关系,如表 2-2 所示。

表 2-2 资产、负债与所有者权益状况 1　　　　　　　　　　　单位:元

资产项目	金额	负债及所有者权益项目	金额
		负债:	
库存现金(+5 000)	7 500	短期借款	188 000
银行存款(-5 000)	51 000	应付账款	157 000
应收账款	89 000	长期借款	226 500
原材料	235 000	所有者权益:	
库存商品	189 000	实收资本	530 000
固定资产	690 000	盈余公积	100 000
		未分配利润	60 000
资产总计	1 261 500	负债及所有者权益总计	1 261 500

【例 2-2】 从 A 单位购入原材料 32 000 元,货款未付。

这项经济业务的发生,一方面使甲工厂的原材料增加了 32 000 元,另一方面使甲工厂的应付账款也增加了 32 000 元。而原材料属于资产项目,应付账款属于负债项目,资产项目和负债项目同时增加,增加的金额相等。所以,这项业务发生的结果,使甲工厂资产总额和负债总额各增加 32 000 元,平衡公式左右两边总额均为 1 293 500 元(1 261 500 + 32 000),资产与权益仍保持平衡关系,如表 2-3 所示。

表 2-3 资产、负债与所有者权益状况 2　　　　　　　　　　　单位:元

资产项目	金额	负债及所有者权益项目	金额
		负债:	
库存现金	7 500	短期借款	188 000
银行存款	51 000	应付账款(+32 000)	189 000

续表

资产项目	金额	负债及所有者权益项目	金额
应收账款	89 000	长期借款	226 500
原材料(+32 000)	267 000	所有者权益:	
库存商品	189 000	实收资本	530 000
固定资产	690 000	盈余公积	100 000
		未分配利润	60 000
资产总计	1 293 500	负债及所有者权益总计	1 293 500

【例 2-3】 收到 B 单位追加投资 100 000 元,款项存入银行。

这项经济业务的发生,一方面使甲工厂的银行存款增加了 100 000 元,另一方面使甲工厂的实收资本也增加了 100 000 元。而银行存款属于资产项目,实收资本属于所有者权益项目。资产项目和所有者权益项目同时增加,增加的金额相等。所以,这项业务发生的结果,使甲工厂资产总额和所有者权益总额各增加 100 000 元,这时,平衡公式左右两边总额均为 1 393 500 元(1 293 500+100 000),资产与权益保持平衡关系,如表 2-4 所示。

表 2-4 资产、负债与所有者权益状况 3　　　　　　　　　单位:元

资产项目	金额	负债及所有者权益项目	金额
		负债:	
库存现金	7 500	短期借款	188 000
银行存款(+100 000)	151 000	应付账款	189 000
应收账款	89 000	长期借款	226 500
原材料	267 000	所有者权益:	
库存商品	189 000	实收资本(+100 000)	630 000
固定资产	690 000	盈余公积	100 000
		未分配利润	60 000
资产总计	1 393 500	负债及所有者权益总计	1 393 500

【例 2-4】 以银行存款 50 000 元,偿还短期借款。

这项经济业务的发生,一方面使甲工厂的银行存款减少了 50 000 元,另一方面使甲工厂的短期借款也减少了 50 000 元。而银行存款属于资产项目,短期借款属于负债项目,资产项目和负债项目同时减少,减少的金额相等。所以,这项业务发生的结果,使甲工厂资产总额和负债总额各减少 50 000 元,这时,平衡公式左右两边总额均为 1 343 500 元(1 393 500-50 000),资产与权益仍保持平衡关系,如表 2-5 所示。

表 2-5 资产、负债与所有者权益状况 4　　　　　　　　　单位:元

资产项目	金额	负债及所有者权益项目	金额
		负债:	
库存现金	7 500	短期借款(-50 000)	138 000
银行存款(-50 000)	101 000	应付账款	189 000
应收账款	89 000	长期借款	226 500
原材料	267 000	所有者权益:	
库存商品	189 000	实收资本	630 000

续表

资产项目	金额	负债及所有者权益项目	金额
固定资产	690 000	盈余公积	100 000
		未分配利润	60 000
资产总计	1 343 500	负债及所有者权益总计	1 343 500

【例 2-5】 将盈余公积 30 000 元转为实收资本。

这项经济业务的发生,一方面使甲工厂的实收资本增加了 30 000 元,另一方面使甲工厂的盈余公积减少了 30 000 元。而实收资本和盈余公积都属于所有者权益,两者一增一减,增减的金额相等。并未影响到甲工厂的所有者权益总额,这时,资产与权益仍保持平衡关系,如表 2-6 所示。

表 2-6 资产、负债与所有者权益状况 5   单位:元

资产项目	金额	负债及所有者权益项目	金额
		负债:	
库存现金	7 500	短期借款	138 000
银行存款	101 000	应付账款	189 000
应收账款	89 000	长期借款	226 500
原材料	267 000	所有者权益:	
库存商品	189 000	实收资本(+30 000)	660 000
固定资产	690 000	盈余公积(−30 000)	70 000
		未分配利润	60 000
资产总计	1 343 500	负债及所有者权益总计	1 343 500

【例 2-6】 向银行申请短期借款 30 000 元,直接偿还应付账款。

这项经济业务的发生,使甲工厂的短期借款增加了 30 000 元;同时,使甲工厂的应付账款减少了 30 000 元。而短期借款和应付账款同属于负债项目,两者一增一减,增减的金额相等,没有影响到负债总额。当然也不会影响到资产、负债所有者权益的平衡关系。这时平衡公式两边总额仍然为 1 343 500 元,如表 2-7 所示。

表 2-7 资产、负债与所有者权益状况 6   单位:元

资产项目	金额	负债及所有者权益项目	金额
		负债:	
库存现金	7 500	短期借款(+30 000)	168 000
银行存款	101 000	应付账款(−30 000)	159 000
应收账款	89 000	长期借款	226 500
原材料	267 000	所有者权益:	
库存商品	189 000	实收资本	660 000
固定资产	690 000	盈余公积	70 000
		未分配利润	60 000
资产总计	1 343 500	负债及所有者权益总计	1 343 500

【例 2-7】 经法律程序报经批准,以银行存款 50 000 元,退还个人投资款。

这项经济业务的发生,使甲工厂的银行存款减少了 50 000 元;同时,使甲工厂的实收资本

减少了 50 000 元。银行存款属于资产项目,实收资本属于所有者权益项目,该项业务使资产和所有者权益同时减少,减少的金额相等,平衡公式两边总额均为 1 293 500 元(1 343 500－50 000),没有影响到资产、负债、所有者权益的平衡关系,如表 2-8 所示。

表 2-8　资产、负债与所有者权益状况 7　　　　　　　　　　单位:元

资产项目	金额	负债及所有者权益项目	金额
		负债:	
库存现金	7 500	短期借款	168 000
银行存款(－50 000)	51 000	应付账款	159 000
应收账款	89 000	长期借款	226 500
原材料	267 000	所有者权益:	
库存商品	189 000	实收资本(－50 000)	610 000
固定资产	690 000	盈余公积	70 000
		未分配利润	60 000
资产总计	1 293 500	负债及所有者权益总计	1 293 500

【例 2-8】　经协商,A 单位同意将本厂欠其货款 100 000 元,转为对本工厂的投资,这项经济业务的发生,使甲工厂的应付账款减少了 100 000 元;同时,使甲工厂的实收资本增加了 100 000 元。应付账款属于负债项目,实收资本属于所有者权益项目,这项业务使一项负债减少,一项所有者权益增加,增减的金额相等。平衡公式右边权益总额没有变(仍为 1 293 500 元),没有影响到资产、负债、所有者权益的平衡关系,如表 2-9 所示。

表 2-9　资产、负债与所有者权益状况 8　　　　　　　　　　单位:元

资产项目	金额	负债及所有者权益项目	金额
		负债:	
库存现金	7 500	短期借款	168 000
银行存款	51 000	应付账款(－100 000)	59 000
应收账款	89 000	长期借款	226 500
原材料	267 000	所有者权益:	
库存商品	189 000	实收资本(＋100 000)	710 000
固定资产	690 000	盈余公积	70 000
		未分配利润	60 000
资产总计	1 293 500	负债及所有者权益总计	1 293 500

【例 2-9】　计算出应付给投资者股利 40 000 元。

这项经济业务的发生,使甲工厂的应付股利增加了 40 000 元;同时,使甲工厂的未分配利润减少了 40 000 元。应付股利属于负债项目,未分配利润属于所有者权益项目,这项业务使一项负债增加,一项所有者权益减少,增减的金额相等。平衡公式右边权益总额没有变(仍为 1 293 500 元),没有影响到资产、负债、所有者权益的平衡关系,如表 2-10 所示。

表 2-10　资产、负债与所有者权益状况 9　　　　　　　　　　单位:元

资产项目	金额	负债及所有者权益项目	金额
		负债:	
库存现金	7 500	短期借款	168 000

续表

资产项目	金额	负债及所有者权益项目	金额
银行存款	51 000	应付账款	59 000
应收账款	89 000	应付股利（+40 000）	40 000
原材料	267 000	长期借款	226 500
库存商品	189 000	所有者权益：	
固定资产	690 000	实收资本	710 000
		盈余公积	70 000
		未分配利润（-40 000）	20 000
资产总计	1 293 500	负债及所有者权益总计	1 293 500

通过以上举例可以看出：任何一项经济业务的发生，都会引起资产、负债及所有者权益的至少两个项目发生增减变动，变动的金额是相等的，有时是此增彼减，有时是同增同减。但无论引起资产与负债及所有者权益发生怎样增减变动，都不会破坏会计等式的平衡关系。

上述九种基本业务类型可做如表 2-11 所示的汇总表。

表 2-11　会计基本业务类型汇总一览表

序号	资产	=	负债	+	所有者权益
1	+-				
2	+		+		
3	+				+
4	-				
5					+-
6			+-		
7	-				
8					+
9			+		-

这九种基本业务类型，可归纳为以下四种情况。
- 资产与权益两方同增，等式不变。
- 资产与权益两方同减，等式不变。
- 资产一方有增有减，等式不变。
- 权益一方有增有减，等式不变。

实际中，还可能涉及一些更为复杂的情形。

【例 2-10】　企业购买机器设备一台，价值 50 500 元，其中 50 000 元以转账支票支付，余款以库存现金付讫。这笔经济业务使企业资产项目中的固定资产增加 50 500 元，银行存款减少 50 000 元，库存现金减少 500 元，如表 2-12 所示。

表 2-12　资产、负债与所有者权益状况 10　　　　　　　　　单位：元

资产项目	金额	负债及所有者权益项目	金额
库存现金（-500）	7 000	负债： 短期借款	168 000

续表

资产项目	金额	负债及所有者权益项目	金额
银行存款(-50 000)	1 000	应付账款	59 000
应收账款	89 000	应付股利	40 000
原材料	267 000	长期借款	226 500
库存商品	189 000	所有者权益：	
固定资产(+50 500)	740 500	实收资本	710 000
		盈余公积	70 000
		未分配利润	20 000
资产总计	1 293 500	负债及所有者权益总计	1 293 500

虽然这笔业务涉及两个以上的项目，但总体上仍属于资产项目此增彼减的基本业务类型，对会计等式的数量平衡关系没有任何影响。

【例 2-11】 企业向银行取得 60 000 元的长期借款，其中 50 000 元直接用于偿还短期借款，余款存入银行。这笔经济业务使企业负债中的长期借款增加 60 000 元，短期借款减少 50 000 元，资产项目中的银行存款增加 10 000 元，如表 2-13 所示。

表 2-13　资产、负债与所有者权益状况 11　　　　　　　单位：元

资产项目	金额	负债及所有者权益项目	金额
		负债：	
库存现金	7 000	短期借款(-50 000)	118 000
银行存款(+10 000)	11 000	应付账款	59 000
应收账款	89 000	应付利润	40 000
原材料	267 000	长期借款(+60 000)	286 500
库存商品	189 000	所有者权益：	
固定资产	740 500	实收资本	710 000
		盈余公积	70 000
		未分配利润	20 000
资产总计	1 303 500	负债及所有者权益总计	1 303 500

这笔业务同时包含了负债项目此增彼减和资产与负债同时增加两种基本业务类型。这一类会计事项称为复合业务。同时，正如上述分析所示，复合业务同样不会破坏会计等式的恒等关系。

明确会计事项的类型，对于会计核算，尤其是复式记账的运用具有重要的意义。

2.3　会计科目

2.3.1　会计对象、会计要素、会计科目的相互关系

会计要素是对会计对象具体内容最基本的分类。按会计要素分类核算所提供的资料是概括性的信息，如资产要素的金额仅能告诉会计信息使用者企业资产的总额，至于企业具体拥有哪些资产，其金额是多少就不得而知了。因此，必须将会计要素进行再分类，分出各会计要素包括的具体项目，以便分门别类地进行核算，向会计信息使用者提供更详细的会计信

息。这就形成了会计对象、会计要素和会计科目三者之间的关系,如图2-2所示。

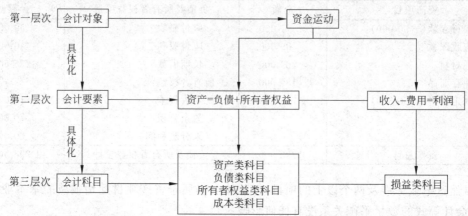

图 2-2 会计对象、会计要素和会计科目三者的关系

2.3.2 会计科目的意义和设置原则

1. 会计科目的意义

会计科目,是指对会计对象的具体内容——六大会计要素进一步分类的项目,是会计核算的具体内容。例如,为了详细反映企业各项资产的增减变动,需要将资产细分为"库存现金""银行存款""原材料""固定资产"等项目,即会计科目。

会计科目是设置账户的依据,是进行会计核算的一个重要条件。会计科目的设置是否合理,对会计工作有很大影响。因此,会计科目必须根据企业会计准则和国家统一的规定设置和使用。

2. 会计科目的设置原则

设置会计科目应遵循下列原则。

(1) 全面反映会计要素的内容。

(2) 既要符合对外报告的要求,又要满足内部经营管理的需要。

(3) 既要适应经济业务发展需要,又要保持相对稳定。

(4) 统一性与灵活性相结合。

(5) 会计科目要简明、适用。

3. 会计科目的分类

企业的会计科目可以按不同的标准进行分类,常用的分类标准有以下两种。

(1) 会计科目按其反映的经济内容不同,分为资产类、负债类、所有者权益类、成本类、损益类五大类科目。具体分类标志及分类科目如表2-14所示。

会计科目按其反映的经济内容分类,其实就是从会计要素出发进行的分类。具体地,大部分反映资产要素的科目属于资产类科目;其中资产要素中的"生产成本"和"制造费用"科目是专门用来核算产品的生产成本的科目,由于成本的计算是企业会计核算中重要部分,因此将用于产品成本核算的会计科目独立形成一个类别——成本类;反映负债要素的科目属于负债类科目;由于利润最终归所有者拥有,因此将利润要素连同反映所有者权益要素的科目组合形成所有者权益类科目;反映收入类和费用类要素的科目构成损益类科目。

表 2-14　会计科目按反映经济内容不同分类

按其归属的会计要素	分类标志	具 体 分 类		
资产类科目	流动性	反映流动资产的科目	如库存现金、应收账款等	资产负债表科目
		反映非流动资产的科目	如固定资产、无形资产等	
负债类科目	偿还期限	反映流动负债的科目	如应交税费、短期借款等	
		反映长期负债的科目	如应付债券、长期应付款等	
所有者权益类科目	形成和性质	反映资本的科目	如实收资本、资本公积等	
		反映留存收益的科目	如盈余公积、本年利润、利润分配	
成本类科目	不同内容和性质	反映制造成本的科目	如生产成本、制造费用	
		反映劳务成本的科目	如劳务成本	
损益类科目	不同内容	反映收入的科目	如主营业务收入、营业外收入等	利润表科目
		反映费用的科目	如其他业务成本、资产减值损失等	

注意：会计科目的类别划分与六大会计要素的划分不完全一致,这是出于会计核算的需要。

(2) 会计科目按其所提供信息的详细程度及其统驭关系不同,分为总分类科目和明细分类科目,具体划分如图 2-3 所示。

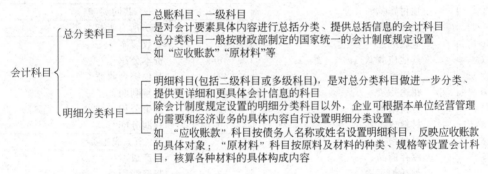

图 2-3　会计科目按其所提供信息的详细程度及其统驭关系不同分类

举例说明总分类科目和明细分类科目的设置,如表 2-15 所示。

表 2-15　总分类科目和明细分类科目的设置

总分类科目(一级科目)	明细分类科目	
	二级明细科目(子目)	三级明细科目(细目)
原材料	原料及主要材料	甲材料
		乙材料
	辅助材料	子材料
		丑材料
应付账款	A 企业	—
	B 企业	—

对于明细科目较多的总账科目,可在总分类科目与明细科目之间设置二级科目(也称子目)。例如,企业原材料的品种繁多,表中"原材料"科目先按原材料的种类设置二级科目,如"原料及主

要材料""辅助材料"等,以反映各类原材料的库存情况;在二级科目下再根据不同的品种、规格、型号分设三级科目(明细科目也称细目),如"甲材料""乙材料"等,反映各种原材料的库存情况。"应收账款"科目可按债务人名称或姓名设置明细科目,反映具体债务人的欠款情况。

4. 会计科目的设置

在我国,总分类会计科目原则上由财政部统一制定,明细分类科目一般由企业根据实际情况自行设置。根据我国《企业会计制度》确定的会计科目表筛选出(工业)企业常用的会计科目,如表 2-16 所示。

表 2-16 (工业)企业常用的会计科目

顺序号	名 称	顺序号	名 称
	(一)资产类	37	应付职工薪酬
1	库存现金	38	应交税费
2	银行存款	39	应付利息
3	其他货币资金	40	应付股利
4	交易性金融资产	41	其他应付款
5	应收票据	42	长期借款
6	应收账款	43	长期应付款
7	合同资产	44	应付债券
8	预付账款		(三)共同类(略)
9	应收股利		(四)所有者权益类
10	应收利息	45	实收资本
11	其他应收款	46	资本公积
12	坏账准备	47	其他综合收益
13	在途物资	48	本年利润
14	材料采购	49	盈余公积
15	材料成本差异	50	利润分配
16	原材料		(五)成本类
17	库存商品	51	生产成本
18	委托加工物资	52	制造费用
19	周转材料	53	劳务成本
20	存货跌价准备		(六)损益类
21	债权投资	54	主营业务收入
22	其他债权投资	55	其他业务收入
23	其他权益工具投资	56	公允价值变动损益
24	长期股权投资	57	投资收益
25	固定资产	58	其他收益
26	累计折旧	59	资产处置损益
27	在建工程	60	营业外收入
28	工程物资	61	主营业务成本
29	固定资产清理	62	其他业务成本
30	无形资产	63	税金及附加
31	累计摊销	64	销售费用
32	待处理财产损溢	65	管理费用
	(二)负债类	66	财务费用
33	短期借款	67	资产减值损失
34	应付票据	68	信用减值损失
35	应付账款	69	营业外支出
36	预收账款	70	所得税费用

本 章 小 结

本章的核心是会计对象及其内容的阐述,是会计学的概念基础和理论基础,是掌握会计的基本理论和基本方法的前提。会计对象是会计核算和监督的内容,包括六大会计要素,六大会计要素之间的相互关系形成了会计等式,会计等式体现了企业资金的存在形态和变化过程与结果,它是设置账户、复式记账和编制会计报表的理论基础,是会计基本理论的重要组成部分。

会计等式中的每个会计要素又划分出若干个具体的要素项目,要素项目的划分形成了会计科目,会计科目就是会计要核算的具体指标,也是会计要报告的具体项目,是会计报表的具体内容。

同学们要掌握会计对象、会计要素的概念以及六大会计要素,即资产、负债、所有者权益,收入、费用和利润的含义、特点及包括的具体内容;在此基础上进一步掌握六大会计要素之间的相互关系,即会计等式,包括会计等式的含义以及各项经济业务的发生对会计等式的影响;掌握会计科目及其分类方法,为下一步学习账户和记账方法打下良好的基础。

本 章 习 题

一、单项选择题

1. (　　)是指会计核算和监督的内容。
   A. 会计职能　　　　B. 会计本质　　　　C. 会计对象　　　　D. 会计方法
2. (　　)是会计核算对象的基本分类。
   A. 会计科目　　　　B. 会计账户　　　　C. 会计要素　　　　D. 资金运动
3. 某企业资产总额为 100 万元,负债为 20 万元,则所有者权益为(　　)万元。
   A. 100　　　　　　 B. 20　　　　　　　C. 120　　　　　　 D. 80
4. 某企业资产总额 100 万元,负债 20 万元,在以银行存款 30 万元购进材料,并以银行存款 10 万元偿还借款后,资产总额为(　　)万元。
   A. 60　　　　　　　B. 90　　　　　　　C. 50　　　　　　　D. 40
5. 企业以银行存款 50 万元购入设备,这项业务发生后(　　)。
   A. 两个资产项目同增　　　　　　　　B. 资产总额不变
   C. 资产与权益同增　　　　　　　　　D. 资产总额减少
6. 企业向银行借款 60 万元,直接用于偿还前欠外单位货款,这项业务发生后(　　)。
   A. 资产增加 60 万元　　　　　　　　B. 负债增加 60 万元
   C. 资产和负债增加 60 万元　　　　　D. 负债总额保持不变
7. 下列引起资产和负债同时减少的经济业务是(　　)。
   A. 购材料,款未付　　　　　　　　　B. 以银行存款支付前欠货款
   C. 收回应收款存入银行　　　　　　　D. 以现金支付办公费
8. 经济业务发生后(　　)会计等式的平衡关系。
   A. 不会破坏　　　　B. 会破坏　　　　　C. 可能影响　　　　D. 可能会破坏

9. 每一项经济业务的发生,都会引起(　　)会计要素的具体项目发生增减变化。
   A. 一个　　　　　　　　　　　B. 两个
   C. 两个或两个以上的　　　　　D. 全部
10. 下列说法中,符合"资产＝负债＋所有者权益"会计等式的是(　　)。
   A. 资产和负债项目一增一减　　B. 资产和负债项目同增同减
   C. 负债和所有者权益项目同增同减　　D. 资产内部项目同增同减

二、多项选择题
1. 下列各项目中反映企业财务状况的会计要素有(　　)。
   A. 资产　　　　　　　　　　　B. 所有者权益
   C. 负债　　　　　　　　　　　D. 收入
2. 下列项目中属于所有者权益的有(　　)。
   A. 实收资本　　　　　　　　　B. 资本公积
   C. 未分配利润　　　　　　　　D. 应付股利
3. 下列资产项目与权益项目之间的变动符合资金运动规律的有(　　)。
   A. 资产某项目增加与权益某项目减少　　B. 资产某项目减少与权益某项目增加
   C. 资产方内部项目之间此增彼减　　D. 权益方内部项目之间此增彼减
4. 资产具有的特征有(　　)。
   A. 资产是过去的交易、事项形成的　　B. 资产能以货币计量
   C. 资产是企业拥有或控制的　　D. 资产预期能给企业带来经济利益
5. 收入将导致企业(　　)。
   A. 现金流出　　B. 资产增加　　C. 资产减少　　D. 负债减少
6. 下列会计等式正确的是(　　)。
   A. 资产＝负债＋所有者权益
   B. 资产＝负债＋所有者权益＋利润
   C. 资产＋费用＝负债＋所有者权益＋收入
   D. 资产＋所有者权益＝负债
7. 在下列各项业务中,不影响资产总额的有(　　)。
   A. 用银行存款购入原材料　　　B. 从银行提取现金
   C. 用银行存款购入 A 公司股票　　D. 用银行存款预付材料定金
8. 一个企业的资产总额与权益总额是相等的,这是因为(　　)。
   A. 资产和权益是同一资金的两个侧面
   B. 任何权益都能形成相应的资产
   C. 某一具体资产项目的增加,总是同另一具体权益项目的增加同时发生
   D. 权益方内部项目的此增彼减变化,不影响资产总额与权益总额的变动
9. 投资者的投入资本是(　　)。
   A. 企业所有者权益构成的主体
   B. 企业注册成立的基本条件之一
   C. 企业投资者对企业净资产的所有权
   D. 投资者实际投入企业经营活动的各种财产物资和货币资金

10. "资产＝负债＋所有者权益"会计恒等式是(　　)。
    A. 设置账户的理论依据　　　　　B. 复式记账的理论依据
    C. 反映企业资产归属关系的等式　D. 编制资产负债表的理论依据

三、判断题

1. 资产与所有者权益在数量上始终是相等的。（　　）
2. 所有经济业务的发生，都会引起会计等式两边发生变化。（　　）
3. 经济业务的发生，可能对会计等式的平衡关系产生影响。（　　）
4. 所有者权益简称为权益。（　　）
5. 所有者权益是指企业投资者对企业总资产的所有权。（　　）
6. 从任何一个时点看，一个企业的资产总额与权益总额之间必然保持数量上的平衡关系。（　　）
7. "收入-费用＝利润"是编制利润表的理论依据。（　　）
8. "资产＝负债＋所有者权益"是编制资产负债表的理论依据。（　　）
9. "预收账款"属于负债类项目。（　　）
10. "以银行存款2万元购入一批原材料"这项业务发生会引起资产有关项目此增彼减。（　　）

四、简答题

1. 简述会计对象的内容。
2. 简述会计要素的内容。
3. 什么是会计等式？为什么说任何经济业务的发生都不会破坏会计等式的平衡关系？
4. 什么是资产？简述资产的特征、分类。
5. 什么是负债？简述负债的特征、分类。
6. 什么是所有者权益？所有者权益包括哪些内容？
7. 如何理解收入、费用的概念？计算利润所用的收入、费用概念是狭义的还是广义的？

五、业务题

1. A工厂有关资料如下。
(1) 库存原材料，价值250 000元。（　　）
(2) 欠外单位货款100 000元。（　　）
(3) 投资者投入资本1 500 000元。（　　）
(4) 向银行借款400 000元，两年后偿还。（　　）
(5) 销售本工厂生产的产品，收入1 200 000元。（　　）
(6) 厂房一栋，价值180 000元。（　　）
(7) 申请专利权，价值200 000元。（　　）
(8) 欠付职工工资100 000元。（　　）
(9) 生产产品耗用材料300 000元。（　　）
(10) 出租办公楼，租金收入40 000元。（　　）
(11) 运输车辆2辆，价值350 000元。（　　）
(12) 尚未收回的销货款300 000元。（　　）
(13) 本年度未分配利润120 000元。（　　）

要求：指出上述各项目中，哪些是流动资产、固定资产、无形资产？哪些是流动负债、长期负债和所有者权益？哪些是收入、费用？将答案填入每小题后面的括号内。

2. A 工厂 20×1 年 6 月 30 日资产和权益资料如下表所示。

单位：元

项 目	金 额	项 目	金 额
库存现金	10 000	短期借款	50 000
银行存款	100 000	应付账款	40 000
应收账款	40 000	应付职工薪酬	10 000
原材料	50 000	长期借款	100 000
库存商品	20 000	实收资本	250 000
固定资产	280 000	资本公积	50 000

该厂 7 月发生经济业务如下。

(1) 7 月 4 日，收回应收账款 10 000 元，存入银行。

(2) 7 月 10 日，以银行存款 20 000 元，归还应付账款。

(3) 7 月 12 日，将资本公积 20 000 元，转作实收资本。

(4) 7 月 18 日，收到投资者投入资金 50 000 元，存入银行。

(5) 7 月 20 日，以银行存款 30 000 元，偿还短期借款。

(6) 7 月 25 日，从银行提现金 10 000 元，准备发工资。

(7) 7 月 26 日，以现金 10 000 元发工资。

(8) 7 月 28 日，购材料，价值 20 000 元，款未付。

要求：

(1) 说明上述各项经济业务对资产和权益的影响。

(2) 计算 A 工厂 6 月 30 日资产总额、负债总额、所有者权益总额。

(3) 计算 A 工厂 7 月 31 日资产总额、负债总额、所有者权益总额。

第3章 账户与复式记账

本章的学习将会使你:
- 理解并掌握账户的意义及其基本结构;
- 熟练掌握复式记账原理以及借贷记账法的内容与特点;
- 熟悉并掌握借贷记账法的具体运用。

设置账户和复式记账是会计核算方法中最基础、最重要的方法,运用借贷复式记账法在账户里记录经济业务,是会计核算的核心内容,也是实现会计目标的基础。如果说第二章关于会计要素的划分及其恒等原理是整个会计核算的理论基础的话,那么本章关于账户的设置及复式记账原理的运用,则是整个会计核算的方法基础。因此,学好本章对于以后各章的学习具有非常重要的意义。

导入案例

《步步惊心》之复式记账法

电视连续剧《步步惊心》的热播进一步推动了人们对穿越剧的追捧。电视剧女主人公若曦能够准确地知道哪一年发生了什么事情,她知道八阿哥是雍正四年去世的,能够准确地算出自康熙四十八年到雍正四年之间有十六年的时间。若曦知道几乎所有人的结局,这来源于她平时历史知识的积累。很多人开始感叹:一定要学些历史知识,要不然哪一天有幸穿越回古代,也不知道当时发生了些什么。

光学些历史知识是不是够了呢?

《步步惊心》第26集中,若曦看到雍正埋头细看的账本,不禁发出感慨:"怪不得那么难弄,原来都是单式记账法。"看来要帮助自己的心上人,还要学习会计知识!

怎样才能够让不懂会计的人理解复式记账法?办法很简单:穿越!

此次穿越的主人公叫若心,是一个生性开朗、热情活泼、敢爱敢恨的可爱姑娘。如果说若曦让观众泪奔泪流、泣不成声的话,若心则让大家在快乐开心中游历复式记账法产生和发展的奇妙世界。

资料来源:起点中文网.http://www.qidian.com/Book/2 157 916.aspx.何龙门.

思考:复式记账法究竟是怎样的一个奇妙世界呢?

3.1 账户

3.1.1 账户的意义及其设置原则

1. 账户的意义

所谓账户,是指具有一定格式,用来分类、连续地记录经济业务,反映会计要素增减变动及其结果的一种工具;是对会计信息进行记录、加工、整理的载体。设置账户是会计核算的一种专门方法。正确地设置和运用账户,把各种经济业务的发生情况,以及由此而引起的资产、负债、所有者权益、收入、费用和利润各要素的变化系统地、分门别类地进行核算和监督,以便提供各种会计信息,对于加强经济管理具有重要意义。

账户与会计科目既相联系,又有所区别。账户是对会计事项进行分类核算的工具,每个账户都应反映一定的经济内容,账户与会计科目所反映的经济内容是相同的,账户的名称就是会计科目。然而,账户与会计科目也有一定的区别。会计科目只表明某项经济内容,而账户不仅表明相同的经济内容,还必须具备一定的结构格式,用以记录交易或事项所引起某项经济内容的数量增减变化及其结果的情况。

账户是在会计科目的基础上建立的,企业的经济业务涉及哪些会计科目就要设置哪些账户;涉及会计科目的哪个级次,就要设置到哪个级次的账户。

2. 账户的设置原则

为了正确设置账户,充分发挥账户在会计核算中的作用,设置账户应遵循以下基本原则。

(1) 要结合企业生产经营的特点,满足会计核算的要求。不同性质的企业,其生产经营各具特色。企业在设置账户时,要充分结合本单位的具体经济活动的特点。例如,工业企业的主要经营活动分为供、产、销三个阶段,因此相对应的账户设置中就有"在途物资""生产成本""主营业务收入"等账户。企业设置的账户,一方面要有其明确的、独特的核算内容;另一方面,企业会计账户所构成的账户体系,应该涵盖所有会计要素的内容,反映会计对象的全貌。

(2) 要结合会计核算对象的特点,满足经济管理的要求。设置账户的目的是用来分类处理与传输有关的会计信息,因此账户的设置必须结合各单位会计核算对象的特点。例如,在选择以权责发生制为会计基础的企业,就应相应地设置"应收账款""预收账款""应付账款""预付账款"等账户。账户的设置,还应充分考虑会计核算信息的输出,满足宏观经济的管理、企业投资者和债权人等外部信息使用者,以及企业内部经济管理的需要。

(3) 要结合记账方法的特点,满足会计工作内部分工的要求。不同的记账方法对账户设置的要求不完全相同,因此,账户的设置必须考虑所运用的记账方法。同时,账户的设置还要充分考虑企业内部的岗位责任制的实施,满足会计核算工作内部分工的需求。

3.1.2 账户的基本结构

既然账户是记录经济业务事项的载体,这就决定了它必须具有合理的结构。账户的结构是指在账户中如何记录经济业务,用以反映特定的经济内容,以取得各种必要的核算指标。这也是账户不同于会计科目的根本性区别之所在。如前所述,任何一项交易或事项发生所引起的会计要素项目的数量变动不外乎两个方向:增加或是减少。因此,账户也需要相应地分为两方,一方用于登记增加额,另一方用于登记减少额,这就构成了账户的基本结构。此外,还需要设置若干辅助栏目,用以登记反映交易或事项和账簿记录详细情况的其他内容。所以,作为账户的基本结构,一般应包括以下内容。

(1) 账户的名称(会计科目)——反映账户所要记录的经济业务事项的内容。

(2) 日期——记录经济业务事项日期。

(3) 凭证号——标明账户记录所依据的会计凭证。
(4) 摘要——经济业务事项的简要说明。
(5) 金额——增加金额、减少金额和余额。

账户的基本结构格式如表 3-1 所示。

表 3-1　账户的基本结构格式

| 年 | | 凭证字号 | 摘要 | 左方 | 右方 | 余额 |
月	日					

上述格式是账户的基本格式,也是手工记账通常采用的格式。

每个账户一般有四个金额要素,即期初余额、本期增加发生额、本期减少发生额和期末余额。账户如果有期初余额,那么首先应当在记录增加额的那一方登记;会计事项发生后,要将增减变动记录在相应的栏内。一个会计期间记录到账户增加方的数额称为本期增加发生额;记录到账户减少方的数额称为本期减少发生额。增减相抵后的差额,称为账户的余额。这四项金额的关系可以用下列等式来表示。

账户期初余额＋本期增加方发生额合计－本期减少方发生额合计＝账户期末余额

账户的期末余额转入下期,即为下期的期初余额。每个账户的本期发生额反映的是该项目在本期增减变动的情况,而期末余额则反映变动的结果。

一般来说,账户的左、右两方是按相反方向来记录增加额和减少额的,即如果一个账户在左方记录增加额,则在右方记录减少额;反之,如果账户在右方记录增加额,则在左方记录减少额。具体地说,在一个账户的左、右两方中,究竟哪一方记录增加额,哪一方记录减少额,取决于所采用的记账方法和账户本身的性质。一般来说,账户的余额与记录增加额的一方在同一方向。

教学中,为了方便起见,可将上述的账户格式简化为 T 字形格式,即只保留账户的金额栏,其余栏目予以省略,如图 3-1 所示。

图 3-1　T 字形账户格式

例如,某企业原材料账户的记录如图 3-2 所示。

根据账户记录可知,企业期初库存原材料为 8 000 元,本期增加了 22 000 元,本期减少了 5 000 元,到期末库存原材料还有 25 000 元。

左方		原材料		右方
期初余额	8 000			
本期增加	22 000	本期减少	5 000	
本期发生额	22 000	本期发生额	5 000	
期末余额	25 000			

图 3-2　T 字形账户

T 字形账户在实务中也经常被用来做工作底稿、编科目汇总表等。

3.2　复式记账原理

3.2.1　复式记账法的由来

记账方法随着会计的产生和发展,经历了一个逐渐完善的过程。从历史上看,记账方法有单式记账法和复式记账法之分,复式记账法是由单式记账法逐步完善而形成的。

单式记账法下,所有的交易或事项只作单方面的登记,通常只将库存现金、银行存款的收付款业务和债权、债务等往来结算业务在账户中进行登记,而对实物的收付业务一般不作登记。比如,以银行存款购买机器设备,账簿记录中一般只反映银行存款的减少,而不反映机器设备的增加。因此,单式记账法不可避免地存在着单方面记录的弊病,难以从会计记录中考察交易或事项的全貌,无法形成连续、系统且又严密的会计信息记录,所以单式记账法一般已很少使用。

复式记账法由单式记账法发展而来。由于任何交易或事项都会引起有关会计要素及其项目之间的增减变动,资金增加时会有增加的来源,减少时会有减少的去向。因此,每发生一笔会计事项,一定会引起两个或两个以上会计要素项目发生增减变动。依上例,用银行存款购买机器设备,不仅要记录银行存款的减少,同时也要指明银行存款的用途,即由此所带来的企业机器设备的增加。这样,才能够清晰地反映出整个交易或事项的来龙去脉。所以,交易或事项发生后,以相等的金额在两个或两个以上相互关联的账户中同时进行登记,才能全面地反映交易或事项所引起的资金变动全貌。

复式记账法与单式记账法相比更具科学性。在会计核算方法体系中,复式记账法占有重要位置。复式记账法在世界各国会计实务中广泛应用,我国企业和行政、事业单位会计核算中也普遍采用复式记账方法。

3.2.2　复式记账法的理论依据和基本原则

1. 复式记账法的理论依据

企业资金运动所引起会计要素项目的变化,无非是增加和减少两个方向,并且某个会计要素项目的增减,总是与另一个会计要素项目的增减相伴而生。也就是说,一个会计要素项目的增减变化是以另一个会计要素项目的增减变化为原因的。因此,为了完整、全面地反映资金运动的来龙去脉,对资金运动必须要在原因、结果这两方面同时反映,这就是资金平衡原理,也是复式记账法的理论依据。

复式记账法符合资金运动的规律性要求,通过把每一项交易或事项所涉及的资金的增减变化,在相互联系的两个或两个以上账户中以相等金额进行登记,能够反映资金运动的来龙去脉。由此可见,复式记账法是以资金运动的内在规律,即资金平衡原理为理论依据的。

2. 复式记账的基本原则

(1) 以会计等式为记账基础。会计等式是反映会计要素之间的相互关系的方程式,是资金运动规律的具体化。为了揭示资金运动的内在规律性,复式记账必须以会计等式为记账基础。

(2) 每项经济业务,必须在两个或两个以上相互关联的账户中进行等额记录。经济业务的发生,必然导致会计等式中至少两个会计要素或同一会计要素中至少两个项目同时发生等量变动。为了反映这种等量变动关系,会计上就必须在两个或两个以上账户进行等额双重记录。

(3) 必须按经济业务对会计等式的影响类型进行记录。经济业务复杂多样,但对会计等式的影响不外乎两种类型:一类是影响会计等式等号两边的会计要素项目发生等额同增同减的业务,对这一类经济业务,应在所涉及的账户中等额记同增或同减;另一类是影响会计等式等号某一边的会计要素项目发生等额有增有减的业务,对这一类经济业务,应在所涉及的账户中等额记一增一减。

(4) 定期汇总的全部账户记录必须保持平衡。由于复式记账法通过对经济业务的等额双重记录,使账户之间在数字上产生了一种相互核对、相互平衡的关系。定期汇总的全部账户记录必然会保持会计等式的平衡性。利用这种平衡性可以及时发现账户记录中的差错、遗漏,以验证账户记录的正确性和完整性。

3.2.3 复式记账法的种类

按照记账符号、记账规则和试算平衡的不同,复式记账法可分为借贷记账法、增减记账法和收付记账法。我国会计实务中曾经三种方法同时并存,借贷记账法运用于工业企业,增减记账法运用于商品流通企业,收付记账法运用于行政事业单位。

目前,我国现行的《企业会计准则》明确规定,必须统一采用借贷记账法进行会计核算。

课程思政

伴随会计的发展,复式记账法取代单式记账法,应用至今。复式记账法可以记录经济业务的全貌,综合反映经济业务。复习记账法的出现和应用,体现了古人的智慧,同学们在以后自己热爱的工作岗位上要不断拼搏、创新、发光、发热。

3.3 复式记账方法——借贷记账法

3.3.1 借贷记账法的产生与演变

借贷记账法,是以"借"和"贷"作为记账符号,反映各项会计要素增减变化的一种复式记账法。借贷记账法是复式记账方法中应用最为广泛的一种方法。这种记账方法大约起源于13世纪的意大利。当时,意大利沿海城市的商品经济有了发展,特别是海上贸易已有很大的发展,在商品交换中,为了适应借贷资本和商业资本经营者管理的需要,逐步形成借贷记账法。

"借""贷"两字的含义,最初是从借贷资本家的角度来解释的。借贷资本家以经营货币资金借入和贷出为主要业务,对于借进来的款项,记在贷主的名下,表示自身的债务,即欠人的增加;对于贷出去的款项,则记在借主的名下,表示自身的债权,即人欠的增加。这样,"借"和"贷"两字分别表示借贷资本家的债权(应收款)、债务(应付款)及其增减变化。据日本会计学家黑泽清所著的《订正簿记原理》中考证:在人们已经发现的簿记中最早用这种方法记账的是公元1211年意大利佛罗伦萨"银行"的账簿。

随着商品经济的发展,经济活动的内容日趋复杂化,会计所记录的经济业务也不再仅限于货币资金的借贷业务,而逐渐扩展到财产物资、经营损益和经营资本等的增减变化。这时,为了求得账簿记录的一致,对于非货币资金的借贷活动,也利用"借"和"贷"两字来说明经济业务的变化情况。这样,"借""贷"两字逐渐失去了原来的字面含义,变为单纯的记账符号,成为会计上的专门术语,即"左方"和"右方"的代名词。1494年,意大利数学家、近代会计之父卢卡·巴其阿勒出版的《算术、几何、比及比例概要》一书,系统地阐述了复式簿记的理论与方法,使借贷记账法逐渐完善。与此同时,西方国家的会计学者提出了借贷记账法的理论依据,即所谓"资产=负债+资本"的平衡公式(又称会计方程式),并根据这个理论确立了借贷的记账规则,从而使借贷记账法日趋完善,随后借贷记账法传遍了欧洲、美洲等世界各地,成为世界通用的记账方法。

借贷记账法在明治维新时代传入日本,20世纪初由日本传入我国,并为一部分企业所使用。新中国成立以后的几十年间,关于记账方法的学术争论持续不断,在实务界的应用中,很长一段时期借贷记账法、增减记账法和收付记账法同时并存,被分别应用于工业企业、商品流通企业和行政事业单位。改革开放和资本市场建立起来以后,根据资本市场的发展需要,1992年11月30日经国务院批准,国家财政部颁布的《企业会计准则》规定:自1993年7月1日起,我国所有企业均采用借贷记账法。随着我国市场经济体系的逐渐建立和实现世界经济一体化的要求,借贷记账法在我国的政府和非营利组织的会计核算中也被广泛采用。从此,借贷记账法成为我国法定的记账方法。

3.3.2 借贷记账法的内容

1. 借贷记账法的记账符号

记账符号是会计核算中采用的一种抽象标记,表示经济业务的增减变动和记账方向。借贷记账法以"借""贷"作为记账符号,"借"表示记入账户的借方;"贷"表示记入账户的贷方。"借""贷"两个符号,既可以表示增加,也可以表示减少,至于具体表示增加或减少,取决于账户的性质,如图3-3所示。

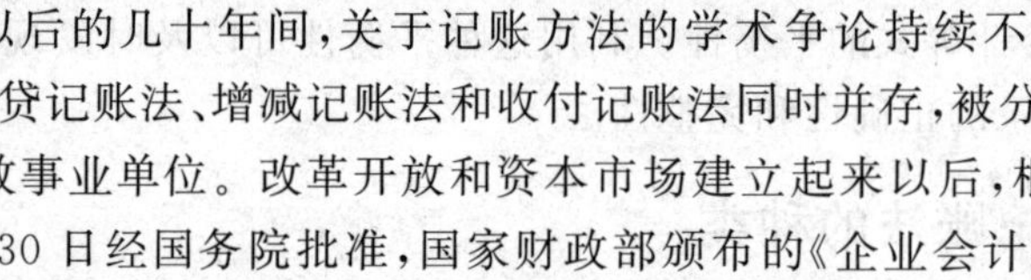

借方	账户名称	贷方

图3-3 借贷记账法结构

对于任何一个账户,"借"和"贷"所反映的数量增减性质是相反的,即一方反映增加,则另一方必定反映其减少。

2. 借贷记账法的账户结构

账户结构是反映账户内容的组成要素,账户的结构是由账户的性质,换言之是由账户所反映的经济内容所决定的。不同性质的账户其结构中所反映的资金数量的增减方向也有所不同。

借贷记账法下,各类账户的具体结构如下。

1) 资产类账户的结构

按照会计恒等原理建立的资产负债表,资产的项目一般列在左方,负债和所有者权益项目一般列在右方。因此,账户中的记录方向与资产负债表的结构也是相吻合的,即各种资产账户的期初余额,也记入各该账户的借方。在账户中登记经济业务时,资产的增加金额记入账户的借方,减少金额记入账户的贷方;期末若有余额,一般也为借方余额,表示期末资产的结存金额。其余额的计算公式为

资产类账户期末余额＝期初借方余额＋本期借方发生额－本期贷方发生额

资产类账户结构如图 3-4 所示。

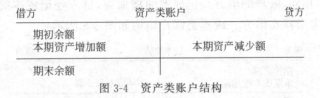

图 3-4　资产类账户结构

2) 负债类及所有者权益类账户的结构

与资产类账户结构同理,负债和所有者权益类账户的期初余额,应该在各该账户的贷方。负债与所有者权益的增加,记入账户贷方;负债与所有者权益的减少,记入账户的借方;账户期末若有余额,一般在贷方。其期末余额的计算公式为

负债及所有者权益账户期末余额＝期初贷方余额＋本期贷方发生额－本期借方发生额

负债和所有者权益类账户结构如图 3-5 所示。

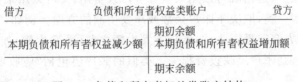

图 3-5　负债和所有者权益类账户结构

3) 费用类账户的结构

企业在生产经营中所发生的各种耗费,在抵减收入之前,可视为一种资产。所以费用类账户的结构与资产类账户的结构基本相同,账户的借方登记费用的增加额,贷方登记费用的减少(转销)额,由于期末费用一般要转入"本年利润"账户去抵减本期收入,所以该账户期末无余额。费用类账户结构如图 3-6 所示。

4) 收入类账户的结构

因为收入与费用是相对应的两个概念,因此收入类账户的结构与费用类账户的结构是相反的,账户的贷方登记收入的增加额,借方登记收入的减少(转销)额,由于期末收入一般

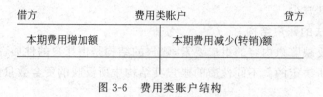

图 3-6　费用类账户结构

要转入"本年利润"账户,所以该账户期末无余额。收入类账户结构如图 3-7 所示。

图 3-7　收入类账户结构

5)成本类账户的结构

成本类账户反映的内容其实是资产要素的一部分内容,因此成本类账户的结构与资产类账户的结构基本相同,账户的借方登记成本的增加额,贷方登记成本的减少额,该类账户如有期末余额,期末余额在借方。成本类账户结构如图 3-8 所示。

借方	成本类账户	贷方
期初余额		
本期成本增加额	本期成本减少额	
期末余额		

图 3-8　成本类账户结构

由此可见,不同性质的账户具有不同的结构,也决定了账户的余额方向。因此,可以根据账户的期末余额方向来判别账户的性质。如余额在借方,则账户可能是资产类或成本类账户;余额在贷方,则账户可能是负债类、所有者权益类账户。借贷记账法的这一特点,决定了它可以设置双重性质账户。

所谓双重性质账户,是指既可以用来核算资产或费用,又可以用来核算负债或收入的账户。账户到底属于哪一类,取决于账户余额或净发生额的方向。例如,"投资收益"账户的借方登记投资损失,贷方登记投资收益,借贷方发生额之差(净发生额)如果是在贷方,则账户反映投资收益;反之,则账户反映投资损失。类似的账户还包括"应收账款""应付账款""预付账款""预收账款"等。

3. 借贷记账法的记账规则

前已述及,复式记账必须以会计等式"资产=负债+所有者权益"作为记账基础,因此,会计等式也是建立借贷记账法的理论依据。依据经济业务在会计等式中反映的基本规律,即涉及等式两方同增同减,涉及等式一方有增有减,结合借贷记账法账户结构的特点,可以得到下面的结果(仍利用第 2 章的例 2-1~例 2-9)。

(1)涉及等式两方同增时:资产增加记借方;负债所有者权益增加记贷方。

【例 3-1】　收到 B 单位追加投资 100 000 元,款项存入银行。该业务引起一项资产(银行存款)增加,一项所有者权益(实收资本)增加。资产增加记借方,所有者权益增加记贷方,则登账结果如下。

借方	银行存款	贷方	借方	实收资本	贷方
100 000					100 000

【例3-2】 从A单位购入原材料32 000元,货款未付。该业务引起一项资产(原材料)增加,一项负债(应付账款)增加。资产增加记借方,负债增加记贷方,则登账结果如下。

借方	原材料	贷方	借方	应付账款	贷方
32 000					32 000

(2) 涉及等式两方同减时:资产减少记贷方;负债所有者权益减少记借方。

【例3-3】 以银行存款50 000元,偿还短期借款。该业务引起一项资产(银行存款)减少,一项负债(短期借款)减少。资产减少记贷方,负债减少记借方,则登账结果如下。

借方	短期借款	贷方	借方	银行存款	贷方
50 000					50 000

【例3-4】 经法律程序报经批准,以银行存款50 000元,退还个人投资款。该业务引起一项资产(银行存款)减少,一项所有者权益(实收资本)减少。资产减少记贷方,所有者权益减少记借方,则登账结果如下。

借方	实收资本	贷方	借方	银行存款	贷方
50 000					50 000

(3) 涉及等式一方有增有减时:
① 资产增加记借方;资产减少记贷方。

【例3-5】 从银行提现金5 000元。该业务引起一项资产(现金)增加,另一项资产(银行存款)减少。资产增加记借方,资产减少记贷方,则登账结果如下。

借方	库存现金	贷方	借方	银行存款	贷方
50 000					50 000

② 负债所有者权益增加记贷方;负债所有者权益减少记借方。

【例3-6】 将盈余公积30 000元转为实收资本。该业务引起一项所有者权益(盈余公积)减少,一项所有者权益(实收资本)增加。所有者权益减少记借方,所有者权益增加记贷方,则登账结果如下。

借方	盈余公积	贷方	借方	实收资本	贷方
32 000					32 000

【例3-7】 向银行申请短期借款30 000元,直接偿还应付账款。该业务引起一项负债(短期借款)增加,另一项负债(应付账款)减少。负债增加记贷方,负债减少记借方,则登账结果如下。

借方	应付账款	贷方	借方	短期借款	贷方
30 000					30 000

【例 3-8】 经协商，A 单位同意将本厂欠其货款 100 000 元，转为对本工厂的投资。该业务引起一项负债（应付账款）减少，一项所有者权益（实收资本）增加。负债减少记借方，所有者权益增加记贷方，则登账结果如下。

借方	应付账款	贷方	借方	实收资本	贷方
100 000					100 000

【例 3-9】 计算出应付给投资者股利 40 000 元。该业务引起一项负债（应付股利）增加，一项所有者权益（未分配利润）减少。负债增加记贷方，所有者权益减少记借方，则登账结果如下。

借方	利润分配——未分配利润	贷方	借方	应付股利	贷方
40 000					40 000

（4）费用发生会导致资产减少（或负债增加）：费用增加记借方，资产减少记贷方。

【例 3-10】 企业管理部门本月发生购买办公用品费 8 000 元，用银行存款支付。该项业务引起企业费用（管理费用）增加，同时资产（银行存款）减少。费用增加记借方，资产减少记贷方，则登账结果如下。

借方	管理费用	贷方	借方	银行存款	贷方
8 000					8 000

（5）收入取得会引起资产增加（或负债减少）：资产增加记借方，收入增加记贷方。

【例 3-11】 企业本月销售产品一批，取得收入 50 000 元，货款收到存入银行。该项业务引起企业收入（主营业务收入）增加，同时资产（银行存款）增加。收入增加记贷方，资产增加记借方，则登账结果如下。

借方	银行存款	贷方	借方	主营业务收入	贷方
50 000					50 000

从以上实例可以看出，每一项经济业务发生之后，运用借贷记账法进行账务处理，都必须是记入某一账户借方的同时记入另一对应账户的贷方，而且借贷方记录的金额相等。因此，可以总结出借贷记账法的记账规则：有借必有贷，借贷必相等。

在借贷记账法下，对每一项经济业务事项，都要遵循"有借必有贷，借贷必相等"的记账规则，在两个或两个以上的账户中同时进行等额登记。

借贷记账法在具体运用时，可分以下三步进行：①判断具体经济业务事项的类型；②判断具体经济业务事项所涉及的账户及增减变动情况；③根据账户的结构，判断应借应贷的账户名称及金额。

借贷记账法的记账规律如图3-9所示。

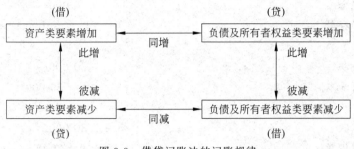

图 3-9　借贷记账法的记账规律

课程思政

对任何的经济业务进行记录和反映,一定遵循"有借必有贷,借贷必相等"的记账规则。结合具体的经济业务学习记账规则,理解"一分耕耘,一分收获"的道理,进一步做事情要有始有终,持之以恒,不能轻言放弃。

4. 借贷记账法的账户对应关系和会计分录

运用借贷记账法处理经济业务,一笔业务所涉及的几个账户之间必然存在着某种相互依存的对应关系,这种关系称为账户对应关系。存在对应关系的账户称为对应账户。在具体采用借贷记账法登记某项经济业务时,应先通过编制会计分录来确定业务所涉及的账户及对应关系,从而保证账户记录的正确性。

所谓会计分录,是指确定每笔经济业务应借应贷科目及其金额的记录。会计分录的编制是会计工作的初始阶段,在实际工作中,这项工作一般是通过编制记账凭证来完成的。

编制会计分录,应按以下步骤进行。

(1) 一项业务发生后,首先分析这项业务涉及的会计要素项目是什么,是增加,还是减少。

(2) 根据会计科目表和第一步分析来确定应记入哪个账户,应借还是应贷。

(3) 检查分录中应借、应贷科目是否正确;借贷方金额是否相等,有无错误。

【例3-12】 编制会计分录。现将例3-1~例3-9的经济业务编制成以下会计分录。

例3-1:

借:银行存款　　　　　　　　　　　　　　　　100 000
　　贷:实收资本　　　　　　　　　　　　　　　　100 000

例3-2:

借:原材料　　　　　　　　　　　　　　　　　32 000
　　贷:应付账款　　　　　　　　　　　　　　　　32 000

例3-3:

借:短期借款　　　　　　　　　　　　　　　　50 000
　　贷:银行存款　　　　　　　　　　　　　　　　50 000

例3-4:

借:实收资本　　　　　　　　　　　　　　　　50 000
　　贷:银行存款　　　　　　　　　　　　　　　　50 000

例 3-5：
借：库存现金　　　　　　　　　　　　　　　　　　　5 000
　　贷：银行存款　　　　　　　　　　　　　　　　　　　5 000

例 3-6：
借：盈余公积　　　　　　　　　　　　　　　　　　　30 000
　　贷：实收资本　　　　　　　　　　　　　　　　　　30 000

例 3-7：
借：应付账款　　　　　　　　　　　　　　　　　　　30 000
　　贷：短期借款　　　　　　　　　　　　　　　　　　30 000

例 3-8：
借：应付账款　　　　　　　　　　　　　　　　　　　100 000
　　贷：实收资本　　　　　　　　　　　　　　　　　　100 000

例 3-9：
借：利润分配　　　　　　　　　　　　　　　　　　　40 000
　　贷：应付股利　　　　　　　　　　　　　　　　　　40 000

由上述所编会计分录来看，会计分录的编制方法是先借后贷，借贷两行空两格错开。

以上九项经济业务，仅涉及两个账户，其会计分录由一个借方账户和一个贷方账户构成（一借一贷），这种会计分录属于简单分录。然而，企业的经济业务内容往往是比较复杂的，完整地记录这些经济业务内容，则需要通过两个以上的账户，即以几个账户的借方与一个账户的贷方（多借一贷），或者一个账户的借方与几个账户的贷方（一借多贷）相互结合才能加以反映。当经济业务涉及两个以上账户时，其会计分录由两个以上账户构成，这种会计分录属于复合分录；甚至有时还可以由多个借方账户和多个贷方账户构成（多借多贷）。但由于多借多贷的会计分录不能清晰地反映账户对应关系，不能一目了然地看出经济业务的内容，所以一般应尽量避免采用。现举例说明如下。

【例 3-13】　企业购买机器设备一台，价值 50 500 元，其中 50 000 元以转账支票支付，余款以库存现金付讫。

该笔业务引起资产（固定资产）项目增加 50 500 元，记入该账户借方，同时引起一项资产（银行存款）项目减少 50 000 元，记入该账户贷方，以及另一项资产（库存现金）项目减少 500 元，记入该账户贷方。由此，该笔经济业务的会计分录如下。

借：固定资产　　　　　　　　　　　　　　　　　　　50 500
　　贷：银行存款　　　　　　　　　　　　　　　　　　50 000
　　　　库存现金　　　　　　　　　　　　　　　　　　500

【例 3-14】　企业向银行取得 60 000 元的长期借款，其中 50 000 元直接用于偿还短期借款，余款存入银行。

该笔业务发生引起资产中的银行存款增加 10 000 元和负债中的短期借款减少 50 000 元，因此分别记入"银行存款"和"短期借款"账户借方，同时引起负债中的长期借款增加 60 000 元，因而记入"长期借款"账户贷方。由此，该笔经济业务的会计分录如下。

借：银行存款　　　　　　　　　　　　　　　　　　　10 000
　　短期借款　　　　　　　　　　　　　　　　　　　50 000
　　贷：长期借款　　　　　　　　　　　　　　　　　　60 000

课程思政

对不同的经济业务进行分析,书写正确、规范的会计分录是会计人必备的基本技能。按会计准则要求书写会计分录,不能随心所欲、自创规则,要守规矩,养成做事情一定要认真、专心、细心、耐心的好习惯。

5. 借贷记账法的试算平衡

所谓借贷记账法的试算平衡,是根据会计等式的平衡原理和记账规律的要求,通过汇总计算和比较,来检查账户记录的正确性和完整性。

采用借贷记账法,由于对任何经济业务都是按照"有借必有贷,借贷必相等"的记账规则记入各有关账户,所以不仅每一笔经济业务的借贷发生额相等,而且当一定会计期间所有经济业务都记入相关账户后,全部账户借方发生额合计数必然等于全部账户贷方发生额合计数;同时,由于所有经济业务的发生都不影响会计等式的平衡性,期末结账后,根据会计等式的平衡原理,全部账户借方余额(资产余额)合计必然等于全部账户贷方余额(权益余额)合计。因此,通过所有账户借贷方本期发生额和期末余额的试算,如果借贷两方金额相等,则可认为账户记录基本正确;反之,如果借贷两方金额不相等,则表明账户记录存在错误。

借贷记账法下,账户发生额和余额的试算平衡计算公式分别为

全部账户借方发生额合计=全部账户贷方发生额合计

全部账户借方余额合计=全部账户贷方余额合计

试算平衡工作,一般在月末结出各个账户的本月发生额和月末余额后,通过编制发生额和余额的试算平衡表来进行。现仅将例 3-1~例 3-9 的经济业务记入有关总分类账户,并结出各账户本期发生额和期末余额,分别编制发生额和余额的试算平衡表,如表 3-2 所示。

借方		库存现金	贷方
期初余额:	2 500		
⑤	5 000		
本期发生额:	5 000	本期发生额:	0
期末余额:	7 500		

借方		银行存款		贷方
期初余额:	56 000	③		50 000
①	100 000	④		50 000
		⑤		5 000
本期发生额:	100 000	本期发生额:		105 000
期末余额:	51 000			

借方		应收账款	贷方
期初余额:	89 000		
本期发生额:	0	本期发生额:	0
期末余额:	89 000		

借方		原材料	贷方
期初余额:	235 000		
②	32 000		
本期发生额:	32 000	本期发生额:	0
期末余额:	267 000		

借方		库存商品	贷方
期初余额:	189 000		
本期发生额:	0	本期发生额:	0
期末余额:	189 000		

借方		固定资产	贷方
期初余额:	690 000		
本期发生额:	0	本期发生额:	0
期末余额:	690 000		

借方	应付账款	贷方		借方	短期借款	贷方
⑦ 30 000	期初余额：	157 000		③ 50 000	期初余额：	188 000
	②	32 000			⑦	30 000
⑧ 100 000						
本期发生额：130 000	本期发生额：	32 000		本期发生额：50 000	本期发生额：	30 000
	期末余额：	59 000			期末余额：	168 000

借方	长期借款	贷方		借方	实收资本	贷方
	期初余额：	226 500		④ 50 000	期初余额：	530 000
					①	100 000
					⑥	30 000
					⑧	100 000
本期发生额：0	本期发生额：	0		本期发生额：50 000	本期发生额：	230 000
	期末余额：	226 500			期末余额：	710 000

借方	盈余公积	贷方		借方	利润分配	贷方
⑥ 30 000	期初余额：	100 000		⑨ 40 000	期初余额：	60 000
本期发生额：30 000	本期发生额：	0		本期发生额：40 000	本期发生额：	0
	期末余额：	70 000			期末余额：	20 000

借方	应付股利	贷方
	期初余额：	0
	⑨	40 000
本期发生额：0	本期发生额：	40 000
	期末余额：	40 000

表 3-2 发生额和余额试算平衡表   单位：元

会计科目	借方发生额	贷方发生额	期末借方余额	期末贷方余额
库存现金	5 000		7 500	
银行存款	100 000	105 000	51 000	
原材料	32 000		267 000	
应收账款			89 000	
库存商品			189 000	
固定资产			690 000	
短期借款	50 000	30 000		168 000
应付账款	130 000	32 000		59 000
长期借款				226 500
应付股利		40 000		40 000
实收资本	50 000	230 000		710 000
盈余公积	30 000			70 000
利润分配	40 000			20 000
合计	437 000	437 000	1 293 500	1 293 500

在编制试算平衡表时,应注意以下几点。

(1) 必须保证所有账户的发生额和余额均已记入试算表。

(2) 如果试算表借贷不相等,则肯定是账户记录有错误,应认真查找,直到实现平衡为止。

(3) 即便实现了发生额及余额的平衡,也不能说明账户记录绝对正确,因为有些错误并不会影响借贷双方的平衡关系。例如,漏记某项经济业务,将使本期借贷双方的发生额发生等额减少,借贷仍然平衡;重记某项经济业务,将使本期借贷双方的发生额发生等额虚增,借贷仍然平衡;某项经济业务记错有关账户,借贷仍然平衡;某项经济业务在账户记录中,颠倒了记账方向,借贷仍然平衡;借方或贷方发生额中,偶然发生多记、少记并相互抵销,借贷仍然平衡等。因此在编制试算平衡表之前,应认真核对有关账户记录,以消除上述错误。

综上所述,借贷记账法是一种以借贷两字作为记账符号,对每一项经济业务,在两个或两个以上账户,以相等的金额全面地、相互关联地反映资产要素增减变动的专门方法。借贷记账法具有以下优点:①账户对应关系清楚,可以鲜明地反映各种经济活动的来龙去脉;②账户设置适用性强,可设置双重性质的账户;③依据"有借必有贷,借贷必相等"的记账规则记账,无论发生额和余额都保持借贷平衡关系,对日常核算记录的汇总和检查十分简便。

课程思政

发生额平衡、余额平衡体现了会计的平衡之美,一定程度上可以检验账簿记录的准确性。在掌握如何正确编制试算平衡表的同时,要注意事物之间的内在联系和钩稽关系,透过现象看本质,保证做事的效率和质量。

本章小结

设置账户与复式记账是对会计对象具体内容进行核算的具体方法的一部分。设置账户是会计核算的第一个核算方法,账户是根据会计科目开设的,是具体记录经济业务增减变动的载体;复式记账是在账户中记录经济业务的方法,是会计核算的第二个方法。运用复式记账法在账户中记录经济业务,可以全面、系统地反映各会计要素项目的增减变动情况和结果。复式记账法中的借贷记账法,是目前世界通用的一种记账方法,它采用复式记账的原理,又设计了一套较严密的账户结构、账户对应关系和试算平衡方法,所以较科学严密,我国企业和行政事业单位都采用这种方法。

本章内容是会计基本原理的核心,包括设置账户和复式记账两大会计核算方法的具体内容(账户的概念、两者的联系与区别、账户的分类、账户的结构以及借贷记账法下的记账符号、各类账户的结构、记账规则、会计分录的编制、试算平衡有关内容)。掌握本章内容是学习后续内容的基础和关键,同学们应给予足够的重视。

本章习题

一、单项选择题

1. 下列账户中属于所有者权益的账户有(   )。

A. 实收资本　　　　B. 库存现金　　　　C. 制造费用　　　　D. 短期借款
2. 当生产车间或管理部门领用材料时,该项材料应作为(　　)加以确认。
　　A. 资产　　　　　　B. 负债　　　　　　C. 费用　　　　　　D. 收入
3. 会计科目是对会计对象的具体内容进行分类核算的(　　)。
　　A. 标志　　　　　　B. 账户　　　　　　C. 结果　　　　　　D. 项目
4. 资产类账户的发生额反映(　　)情况。
　　A. 资产的增减变动　　　　　　　　　　B. 负债的增减变动
　　C. 资产的结存　　　　　　　　　　　　D. 费用的发生
5. 负债类账户的余额反映(　　)情况。
　　A. 资产的结存　　　　　　　　　　　　B. 实际的负债
　　C. 负债的增减变动　　　　　　　　　　D. 负债的形成和偿付
6. 复式记账法对每笔经济业务都以相等的金额,在(　　)中进行登记。
　　A. 一个账户　　　　　　　　　　　　　B. 两个账户
　　C. 两个或两个以上的账户　　　　　　　D. 全部账户
7. 账户发生额试算平衡法是根据(　　)确定的。
　　A. 借贷记账法的记账规则　　　　　　　B. 经济业务的内容
　　C. "资产=负债+所有者权益"等式　　　　D. 经济业务的类型
8. 通过试算平衡能够查找的错误有(　　)。
　　A. 重记经济业务　　B. 漏记经济业务　　C. 借贷方向相反　　D. 借贷金额不等
9. 会计分录是在(　　)中指明经济业务应记的方向、账户名称及应计入的金额。
　　A. 原始凭证　　　　B. 记账凭证　　　　C. 总分类账　　　　D. 明细分类账
10. 引起资产和负债同时增加的业务有(　　)。
　　A. 从银行提取现金　　　　　　　　　　B. 从银行借款存入银行
　　C. 用银行存款交税金　　　　　　　　　D. 用银行存款支付前欠货款

二、多项选择题

1. 借字表示(　　)。
　　A. 资产的增加　　　　　　　　　　　　B. 负债的减少
　　C. 收入的结转　　　　　　　　　　　　D. 费用成本的增加
2. 账户一般包括(　　)要素。
　　A. 账户名称　　　　　　　　　　　　　B. 日期和摘要
　　C. 凭证号数　　　　　　　　　　　　　D. 增加和减少金额
3. 账户中各项金额的关系可用(　　)表示。
　　A. 本期期末余额=本期期初余额+本期增加发生额-本期减少发生额
　　B. 本期期末余额+本期减少发生额=本期期初余额+本期增加发生额
　　C. 本期期末余额=本期增加发生额+本期减少发生额
　　D. 本期期末余额=本期期初余额
4. 账户的特点可归纳为(　　)。
　　A. 按相反方向记录增加额和减少额
　　B. 账户的余额一般与记录的增加额在同一方向

C. 期初余额与上期的期末余额在同一方向
D. 上期的期末余额等于本期的期初余额

5. 借贷记账法下的试算平衡公式有（　　）。
   A. 借方科目金额＝贷方科目金额
   B. 全部账户借方发生额合计＝全部账户贷方发生额合计
   C. 借方期末余额＝借方期初余额＋本期借方发生额-本期贷方发生额
   D. 全部账户期初借方余额合计＝全部账户期初贷方余额合计

6. 通过账户对应关系可以（　　）。
   A. 检查经济业务处理得是否合理合法　　B. 了解经济业务的内容
   C. 进行试算平衡　　D. 登记账簿

7. 每一笔分录都包括（　　）。
   A. 会计科目　　B. 记账方向　　C. 金额　　D. 对应关系

8. 下列选项中不能通过试算平衡发现的是（　　）。
   A. 某项经济业务未入账
   B. 应借应贷的账户中借贷方向颠倒
   C. 借贷双方同时多记经济业务的金额
   D. 借贷双方中一方多记金额，一方少记金额

9. 以下（　　）符合借贷记账法的记账规则。
   A. 一项资产增加，一项所有者权益减少　　B. 一项负债增加，一项负债减少
   C. 一项所有者权益增加，一项负债减少　　D. 一项负债增加，一项资产减少

10. 属于非流动资产的账户有（　　）。
    A. 固定资产　　B. 累计折旧　　C. 实收资本　　D. 库存商品

三、判断题

1. 任何经济业务的发生，都会引起会计恒等式两边发生变化。（　　）
2. 所有的账户都是依据会计科目开设的。（　　）
3. 凡是贷方余额的账户均属于权益类账户。（　　）
4. 一个账户的借方如果用来记录增加额，其贷方一定用来记录减少额。（　　）
5. 借贷记账法要求，如果在一个账户中记借方，在另一个或几个账户中一定记贷方。
   （　　）
6. 一般来说，账户期末余额的方向与本期增加额登记的方向是一致的，但也可能出现不一致。（　　）
7. 资产和权益在金额上始终是相等的。（　　）
8. 对于不同性质的账户，"借""贷"的含义有所不同。（　　）
9. 每一笔会计分录，应具备账户名称、记账方向和记账金额三项基本内容。（　　）
10. 在借贷记账法下，只要借贷金额相等，账户记录就正确。（　　）

四、简答题

1. 如何理解"资产＝负债＋所有者权益"？简述会计等式的作用。
2. 简述账户和会计科目的关系。
3. 借贷记账法的内容有哪些？

4. 什么是账户的结构？借贷记账法的账户结构是怎样的？
5. 复式记账法有何特征？为什么说复式记账法是一种科学记账方法？
6. 会计分录有哪些类型？编制会计分录的基本步骤包括哪些？

五、业务题

业务题一

目的：练习资产总额和权益总额的平衡关系。

资料：鸿运公司20×1年6月1日资产、负债及所有者权益的金额如下表所示。

资产、负债及所有者权益

账　户	期初余额	本期发生数		期末余额	账　户	期初余额	本期发生数		期末余额
		增加	减少				增加	减少	
库存现金	580				短期借款	50 780			
银行存款	26 000				应付账款	13 800			
应收账款	78 000				长期借款	71 000			
应收票据	22 000				实收资本	270 000			
原材料	90 000				资本公积	20 000			
生产成本	24 000				未分配利润	50 000			
库存商品	30 000								
固定资产	205 000								
合　计					合　计				

本月发生下列各项业务。

(1) 购入设备一台金额20 000元，货款尚未支付。

(2) 借入短期借款5 000元，存入银行存款户。

(3) 购入材料一批，计6 000元，材料已验收入库，贷款尚未支付。

(4) 生产车间生产成品领用材料计25 000元。

(5) 从银行提取现金500元。

(6) 以银行存款偿付供货单位欠款3 000元。

(7) 以银行存款归还银行短期借款8 000元。

(8) 收到购买单位欠款5 000元存入银行。

(9) 将现金600元存入银行。

(10) 收回购买单位货款3 000元，存入银行。

(11) 向银行借款10 000元，直接偿还所欠供应单位账款。

(12) 以银行存款6 000元，归还短期借款4 000元和所欠供应单位账款2 000元。

要求：

(1) 根据以上资料，分析它们涉及哪些账户？其增加或减少额为多少？

(2) 根据要求(1)计算结果，计算各账户的期末余额。

(3) 计算各账户期初、期末金额的平衡关系。

业务题二

目的：熟悉各类账户的结构。

资料:鸿运公司账户资料如下表所示。

账户资料   单位:元

账户名称	期初余额	本期借方发生额	本期贷方发生额	期末余额
库存现金	1 260	900		1 300
短期借款	10 000		5 000	9 000
应付账款	3 200		1 500	2 600
实收资本	85 000		4 500	80 000
原材料	3 740	3 200		1 120
银行存款		10 700	7 500	5 000
应收账款	3 600		2 500	3 000
固定资产	50 000	60 000	4 000	

要求:根据各账户的结构关系,计算出有关数据,并填入上表的空格中。

业务题三

目的:账户的对应关系和对应账户练习。

要求:鸿运公司20×1年8月部分账户记录如下。

借方	库存现金	贷方
期初余额: 3 000	(1)	1 500
(8) 300	(11)	2 000
(12) 5 000		

借方	银行存款	贷方
期初余额: 300 000	(2)	213 000
(3) 100 000	(6)	38 000
	(7)	16 500
	(10)	38 000
	(12)	5 000

借方	在途物资	贷方
(2) 200 000		

借方	原材料	贷方
期初余额: 16 000	(5)	90 000

借方	应收账款	贷方
期初余额: 110 000		
(3) 13 000		

借方	其他应收款	贷方
期初余额: 1 200	(8)	1 500
(1) 1 500		

借方	销售费用	贷方
(4) 5 000		

借方	生产成本	贷方
期初余额: 200 000		
(5) 90 000		

借方	制造费用	贷方
(7) 16 500		
(9) 4 500		

借方	累计折旧	贷方
	期初余额:	175 000
	(9)	6 000

借方	短期借款	贷方
(6) 38 000	期初余额:	55 000

借方	应付账款	贷方
	期初余额:	4 000
	(4)	5 000

借方	管理费用	贷方		借方	应交税费		贷方
(8)	1 200			(2)	26 000	期初余额：	19 000
(9)	1 500			(10)	38 000	(3)	13 000
(11)	2 000						

借方	主营业务收入	贷方
	(3)	100 000

要求：根据以上账户的对应关系，用文字描述以上对应账户反映的经济内容，并编制会计分录。

业务题四

目的：熟悉并掌握借贷记账法的具体运用。

资料：鸿运公司 20×1 年 8 月有关资料如下。

1. 8 月 1 日各账户金额。

银行存款　　115 000 元　　库存现金　　2 000 元　　应收账款　　83 000 元
原材料　　　270 000 元　　库存商品　　240 000 元　　固定资产　　270 000 元
应付账款　　20 000 元　　短期借款　　160 000 元　　实收资本　　750 000 元
应付职工薪酬　50 000 元

2. 8 月发生下列经济业务。

(1) 购入材料 50 000 元，材料验收入库，货款未付。

(2) 销售产品 80 000 元，货款存入银行。

(3) 从银行提取现金 50 000 元，备发工资。

(4) 以现金发放职工工资 50 000 元。

(5) 销售产品 70 000 元，货款未收。

(6) 支付生产车床修理费 1 000 元，以银行存款支付。

(7) 购入材料 5 000 元，以银行存款支付。

(8) 收到应收货款 20 000 元，存入银行。

(9) 以银行存款支付管理部门房租 3 000 元，水电费 800 元。

(10) 销售产品 26 000 元，货款存入银行。

(11) 以现金支付产品广告费 2 000 元。

(12) 以银行存款偿还前欠货款 20 000 元。

(13) 销售产品 90 000 元，货款存入银行。

(14) 以银行存款偿还短期借款 10 000 元。

(15) 结转本月销售产品成本 225 000 元。

要求：

(1) 根据期初各账户余额确定资产、负债、所有者权益数量关系。

(2) 判断 8 月内发生的每笔经济业务的类型，编制会计分录。

(3) 根据 1、2 项数据，开设有关账户，登记期初、本期数额，结出本期发生额和期末余额。

(4) 编制试算平衡表。

第4章 筹资活动与投资活动中复式记账法的运用

本章的学习将会使你：
- 理解并掌握工业企业主要筹资活动和投资活动的内容；
- 熟练掌握工业企业筹资活动和投资活动环节主要业务核算所需要设置的账户；
- 熟练掌握工业企业筹资活动和投资活动主要经济业务核算中的账户及复式记账法的运用。

通过对工业企业基本经济业务的核算，进一步掌握会计科目与账户、复式记账原理等会计基本理论、方法的实际应用，提高会计核算方法的实际应用能力。

导入案例

金融街控股股份有限公司(000402，简称金融街集团)的前身是重庆华亚现代纸业股份有限公司(简称重庆华亚)，重庆华亚成立于1996年6月18日，其主营业务为纸包装制品、聚乙烯制品、包装材料等。金融街集团是北京市西城区国资委全资拥有的以资本运营和资产管理为主要任务的全民所有制企业。金融街集团当时的发展正处于成长期，有很多好的项目和机会，但是由于资金短缺，没有好的融资渠道，许多项目不能及时进行。在这个阶段，金融街集团寻找到一个适合的融资渠道，那就是借"壳"上市。

原重庆华亚的控股股东华西集团与金融街集团在1999年12月27日签订了股权转让协议，华西集团将其持有的60%的国有法人股转让给金融街集团；2000年5月24日，金融街集团在深圳证交所办理了股权过户手续。

金融街集团在成功收购重庆华亚后进行了一系列的融资活动，使公司获得了足够的资金，成为房地产行业的排头兵。截至2019年年底，公司总资产1 620亿元，净资产347亿元；公司土地储备权益面积总计1 401万平方米，累计开发面积超过2 500万平方米；持有运营物业面积超过116万平方米。历年融资具体情况如图4-1所示。

金融街[000402.SZ] - 上市以来募资统计				
历年融资结构统计			单位：万元	
	金额①	占比①	金额②	占比②
上市以来累计募资	13,476,800.33	100.00%	33,542,969.13	100.00%
直接融资	7,698,019.08	57.12%	7,698,019.08	22.95%
首发	11,040.00	0.08%	11,040.00	0.03%
股权再融资	1,060,979.08	7.87%	1,060,979.08	3.16%
配股	--	--	--	--
定向增发	119,999.99	0.89%	119,999.99	0.36%
公开增发	940,979.10	6.98%	940,979.10	2.80%
优先股	--	--	--	--
可转债	--	--	--	--
发债券融资	6,626,000.00	49.17%	6,626,000.00	19.76%
间接融资(按增量负债计算)	5,778,781.25	42.88%	--	--
累计新增短期借款	13,630.00	0.10%	--	--
累计新增长期借款	5,765,151.25	42.78%	--	--
间接融资(按筹资现金流入)	--	--	25,844,950.04	77.05%
累计取得借款收到的现金	--	--	25,844,950.04	77.05%

注：上市以来累计募资金额①=直接融资(金额)+间接融资(按增量负债计算)
上市以来累计募资金额②=直接融资(金额)+间接融资(按筹资现金流入)

图4-1 历年融资具体情况

资料来源：https://easylearn.baidu.com/edu-page/tiangong/exercisedetail?id=5ba099ad6629647d27284b73f242336c1eb93083&fr=search.

思考：该案例中金融街集团筹资的两种渠道是什么？融资活动能给金融街带来什么优势？

4.1 工业企业筹资活动在资金运动中的位置

与其他行业相比，工业企业的生产经营活动比较复杂，所涉及的业务范围比较广泛，其发生的交易或事项更具有代表性。因此，本书将以工业企业发生的交易或事项为例来说明账户与复式记账法的运用。

通过会计对象的学习，我们知道工业企业生产经营过程也就是资金运动过程，筹资活动为资金运动的第一个过程——资金进入企业，而投资活动属于资金运动的第二个过程——资金在企业内部的循环周转。工业企业为了从事生产经营活动，首先必须拥有相应的资金，因此，筹资是工业企业生产经营活动过程的起点。筹资过程主要表现为投资者向企业投入资本和债权人向企业放债，企业从投资者、债权人那里筹集到的资金进入企业后，随着生产经营活动的进行，开始发生形态的变化，即从货币资金的形态开始，变为储备资金、固定资产等的过程就是投资活动，投资活动是资金运动增值过程的开始。工业企业资金的循环和周转如图 4-2 所示。

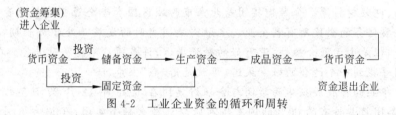

图 4-2　工业企业资金的循环和周转

筹资活动和投资活动形成了工业企业的资金运动过程的最开始的两个活动，也构成了会计核算的开始。会计的任务就是通过设置账户，运用复式记账法来对这些内容进行核算。

课程思政

随着业财融合的广泛推广和应用，现代财务人只懂财务是远远不够的，同学们要认识到做财务人不仅要懂财务，还要懂业务，关注最新动态，紧跟时代步伐，努力成为全面发展的栋梁之材。

4.2 筹集资金过程的账户设置及运用

所谓"兵马未动，粮草先行"，企业要开展正常的生产经营活动，首先必须筹措到一定数量的经营资金。企业筹集资金的渠道主要有两个：一是吸收投资者的投资；二是向债权人借款。由此可见，筹集资金过程的会计核算主要包括投入资本核算和借入资金核算两项内容。

企业通过发行股票或签订投资协议等方式吸收投资所获得的资金，通常被称为实收资本(或股本)，其所有权归属于企业的投资者，属于企业的所有者权益；企业通过向银行及其他金融机构、企业和个人借款，或发行债券等形式所获得的资金，体现了企业和债权人之间的债权债务关系，属于企业的负债。负债和所有者权益共同构成企业的资金来源体系，但由于不同渠道筹集到的资金所体现的性质特点有所不同，在会计处理上也有所不同。

4.2.1 实收资本（或股本）的核算

企业接受投资者作为资本投入的资金，对于企业而言为实收资本（或股本）；对于投资者而言则为投入资本，两者性质、金额一样，只是角度不同。因此企业接受投入资本的核算也就是企业的实收资本核算（股份有限公司称为股本核算）。从形态上看，企业的实收资本可以是现金、银行存款等货币形态的资金，也可以是存货、固定资产等实物形态的资金，还可以是专利权、专有技术、商标权等无实物形态的资金；从投资主体上看，实收资本可以分为国家、法人、个人和外商投入的资本（金）。

1. 账户设置

为了核算和监督实收资本的增减变动情况及结果，企业应设置"实收资本"账户（股份有限公司应设置"股本"账户），该账户属于所有者权益类账户，贷方登记企业实际收到的投资者作为资本投入的资金数额；借方登记实收资本的相应减少额（如投资者依法收回资本）；期末余额在贷方，表明企业期末实有的资本金额（截至期末，企业所收到的投资者实际净投入资本的累计金额）。

"实收资本"账户应按不同的投资主体分别设置明细账，进行明细分类核算。同时根据需要设置"资本公积"账户，并按照投入资金的形态和用途分别设置"银行存款""库存现金""原材料""固定资产"和"无形资产"等相关的资产类账户。

> **小贴士——注册资本与实收资本**
>
> 注册资本是公司成立时在登记机关登记注册的资本额，也叫法定资本；实收资本是公司成立时实际收到的股东的出资总额，是公司现实拥有的资本。在现行制度下，实收资本理论上应该等于公司的注册资本，实务中由于公司认购股份以后，可以一次全部缴清，也可以分期缴纳，所以实收资本在某段时间内可能小于注册资本，但公司的注册资本与实收资本最终应当是一致的。随着商事登记制度的改革推行，现行的公司注册资本实缴登记制度将逐步取消。

> **课程思政**
>
> 创业需要勇气和魄力，创业过程中可能会遇到各种问题和挑战，同学们要敢于拼搏、敢于挑战、敢于创新，努力成为内心强大而丰富的优秀青年。

2. 会计核算

1) 接受货币资金投资的核算

企业接受投资者以货币资金投入的资本，应以实际收到的金额，借记"银行存款"账户，贷记"实收资本"账户。

【例4-1】 海丰公司于20×1年1月15日收到甲公司和自然人林××作为资本投入的资金900 000元和300 000元，款项已存入银行。

分析：该项业务的发生，一方面使企业的资产（银行存款）增加了1 200 000元，应记入"银行存款"账户的借方；另一方面使公司投资者——甲公司和林××的权益分别增加了

900 000 元和 300 000 元,应记入"实收资本"账户的贷方,同时登记相应的明细账。会计分录如下:

借:银行存款　　　　　　　　　　　　　　　1 200 000
　　贷:实收资本——甲公司　　　　　　　　　　　900 000
　　　　　　　——林××　　　　　　　　　　　　300 000

2) 接受非货币资金投资的核算

企业收到投资者的非货币资金投资,如原材料、固定资产和无形资产等,应按投资各方确认的价值,借记"原材料""固定资产"和"无形资产"等账户,贷记"实收资本"账户及相应明细账。

微课:投资者投入资金

【例 4-2】　海丰公司于 20×1 年 1 月 20 日收到乙公司作为资本投入的设备一台,确认价值为 500 000 元;某项专利权,确认价值 300 000 元,已办理相关的交接验收手续。

分析:该项业务的发生,一方面使企业的资产增加了 800 000 元,其中固定资产(设备)增加 500 000 元,无形资产(专利权)增加 300 000 元,应分别记入"固定资产"和"无形资产"账户的借方;另一方面使公司投资者——乙公司的权益增加了 800 000 元,应记入"实收资本"账户的贷方,同时登记相应的明细账。会计分录如下。

借:固定资产　　　　　　　　　　　　　　　500 000
　　无形资产　　　　　　　　　　　　　　　300 000
　　贷:实收资本——乙公司　　　　　　　　　　800 000

3) 资本公积的核算

资本公积是企业在筹集资本金时,投资者的出资额超出其在企业注册资本(或股本)中所占份额的部分,以及直接计入所有者权益的利得和损失等。例如,某股份公司以 5 元/股的价格溢价发行面值 1 元的普通股股份 1 000 万股,在不考虑发行费用的情况下,公司股本 1 000 万元,实际收到的金额为 5 000 万元,其中超出股本额的 4 000 万元即为资本公积,它归属于企业的全体投资者,按规定可以在未来用以转增资本。

"资本公积"账户属于所有者权益类账户,当企业形成资本公积时,贷记"资本公积"账户,借记"银行存款"等账户;按规定将资本公积转增资本金时,应从该账户的借方转入"实收资本"(或"股本")账户的贷方。

【例 4-3】　海丰公司于 20×1 年 5 月 20 日决定增资到 2 500 000 元,丙公司投入 600 000 元,占增资后公司注册资本的 20%,款已收到。

分析:公司增资后的注册资金为 2 500 000 元,丙公司占 20%,理论上应该投入资本 500 000 元,实际投入 600 000 元,超额部分(100 000 元)为资本公积。在使企业的资产(银行存款)增加了 600 000 元的同时,使公司投资者——丙公司的权益增加了 500 000 元,同时还增加了归属于所有投资者的资本溢价 100 000 元,应记入"资本公积"账户的贷方,同时登记相应的明细账。会计分录如下。

借:银行存款　　　　　　　　　　　　　　　600 000
　　贷:实收资本——丙公司　　　　　　　　　　500 000
　　　　资本公积——资本溢价　　　　　　　　　100 000

实收资本(或股本)核算如图 4-3 所示。

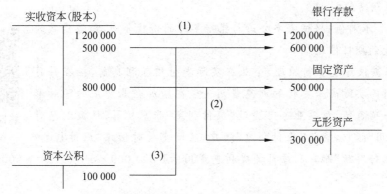

图 4-3　实收资本(或股本)核算示意图

4.2.2　借入资金的核算

企业为了保持合理的资本结构,在保证日常经营所需资金的正常周转下提高资金的使用效益,往往需要以借入资金的方式解决部分资金需求。企业的借入资金主要来源于银行或其他金融机构的各种借款,实际经营过程中也有向非金融机构的企业进行短期资金拆借,以及因往来业务形成的资金占用,但这部分借款通常不列入借入资金核算内容,而作为企业的资金往来进行核算。

银行借款是企业根据借款合同向银行或其他金融机构借入的约定在一定期限内还本付息的款项。根据借款偿还期限的不同,银行借款可以分为短期借款和长期借款,企业可以通过设置"短期借款""长期借款""应付利息"和"财务费用"等账户来核算、监督各项借款的增减变动情况。

1. 短期借款的核算

短期借款是指偿还期限在1年以下(含1年)的借款,一般是企业为维持正常的生产经营所需,或者是为抵偿某项债务而借入的,形成企业的流动负债。

为了核算企业短期借款的借入与归还情况及其结果,企业应设置"短期借款"账户。"短期借款"账户属于负债类账户。该账户的贷方登记取得的短期借款;借方登记归还的短期借款(本金);期末余额在贷方,表示企业期末尚未偿还的短期借款本金。

为了核算借款过程中的借款费用,企业还要设置"财务费用"账户。"财务费用"账户属于损益类账户,用来核算企业为筹集生产经营所需资金而发生的各项费用,包括筹资费用和使用期间发生的利息。该账户的借方登记包括利息、手续费在内的各项筹资费用,贷方登记利息收入和月末转入"本年利润"的财务费用,期末一般没有余额。

【例 4-4】　海丰公司因经营临时性需要,于20×1年5月1日向银行借入期限3个月,年利率6%的短期借款1 500 000元,所得款项已到账。

分析:该项借款业务的发生使公司的资产(银行存款)增加了1 500 000元,而该资金来源于短期借款的增加,也就是说公司因举债而增加了一项资产,因此借记"银行存款"账户,贷记"短期借款"账户。会计分录如下。

借:银行存款　　　　　　　　　　　　　　　　　　1 500 000

贷：短期借款　　　　　　　　　　　　　　　　　　　　　1 500 000

【例 4-5】 承前例，根据海丰公司与银行签订的借款合同，该笔借款的利息应于借款到期日偿还。

分析：根据权责发生制原理，企业在实际支付借款利息前，应在每月计提应该支付而实际尚未支付的利息费用——在增加企业费用的同时形成了企业的一项负债，该项业务可通过"应付利息"账户核算，计提利息时借记"财务费用"账户，贷记"应付利息"账户，实际支付时借记"应付利息"账户，贷记"银行存款"账户。每月计提利息费用＝1 500 000×6％÷12＝7 500（元）。会计分录如下。

微课：利息费用

5月和6月底计提利息费用如下。

借：财务费用　　　　　　　　　　　　　　　　　　　　　　7 500
　　贷：应付利息　　　　　　　　　　　　　　　　　　　　　7 500

7月底还本付息如下。

借：短期借款　　　　　　　　　　　　　　　　　　　　　1 500 000
　　财务费用　　　　　　　　　　　　　　　　　　　7 500（7月利息）
　　应付利息　　　　　　　　　　　　　　　　15 000（5、6月利息）
　　贷：银行存款　　　　　　　　　　　　　　　　　　　　1 522 500

2. 长期借款的核算

除了日常经营所需的临时性资金，企业通常还因为购置大型设备、地产、研究开发新技术等而需要数额较大、周转时间更长的资金，因此会向银行等金融机构举借长期借款（偿还期限在1年以上），形成企业的长期负债。

为了反映企业长期借款的增减变动情况，应设置"长期借款"账户。该账户属于负债类，其贷方登记企业借入的长期借款；借方登记各种长期借款的归还数；"长期借款"账户的期末余额在贷方，表示企业期末尚未归还的长期借款。

关于长期借款的利息处理：按照会计准则的要求，应按期预提计入所购建资产的成本（即予以资本化），或直接计入当期财务费用（即费用化）。也就是说，符合资本化条件的长期借款利息，应计入工程成本；而在工程完工并达到预定可使用状态之后发生的利息支出则应予以费用化，在利息发生的当期直接计入当期损益（财务费用）。

【例 4-6】 海丰公司为建造一大型仓库（工期半年），于20×1年7月1日向中国银行取得期限为2年的人民币借款2 000 000元，款已到账。

分析：该项借款增加了公司的一项长期负债2 000 000元，应记入"长期借款"账户的贷方，同时相应增加了公司的一项资产（银行存款）2 000 000元，应记入"银行存款"账户的借方。会计分录如下。

借：银行存款　　　　　　　　　　　　　　　　　　　　　2 000 000
　　贷：长期借款　　　　　　　　　　　　　　　　　　　　2 000 000

负债资金筹集业务核算如图4-4所示。

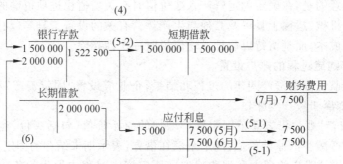

图 4-4　负债资金筹集业务核算示意图

有关长期借款利息的核算将在中级财务会计课程中详细讲述。

 小贴士——账户和记账方法巧记忆

对某类交易事项进行会计处理所涉及的账户设置和记账方法，不应死记硬背，而要从整体上把握，抓住核心的账户，从业务关系角度去理解掌握对应的相关账户，并根据账户性质及基本的借贷记账规则编制相关会计分录。在每一章节结束后应习惯性地将相关例题涉及的账务处理及其对应关系以丁字账方式画出来，这样有利于我们对会计账户的核算内容、结构的理解记忆和熟练应用。

4.3　采购过程的账户设置及运用

企业从不同渠道筹集到各种资金后，就可以将这些资金投入正常的生产经营活动中去，通过资金在企业内部的循环周转，为企业带来经济利益。资金进入企业后的运动方式和表现形态会发生循环周转的变化，相应的核算内容和方法也有所不同。一般将其划分为采购、生产和销售三个过程，其中的采购过程也称为供应过程，是企业为生产经营做准备的过程，主要包括两类经济业务：一是购建厂房、建筑物及设备等固定资产；二是购入生产经营所需的各种材料。

4.3.1　固定资产购建的核算

所谓固定资产，是指同时具有下列特征的有形资产：①为生产商品、提供劳务、出租或经营管理而持有的；②使用寿命超过一个会计年度。

就其具体实物形态而言，固定资产一般包括房屋建筑物、机械设备、运输工具以及其他与生产经营有关的设备、器具、工具等。不能作为固定资产的工具、器具等，应纳入低值易耗品的核算范围。

固定资产应按取得时的实际成本（即原始价值）作为入账价值，其入账价值应根据具体的形成渠道和涉及的内容分别确定。其中，购置不需要经过建造安装而直接投入使用的固定资产，如购买汽车，按实际支付的买价、运杂费、税费和保险费等作为固定资产的入账价值；自行建造完成或需要安装完成的固定资产，按照该项固定资产达到预定可使用状态前所发生的一切合理、必要的支出作为其入账价值。其他方式取得的固定资产的入账价值确定将在其他专业课程介绍。

需要特别注意的是,在确定固定资产入账价值时有关增值税进项税额的处理。按规定,企业外购的设备机械、运输工具以及其他与生产经营有关的设备工具等(动产),所含的增值税进项税不计入成本,而是留待以后计缴增值税时一次性扣除。

1. 固定资产购建过程的账户设置

为了核算和监督固定资产购建的过程和结果,企业应设置"固定资产"和"在建工程"账户,这两个账户都属于资产类账户。

(1)"固定资产"账户借方登记固定资产增加的原始价值(包括买价、运杂费、税费等);贷方登记固定资产减少的原始价值;期末余额在借方,表示期末结存的固定资产原始价值。

(2)"在建工程"账户的借方登记购建安装固定资产过程中发生的各项费用开支,待固定资产达到预定可使用状态、竣工验收交付使用后,再全额从贷方转入"固定资产"账户的借方,构成固定资产的原始价值。

除上述两个核心的账户,企业在购建固定资产时可能还会涉及"银行存款""长期应付款""应交税费——应交增值税"等相关账户,其中"应交税费——应交增值税"账户属于负债类账户,用来反映和监督企业应交和实交增值税情况。增值税是国家就企业的货物或劳务的增值部分征收的一种税,它是一种价外税,采取两段征收、计缴抵扣的方式,即

本期应缴纳增值税税额 = 当期销项税税额 − 当期进项税税额

企业购买固定资产、材料等应该支付的增值税称为进项税,记入该账户的借方;企业在销售商品提供劳务时收取的增值税称为销项税,记入该账户的贷方;期末余额如果在借方,表示本期尚未抵扣的(进项)税额,期末余额在贷方则表示应交未交的增值税税额。

企业在核算和管理固定资产时还需要设置"固定资产登记簿"和"固定资产卡片",按固定资产类别、使用部门和每项固定资产设置明细账,进行明细分类核算和监督。

课程思政

税收取之于民、用之于民。依法纳税是每个公民应尽的义务,任何偷税漏税者都难逃法律严惩。学习增值税、城市维护建设税、企业所得税等,同学们应认识到税收的重要性,坚守法律底线,自觉依法纳税,积极承担社会责任,为推进社会公平作出贡献。

2. 固定资产购建过程的账户运用

1) 购置不需要安装的固定资产

【例 4-7】 海丰公司于 20×1 年 6 月 10 日购入不需要安装的设备一台,价款 200 000 元,增值税税率为 13%,增值税税额为 26 000 元,运费 2 000 元(此处暂不考虑运费抵扣进项税部分),全部款项已支付,设备已运达并验收合格,交付使用。

分析:该项经济业务的发生,引起一项资产(固定资产)增加 202 000 元(其成本构成为价款 200 000 + 运费 2 000),应记入"固定资产"账户的借方;同时,按照价款的 13% 向卖方支付了 26 000 元的增值税(增值税卖方代收,所以购商品时要将其支付给卖方,作为进项税;销售商品时向买方收取,作为销项税),可以在未来抵扣应交的增值税,即减少了一项负债,记入"应交税费——应交增值税(进项税额)"账户的借方。由于购入设备使另一项资产(银行存款)减少了 228 000 元(价款 200 000 + 运费 2 000 + 增值税 26 000),应记入"银行存款"账户的贷方。会计分录如下。

借:固定资产　　　　　　　　　　　　　　　　　　　202 000
　　应交税费——应交增值税(进项税额)　　　　　　 26 000
　贷:银行存款　　　　　　　　　　　　　　　　　　 228 000

2）购置需要安装或自行建造的固定资产

【例 4-8】 海丰公司于 20×1 年 7 月 18 日购入需要安装的设备一台，价款 300 000 元，增值税税率为 13%，增值税税额为 39 000 元，运费 10 000 元（此处暂不考虑运费抵扣进项税部分），款项已支付，设备运达后在安装过程中耗用了原材料 3 000 元，现金支付安装工人工资 4 000 元，支票支付外单位的调试测试费 3 000 元。经验收合格后交付使用。

分析：首先，购入需要安装的设备，一方面引起企业资产（在建工程）的成本增加 310 000 元（价款 300 000＋运费 10 000），应借记"在建工程"账户，同时，按照价款的 13% 向卖方支付了 39 000 元的增值税，可以在未来抵扣应交的增值税，即减少了一项负债，记入"应交税费——应交增值税（进项税额）"账户的借方。增加固定资产的同时引起另一项资产（银行存款）减少 349 000 元（300 000＋39 000＋10 000），贷记"银行存款"账户。会计分录如下。

借：在建工程　　　　　　　　　　　　　　　　　　　310 000
　　应交税费——应交增值税（进项税额）　　　　　　 39 000
　　贷：银行存款　　　　　　　　　　　　　　　　　349 000

其次，在安装该项设备时发生了相关的费用支出，一方面引起资产（在建工程）成本增加 10 000 元（材料 3 000＋工资 4 000＋调试测试 3 000），应借记"在建工程"账户；耗用材料即减少资产（原材料），贷记"原材料"账户；现金支付工资减少了资产（现金），贷记"库存现金"账户；支票支付调试测试费减少了资产（银行存款），贷记"银行存款"账户。会计分录如下。

借：在建工程　　　　　　　　　　　　　　　　　　　 10 000
　　贷：原材料　　　　　　　　　　　　　　　　　　　3 000
　　　　库存现金　　　　　　　　　　　　　　　　　　4 000
　　　　银行存款　　　　　　　　　　　　　　　　　　3 000

最后，设备安装完成并交付使用，将工程总成本 320 000 元从"在建工程"账户的贷方转入"固定资产"账户的借方。会计分录如下。

借：固定资产　　　　　　　　　　　　　　　　　　　320 000
　　贷：在建工程　　　　　　　　　　　　　　　　　 320 000

固定资产购置业务核算如图 4-5 所示。

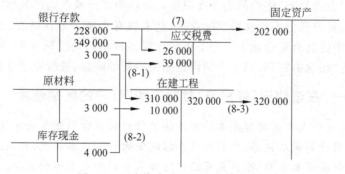

图 4-5　固定资产购置业务核算示意图

4.3.2　材料购进的核算

材料是企业维持正常生产经营所必需的物资，是生产中的劳动对象，其采购过程通常是指从材料采购开始到验收入库为止的整个过程。企业应按规定与供货方办理结算手续,支付相关的材料货款,并支付运输费、装卸费、包装费、保险费等各项采购费用和税金,在验收入库后妥善保管,并在后期领用时按一定方法进行成本结转。因此,材料采购业务的核算主要包括:一是取得材料物资,计算其取得成本并验收入库;二是与材料供应商或提供了相关服务的单位办理款项结算业务。

1. 材料采购成本

(1) 买价,企业取得的购货发票上注明的价款。

(2) 采购过程中发生运输费、包装费、装卸费、保险费和仓储费等。

(3) 材料在运输途中发生的合理损耗。

(4) 材料入库前发生的整理挑选费。

(5) 按规定应计入材料采购成本的各种税金,如消费税、进口关税等,不包括增值税(进项税)。

(6) 其他费用,如大宗材料的市内运杂费等。

需要特别注意的是,一般情况下的市内(零星采购)运杂费;采购人员的差旅费以及企业外设采购机构的经费等不构成材料的采购成本,而是直接计入期间费用管理费用。

2. 采购货款结算方式

(1) 现金结算,即直接用货币资金(库存现金或银行存款等)支付货款。

(2) 预付款结算,即企业在从供应商处取得材料前,先将部分或全部货款预付给供应商,供应商在实际供货时一次或分次抵扣先前预付的款项,待材料采购业务结束后再结清货款。

(3) 赊购,即在企业取得所购材料物资时并不马上支付货款,而是根据事先与供应商达成的协议,将支付货款时间推迟到以后会计期间。

(4) 票据结算,即企业在购入材料物资后开出商业汇票(包括商业承兑和银行承兑汇票),承诺在未来某个时点向供应商支付货款,该种票据可分为带息票据和不带息票据。

3. 材料购进核算的账户设置

为核算和监督企业材料采购过程中经济业务的发生和完成情况,应设置以下账户。

1)"在途物资"账户

"在途物资"账户属于资产类账户,用来核算和监督材料采购过程的成本费用,计算确定材料采购成本。"在途物资"账户的借方登记购入材料的买价及前面提到的应计入材料采购成本的相关费用;贷方登记入库材料实际成本;期末如有余额一般在借方,表示尚未验收入库的尚在运输途中的材料实际成本。为了正确计算各种材料的实际成本,应根据材料的具体品种、规格等在"在途物资"账户下分别设置相关的明细账户,进行明细分类核算。

小贴士——"在途物资"账户与"材料采购"账户的区别使用

在实务中,企业如果采用实际成本计价方法进行材料日常的收发核算时可使用"在途物资"账户;如果采用计划成本核算,即材料收发以既定的计划成本登记,则应采用"材料采购"账户,同时设置"材料成本差异"账户来反映实际成本和计划成本间的差异,并在期末计算本期结存和发出材料应分担的差异,将计划成本调整成实际成本,具体内容将在中级财务会计课程中讲述。

2)"原材料"账户

"原材料"账户属于资产类账户,用以核算和监督企业库存材料的增减变动及结存情况。

账户的借方登记由"在途物资"账户转入的已经验收入库的材料实际成本;贷方登记日常领用的材料的实际成本,期末余额在借方,表示库存材料的实际成本。为准确反映各种库存材料的增减变动情况,应根据材料的具体品种、规格等在"原材料"账户下分别设置相关的明细账户,进行明细分类核算。

3)"应付账款"账户

"应付账款"账户属于负债类账户,用来核算和监督企业因采购物资或接受劳务而发生的应支付给供货方的款项增减变动情况。它的贷方登记购入物资或接受劳务应支付的款项;借方登记已偿还的款项;期末余额一般在贷方,表示期末尚未偿还的应付账款。若为借方余额则表示多付(预付)的账款。"应付账款"账户应按供应商的不同分别设置明细账进行明细分类核算。

4)"应付票据"账户

"应付票据"账户属于负债类账户,用来核算和监督企业因采购物资或接受劳务等而开出并承兑的商业汇票,包括银行承兑汇票和商业承兑汇票。该账户的性质和记账方法与"应付账款"类似。其结构为贷方登记因采购业务而开出并承兑的商业汇票;借方登记到期支付的或转为应付账款的应付票据数额;余额在贷方,表示尚未到期的应付票据数额。

需要注意的是,企业应当设置"应付票据备查簿",详细登记每一应付票据的种类、号数、签发日期、到期日、票面金额、票面利率、交易合同号、收款人以及付款日期和金额等资料。

5)"预付账款"账户

"预付账款"账户属于资产类账户,用来核算企业按照购货合同的规定,预付给供货方的款项及其结算情况。该账户借方登记企业因购货而预付的款项和收到所购货物时因预付不足而补付的款项;贷方登记因收到所购货物而冲销的款项和因预付多余而退回的款项;期末若有借方余额,表示实际预付而未冲销的款项,若为贷方余额,表示尚未补付的款项。本账户也应该根据供应商的不同分别设置明细账进行明细分类核算。

6)"应交税费——应交增值税"账户

该账户性质与使用办法参见固定资产购建部分。

4. 材料购进核算的账户运用

【例4-9】 海丰公司于20×1年4月11日在本市购入甲材料1 000千克,单价20元,共计20 000元,增值税税额2 600元,材料已验收入库,货款已经支付。

微课:采购材料

分析:该项经济业务的发生,一方面表明企业因验收入库一批甲材料,而增加了资产(原材料)20 000元,应记入"原材料"账户借方;同时发生的增值税进项税额2 600元,可以在未来抵扣应交的增值税,即减少了一项负债,应记入"应交税费——应交增值税(进项税额)"账户的借方;另一方面表明材料价款和增值税款已支付,导致企业另一项资产(银行存款)减少,应记入"银行存款"账户的贷方。会计分录如下:

借:原材料——甲材料　　　　　　　　　　　　　20 000
　　应交税费——应交增值税(进项税额)　　　　　 2 600
　　贷:银行存款　　　　　　　　　　　　　　　　　　22 600

【例4-10】 海丰公司于20×1年4月12日异地购入乙材料2 000千克,单价30元,共计60 000元,增值税税额7 800元,运杂费2 000元,材料尚在运输途中,已收到相关的结算凭证,但尚未付款。

分析:公司采购的乙材料尚未运抵,但已收到结算凭证,一方面增加了企业的一项资产(未入库的在途材料),应借记"在途物资"账户,金额为 62 000 元(价款及运费),同时形成的增值税进项税 7 800 元应借记"应交税费——应交增值税(进项税额)"账户(可抵扣,减少负债);另一方面为此又增加了一项新的负债(应付的价款、运费和增值税进项税额)69 800 元,贷记"应付账款"账户。会计分录如下。

借:在途物资——乙材料　　　　　　　　　　　62 000
　　应交税费——应交增值税(进项税额)　　　　 7 800
　贷:应付账款　　　　　　　　　　　　　　　　69 800

【例 4-11】 海丰公司于 20×1 年 4 月 15 日收到前期购入的乙材料 2 000 千克,验收入库时发现短缺 20 千克,系途中合理损耗。

分析:该项业务表明海丰公司于 4 月 12 日采购的乙材料已经收到并验收入库,即公司在减少了一项资产(在途物资)的同时,增加了另一项资产(原材料),同时途中合理损耗应该计入材料成本(导致库存材料的实际数量减少,单位成本提高)。所以在验收入库后应借记"原材料"账户 62 000 元,贷记"在途物资"账户 62 000 元。会计分录如下。

借:原材料——乙材料　　　　　　　　　　　　62 000
　贷:在途物资——乙材料　　　　　　　　　　　62 000

【例 4-12】 海丰公司于 20×1 年 5 月 20 日支付乙材料货款及运杂费共计 69 800 元。

分析:该项业务的发生,表明企业在减少一项资产(银行存款)的同时,减少了一项负债(应付账款),应借记"应付账款"账户 69 800 元,贷记"银行存款"账户 69 800 元。会计分录如下。

借:应付账款　　　　　　　　　　　　　　　　69 800
　贷:银行存款　　　　　　　　　　　　　　　　69 800

【例 4-13】 海丰公司于 20×1 年 4 月 27 日从永安公司购入 A、B 两种材料,永安公司代垫了运杂费 3 600 元。全部款项共计 82 700 元,海丰公司已开出并承兑的 30 天期商业汇票结算,两种材料均未运抵(材料的运杂费按两种材料的重量比例分配各自计入成本)。A、B 两种材料的有关资料如下。

A 材料:200 千克,价款 30 000 元,增值税进项税额 3 900 元。

B 材料:400 千克,价款 40 000 元,增值税进项税额 5 200 元。

分析:企业于同一地点同时购入多种材料物资所发生的共同承担的采购费用,在计算具体材料的采购成本时采用一定的分配方法,按一定标准在所采购的各种材料之间进行合理分配。常用的分配标准包括所购材料的重量或价格。本例题按企业购入的两种材料的重量比例来分配运杂费。其成本计算如下。

运杂费分配率=实际发生的运杂费÷材料重量
　　　　　　=3 600÷(200+400)=6(元/千克)
A 材料应分担的运杂费=200×6=1 200(元)
B 材料应分担的运杂费=400×6=2 400(元)

通过上述计算,应计入 A 材料的采购成本为 31 200 元,B 材料的采购成本为 42 400 元。公司一方面增加了资产(在途物资),另一方面增加了负债(应付票据),同时形成的增值税进项税减少了负债(应交税费),所以应借记"在途物资"账户 73 600 元(其中 A 材料明细账 31 200 元，B 材料明细账 42 400 元），借记"应交税费——应交增值税"账户 9 100 元，贷记"应付票据"账户 82 700 元。会计分录如下。

借：在途物资——A 材料　　　　　　　　　　　　　31 200
　　　　　　——B 材料　　　　　　　　　　　　　42 400
　　应交税费——应交增值税（进项税额）　　　　　 9 100
　　贷：应付票据——永安公司　　　　　　　　　　　　　　82 700

【例 4-14】 海丰公司以预付款方式向天成公司购买丙种材料一批。按合同规定，海丰公司在 20×1 年 5 月初以银行存款 20 000 元，向天成公司预付货款；后于月中收到天成公司发来的材料及发票账单，并将材料验收入库。丙材料的购买价为 20 000 元，增值税进项税额为 2 600 元，运杂费 1 200 元，共计 23 800 元。月底海丰公司将应补付的货款通过银行转账支付。

分析：本例题的核算包括预付、冲销和补付三个环节。

首先，预付货款 20 000 元，使公司的一项资产（预付账款）增加，另一项资产（银行存款）相应减少，故应借记"预付账款"账户 20 000 元，贷记"银行存款"账户 20 000 元。会计分录如下。

借：预付账款——天成公司　　　　　　　　　　　　20 000
　　贷：银行存款　　　　　　　　　　　　　　　　　　　　20 000

其次，海丰公司收到天成公司发来的材料，以及相关的发票账单，按应付款项总额 24 400 元冲抵原来的预付账款，在减少一项资产（预付账款）24 400 元的同时，增加了另一项资产（原材料）21 200 元，并形成应交增值税的进项税额 2 600 元，减少了一项负债。应借记"原材料"账户 21 200 元，借记"应交税费——应交增值税"2 600 元，贷记"预付账款"账户 23 800 元。会计分录如下。

借：原材料——丙材料　　　　　　　　　　　　　　21 200
　　应交税费——应交增值税（进项税额）　　　　　 2 600
　　贷：预付账款——天成公司　　　　　　　　　　　　　　23 800

最后，海丰公司补付不足款项 3 800 元（23 800－20 000），鉴于补付是因为原来预付款不足造成的，考虑到账户对应关系的需要，在进行会计处理时，可以将补付视同预付，在减少企业银行存款的同时增加预付账款，故应借记"预付账款"账户 3 800 元，贷记"银行存款"账户 3 800 元。会计分录如下。

借：预付账款——天成公司　　　　　　　　　　　　 3 800
　　贷：银行存款　　　　　　　　　　　　　　　　　　　　 3 800

【例 4-15】 海丰公司于 20×1 年 4 月 27 日签发并承兑的商业汇票到期，以银行存款归还应付票据款 82 700 元。

分析：商业汇票到期付款一方面表明企业负债（应付票据）减少，应记入"应付票据"账户的借方 82 700 元，另一方面表明企业资产（银行存款）同时减少，应记入"银行存款"账户的贷方 82 700 元。会计分录如下。

借：应付票据——永安公司　　　　　　　　　　　　82 700
　　贷：银行存款　　　　　　　　　　　　　　　　　　　　82 700

【例 4-16】 海丰公司从永安公司购入的 A、B 两种材料于 20×1 年 4 月 30 日运抵并已验收入库。

分析：该项经济业务的发生，一方面增加了企业的资产（库存材料），其中 A 材料 31 200 元，B 材料 42 400 元，应分别记入"原材料"账户的借方；另一方面减少了资产（在途物资），应记入"在途物资"账户的贷方。会计分录如下。

借：原材料——A 材料　　　　　　　　　　　　　　31 200
　　　　　——B 材料　　　　　　　　　　　　　　42 400
　贷：在途物资——A 材料　　　　　　　　　　　　31 200
　　　　　　——B 材料　　　　　　　　　　　　　42 400

材料按实际成本计价的采购业务核算如图 4-6 所示。

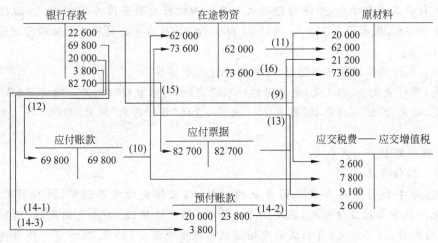

图 4-6　材料按实际成本计价的采购业务核算示意图

本章小结

与其他类型的企业相比，工业企业的资金活动经历了货币资金、储备资金、生产资金、成品资金、货币资金的完整转化循环过程。本章主要讲述资金运动中的资金筹集和生产准备（采购）两个经济业务活动。每一部分的经济业务都需要设置一些核心的账户及相应的其他账户来核算其内容，不同账户有其不同的性质、用途和结构，资金筹集活动主要涉及资产和所有者权益类账户、资产和负债类账户（本阶段主要是短期借款）；采购活动主要涉及资产类账户。学习过程中应当理解并熟记这些账户的特点及彼此构成的应借、应贷对应关系，掌握主要经济业务的基本会计分录编制方法，同时正确区分实收资本与借入资金等基本概念，熟练运用相关账户进行会计核算。

本章习题

一、单项选择题

1．下列业务属于资产内部一增一减的是（　　）。
　A．收回外单位欠款　　　　　　　　B．支付欠外单位款
　C．借入短期借款　　　　　　　　　D．销售货款存入银行

2．下列业务中，能引起资产和负债同时增加的是（　　）。

第 4 章 筹资活动与投资活动中复式记账法的运用

　　A. 用银行存款购买材料　　　　　　B. 预收销货款存入银行
　　C. 提取盈余公积金　　　　　　　　D. 年终结转利润
3. 企业计提短期借款利息支出,应贷记的账户是(　　)。
　　A. 短期借款　　B. 财务费用　　C. 应付利息　　D. 银行存款
4. 一般纳税人企业购进材料入库,其价税款通过银行支付,首先应编制的分录是(　　)。
　　A. 借:物资采购　　　　　　　　　　B. 借:原材料
　　　　　应交税费——应交增值税　　　　　　应交税费——应交增值税
　　　　贷:银行存款　　　　　　　　　　　贷:银行存款
　　C. 借:物资采购　　　　　　　　　　D. 借:银行存款
　　　　贷:银行存款　　　　　　　　　　　贷:物资采购
5. 某一般纳税人企业购入材料一批,价款 100 000 元,增值税进项税额 13 000 元,途中发生定额内损耗 1 000 元,并以银行存款支付材料运杂费 2 000 元。则该项材料的采购成本为(　　)元。
　　A. 103 000　　B. 113 000　　C. 102 000　　D. 115 000

二、多项选择题

1. 下列引起资产和所有者权益同时增加的业务有(　　)。
　　A. 收到国家投资存入银行　　　　　B. 提取盈余公积金
　　C. 收到外商投入设备一台　　　　　D. 将资本公积金转增资本
　　E. 收到外单位捐赠设备一台
2. 下列各账户中,反映所有者权益的账户有(　　)。
　　A. 实收资本　　B. 资本公积　　C. 主营业务收入　　D. 盈余公积
　　E. 本年利润
3. 一般纳税人的材料采购成本包括(　　)。
　　A. 材料买价　　　　　　　　　　　B. 增值税进项税额
　　C. 采购过程的合理损耗　　　　　　D. 采购人员差旅费
　　E. 小额的市内材料运杂费
4. 企业的资本金按其投资主体不同可以分为(　　)。
　　A. 货币投资　　B. 国家投资　　C. 个人投资　　D. 法人投资
　　E. 外商投资
5. 关于实收资本,下列说法正确的有(　　)。
　　A. 是企业实际收到投资人投入的资本　　B. 是企业进行正常经营的条件
　　C. 是企业向外投出的资产　　　　　　　D. 应按照实际投资数额入账
　　E. 在生产经营中取得的收益不得直接增加实收资本
6. 在材料采购业务核算时,与"材料采购"账户的借方相对应的贷方账户一般有(　　)。
　　A. 应付账款账户　　　　　　　　　B. 应付票据账户
　　C. 银行存款账户　　　　　　　　　D. 预付账款账户
　　E. 应交税费账户

三、判断题

1. "在途物质"账户期末余额如有借方余额,表示在途材料的实际成本。　　(　　)
2. 材料的采购成本包括材料买价、采购费用、采购人员差旅费和市内材料运杂费等。
　　　　　　　　　　　　　　　　　　　　　　　　　　　　　　　　(　　)

3. 企业在其生产经营过程中取得的收入和利得、发生的费用和损失,为简化核算可直接增减投入资本。( )
4. 材料按实际采购成本计价后,如遇物价调整,入账的材料价值应随之调整。( )
5. "材料采购"账户是一个负债类账户。( )

四、业务题

业务题一

目的:练习企业资金筹集业务的核算。

资料:翔云公司 20×1 年 5 月发生以下经济业务。

1. 收到甲企业投入的生产设备一套,双方协议价为 1 200 000 元,公司另以银行存款支付了该设备的运杂费 15 000 元,设备运达后投入使用。
2. 收到 A 投资者投入资金 800 000 元,以及作价 200 000 元的原材料一批,款已到账,材料已验收入库。
3. 向银行借入期限 6 个月的流动资金贷款 500 000 元,存入银行。
4. 开出现金支票从银行提现 20 000 元备用。
5. 以银行存款偿还到期的一项短期借款,其中本金 300 000 元,已计提利息 4 500 元。

要求:根据上述资料编制相关会计分录(不考虑增值税)。

业务题二

目的:练习企业采购业务的核算。

资料:黄河机械公司 20×1 年 6 月发生以下经济业务。

1. 从外地购入甲材料一批,价款 200 000 元,增值税进项税额 26 000 元,全部款项已经银行转账支付。
2. 上述甲材料运达企业并验收入库,同时现金支付其运杂费 1 200 元。
3. 向某公司赊购下表中所示材料,价款 136 000 元,增值税进项税 17 680 元,对方垫付运费 3 500 元、装卸费等 700 元。材料已验收入库。(采购费用按材料重量比例分配,运费抵扣增值税略,下同。)

赊购材料表

品 种	数量/千克	单价/(元/千克)	买价/元
乙材料	5 000	16	80 000
丙材料	2 000	28	56 000

4. 购入丁材料一批 1 800 千克,价款 180 000 元,增值税税率 13%,验收入库时发现合理损耗 20 千克,双方商定用签发并承兑的商业汇票结算。
5. 银行转账支付购买乙材料和丙材料的货款 157 880 元。
6. 开出转账支票购入生产设备一台,设备价款 50 000 元,增值税进项税 6 500 元,运杂费 800 元,设备运抵后投入使用。
7. 用银行存款支付到期的商业汇票款 60 000 元。
8. 以银行存款购入需安装的生产设备一台,价款 90 000 元,增值税进项税额 11 700 元。设备运抵企业后在安装过程中相继以现金支付了安装费 3 000 元和技术测试费 5 000 元。设备经安装测试合格,达到预定可使用状态。

要求:根据上述资料,编制相关的会计分录。

第 5 章　生产与销售活动中复式记账法的运用

本章的学习将会使你：
- 熟练掌握工业企业生产活动和销售活动环节主要业务核算所需要设置的账户；
- 熟练掌握工业企业生产活动和销售活动主要经济业务核算中的账户及复式记账法的运用。

导入案例

包装天然水成本

"水生意"被戏称为大自然的印钞机，宗庆后和钟睒睒都曾靠卖水成为中国首富，但行业内围绕水质的激烈交锋从未停止过。

农夫山泉率先将"天然水"概念引入行业。2000 年，当时的纯净水市场已经接近饱和状态，农夫山泉打出"天然水"概念以和其他公司的"纯净水"做出严格区别，并声称"纯净水就是地下水，天然水就是自然资源中的水"。农夫山泉创始人钟睒睒曾宣称，经过科学实验证明，长期饮用纯净水对人健康无益，农夫山泉从此不再生产纯净水，只生产天然水。2000 年，农夫山泉用纯净水和天然水分别种养水仙，结果是水仙在天然水中比在纯净水中生长得更快。农夫山泉的强势营销，让"天然矿泉水优于天然水优于纯净水"的观念牢牢印在了消费者的心中。

农夫山泉官网显示，水按来源大致可分为天然水、天然矿泉水、饮用纯净水和其他饮用水四种类别。天然水是指源自于水井、山泉、水库、湖泊、地下泉水或高山冰川等；天然矿泉水是指地下深处自然涌出或经钻井采集，含有特定含量的矿物质或微量元素的水；饮用纯净水来源于地表、地下或公共供水系统，其不含矿物质或微量元素；其他饮用水是指除天然水、天然矿泉水、饮用纯净水之外的包装饮用水，可以人工添加一定含量的矿物质。

资料来源：https://baijiahao.baidu.com/s?id=1788983049355465573&wfr=spider&for=pc.

思考：农夫山泉的包装天然水成本由哪些部分组成？

5.1　生产过程及产品成本计算过程的账户设置及运用

5.1.1　生产过程及成本计算过程的内容

1. 生产过程

生产过程是从材料投入生产到产品完工验收入库为止的全过程，它连接供应和销售过程的中心环节。在生产过程中，当劳动者利用机器设备等劳动工具对各种原材料进行加工，生产出各种商品产品的同时，企业也在发生着各种各样的耗费，包括消耗各种材料物资、消耗人工、消耗设备；生产过程还需要各种其他费用开支，如生产车间管理人员职工薪酬、水电费等，这些耗费和开支形成企业的各项生产费用；随着产品的加工完成验收入库，发生的各种耗费逐步转化成了产品的生产成本。因此，生产过程既是产品的制造过程，也是各种耗费的发生过程和产品成本的计算过程。生产过程中有关生产费用的发生、归集和分配以及产品成本的计算，就是生产过程核算的主要内容。

2. 产品成本计算过程

产品生产成本的计算就是在企业的生产经营过程中，将本期发生的各项生产费用选择一定的计算方法，按照一定的产品对象中的产品成本项目进行分配和归集的过程，以确定各产品对象的总成本和单位成本的专门方法。产品成本计算是会计核算基本方法之一。

1）产品成本的构成

产品成本的基本构成可以简单地划分为三个部分，即直接材料、直接人工和制造费用。

（1）直接材料，是指直接用于产品生产、构成产品实体的原料及主要材料，以及有助于产品形成的辅助材料等。

（2）直接人工，是指直接从事产品生产的工人工资，以及按生产工人工资总额和规定的比例计算提取的职工福利费等其他职工薪酬。

（3）制造费用，是指企业各生产单位（如生产车间）为组织和管理生产而发生的各项间接费用。

2）产品成本的计算

产品成本的计算就是将生产中发生的各项费用按照产品对象分配归集的过程。例如，直接用于某一种产品的直接材料费用，可以直接计入该种产品的成本；几种产品共同耗用的直接材料费用，需分配计入各种产品成本中。生产某一种产品的生产工人的职工薪酬，可以直接计入该种产品的成本；生产多种产品的生产工人的职工薪酬，需要分配计入各种产品的成本中，等等。产品成本计算的结果就是分别计算出各种产品的生产成本（包括总成本和单位成本）。在不同类型的企业中，由于生产类型的特点不同，管理的要求不同，因而所采用的成本计算的具体方法也不尽相同，关于成本计算的具体方法将在成本会计课程中给予介绍，此处重点讲述生产过程的业务核算内容。

课程思政

企业要长期盈利，合理的成本控制至关重要，争取以最小的投入获得最大的产出。个人也一样，在日常生活中，不无故铺张浪费，合理控制开支，不断积累个人财富，提高节俭、节约意识。

5.1.2 产品生产过程及成本计算过程的账户设置

为了核算和监督生产过程中各项生产费用的发生、归集和分配情况，最终准确计算出产品的生产成本，企业应设置"生产成本""制造费用"两个核心账户，与之相对应的账户有"原材料"（供应过程核算中已经介绍）、"应付职工薪酬""累计折旧""库存商品"等账户，通过它们进行产品生产过程及成本计算过程的相关业务核算。

1."生产成本"账户

"生产成本"账户属于成本类账户，用来归集和分配生产费用，计算产品生产成本。账户的借方登记为生产产品而发生的各项生产费用，包括直

微课：生产成本的归集和结转

接材料费用、直接人工费用以及从"制造费用"账户分配转入的间接费用;贷方登记本月已完工并验收入库产品的实际生产成本;期末如有余额,应在借方,表示期末尚未完工产品(在产品)的实际成本。该账户应按成本计算对象(如产品品种)设置明细账,进行明细分类核算。

2. "制造费用"账户

"制造费用"账户也属于成本类账户,用来归集和分配生产车间为生产产品和提供劳务而发生的各项应该计入成本而又不能或难以直接计入成本的费用,包括车间管理人员的薪酬、生产用固定资产的折旧费、修理费、水电费、机物料消耗和劳保费用等。账户的借方登记本期发生的各项间接费用;贷方登记按一定标准分配转入各产品(成本核算对象)成本的制造费用数额;期末经过分配结转后一般没有余额。该账户应按不同车间设置明细账,账内按费用项目设专栏进行明细分类核算。

微课:制造费用的产生和结转

3. "应付职工薪酬"账户

"应付职工薪酬"账户属于负债类账户,用来核算和监督企业按规定应支付给职工的各种薪酬,包括工资、奖金、津贴、补贴、社会保险费、住房公积金、工会经费和职工教育经费、非货币性福利、因解除与职工的劳动关系给予的补偿等。账户的贷方登记应付职工薪酬数额;借方登记实际发放的数额;本账户期末如有余额,贷方余额表示应付未付的薪酬数,借方余额表示多支付或提前支付的薪酬数。本账户应按照职工类别和薪酬福利的组成内容分设明细账,进行明细分类核算。

4. "累计折旧"账户

"累计折旧"账户属于资产类账户,同时也是"固定资产"账户的备抵账户,用来核算和监督企业在生产经营过程中所使用的全部固定资产折旧额的计提和注销情况。所谓固定资产折旧,是指固定资产在使用过程中因为损耗而分期转移到成本、费用中的那部分价值。账户的贷方登记企业现有固定资产按月计提的折旧额及新增旧的固定资产转入的折旧额;借方登记因为固定资产出售、毁损、报废等原因减少时应予冲销的该项固定资产累

微课:固定资产折旧核算初步

计折旧额;期末余额在贷方,表示账面结存固定资产的累计折旧额。期末将"固定资产"账户的借方余额减去"累计折旧"账户的贷方余额,即求得企业现有固定资产的净值,也就是固定资产的账面价值。

5. "库存商品"账户

"库存商品"账户属于资产类账户,用来核算和监督企业各种库存产品(或商品)的增减变动及结存情况。库存产品(商品)主要是指已验收入库的企业自制完工产品,也包括外购商品、存放在门市部准备出售的商品、发出展览及寄存在外的商品等。账户借方登记已完工验收入库的产品实际成本;贷方登记因为销售实现而结转的发出产品实际成本;期末余额在借方,表示期末库存产品的实际生产成本。本账户应按库存商品的品种规格设置明细账,进行明细分类核算。

5.1.3　产品生产过程及成本计算过程的账户运用

【例5-1】 海丰公司20×1年5月末根据仓库发出材料汇总表,生产A、B两种产品及车间一般消耗领用材料的具体资料如表5-1所示。

表 5-1　领用材料的具体资料　　　　　　　　　　　单位：元

项　　目	甲材料	乙材料	丙材料	合计
A产品	15 000	35 000		50 000
B产品	5 000	20 000		25 000
车间一般耗用			12 000	12 000
合　计	20 000	55 000	12 000	87 000

分析：该项经济业务的发生，一方面，引起企业生产成本增加，其中生产过程中消耗的直接用于生产A、B两种产品的甲、乙两种材料费用增加了75 000元，可直接记入"生产成本"账户的借方，车间一般消耗的丙材料作为间接费用记入"制造费用"账户的借方；另一方面，材料的领用导致企业资产（库存原材料）的减少，应记入"原材料"账户的贷方。会计分录如下。

借：生产成本——A产品　　　　　　　　　　　　50 000
　　　　　　——B产品　　　　　　　　　　　　25 000
　　制造费用　　　　　　　　　　　　　　　　 12 000
　贷：原材料——甲材料　　　　　　　　　　　　20 000
　　　　　　——乙材料　　　　　　　　　　　　55 000
　　　　　　——丙材料　　　　　　　　　　　　12 000

【例5-2】　海丰公司20×1年5月末根据工资汇总表，应付给生产工人和车间一般管理人员的工资共计80 000元，其中生产A产品的生产工人工资45 000元，生产B产品的生产工人工资25 000元，车间管理人员的工资10 000元。

分析：该项经济业务的发生，一方面使企业本月应负担的工资费用增加了80 000元，其中生产A产品的生产工人工资45 000元和生产B产品的生产工人工资25 000元，应记入"生产成本"账户的借方，车间管理人员的工资10 000元应记入"制造费用"账户的借方；另一方面增加了企业的一项负债（应付未付的职工工资）80 000元，应该记入"应付职工薪酬"账户的贷方。会计分录如下。

借：生产成本——A产品　　　　　　　　　　　　45 000
　　　　　　——B产品　　　　　　　　　　　　25 000
　　制造费用　　　　　　　　　　　　　　　　 10 000
　贷：应付职工薪酬——工资　　　　　　　　　　80 000

【例5-3】　海丰公司于20×1年6月5日从银行提取现金80 000元，用以支付生产工人和车间管理人员工资。

分析：该项经济业务包括从银行提取现金和用现金发放工资两方面内容。从银行提取现金时，一方面增加了企业的一项资产（库存现金）80 000元，应记入"库存现金"账户的借方；另一方面减少了企业的另一项资产（银行存款）80 000元，应记入"银行存款"账户的贷方。同时，以现金发放工资时，一方面减少企业资产（库存现金80 000元），另一方面减少企业负债（应付职工薪酬80 000元），应借记"应付职工薪酬"80 000元，贷记"库存现金"账户80 000元。会计分录如下。

(1) 提取现金时
借：库存现金　　　　　　　　　　　　　　　　 80 000

贷：银行存款　　　　　　　　　　　　　　　　　　　　　　　　　　　80 000
　　（2）发放工资时
　　借：应付职工薪酬——工资　　　　　　　　　　　　　　　　　　　　　80 000
　　　贷：库存现金　　　　　　　　　　　　　　　　　　　　　　　　　　　80 000

【例5-4】 海丰公司在20×1年5月计提本期的生产设备折旧12 000元。

分析：对生产设备计提的折旧费用应当计入制造费用，该项经济业务的发生，使企业的制造费用和固定资产的累计折旧同时增加了12 000元。制造费用增加应该借记"制造费用"账户，而累计折旧的增加意味着固定资产价值的减少，作为抵减账户，其增加与固定资产减少的记账方向相同，应该贷记"累计折旧"账户。会计分录如下。

　　借：制造费用　　　　　　　　　　　　　　　　　　　　　　　　　　　12 000
　　　贷：累计折旧　　　　　　　　　　　　　　　　　　　　　　　　　　　12 000

【例5-5】 海丰公司于20×1年5月31日转账支付车间水电费8 000元。

分析：支付车间水电费，一方面使企业的制造费用增加了8 000元，应记入"制造费用"账户的借方；另一方面使企业的资产（银行存款）减少了8 000元，应记入"银行存款"账户的贷方。会计分录如下。

　　借：制造费用　　　　　　　　　　　　　　　　　　　　　　　　　　　　8 000
　　　贷：银行存款　　　　　　　　　　　　　　　　　　　　　　　　　　　　8 000

【例5-6】 海丰公司在20×1年5月底将本月发生的制造费用42 000元分配计入A、B两种产品的成本。其中A产品成本应负担27 000元，B产品成本应负担15 000元。

按A、B两种产品的生产工人工资比例分配，依据例5-2提供资料：A产品的生产工人工资为45 000元，B产品的生产工人工资为25 000元，分配率计算如下。

$$42\ 000 \div (45\ 000 + 25\ 000) = 0.6$$

A产品：

$$45\ 000 \times 0.6 = 27\ 000(元)$$

B产品：

$$25\ 000 \times 0.6 = 15\ 000(元)$$

分析：该项经济业务的发生表明，企业在分配转出制造费用使之减少42 000元的同时，增加了A、B两种产品的生产成本27 000元和15 000元（共计42 000元），故应该借记"生产成本"账户，贷记"制造费用"账户。会计分录如下。

　　借：生产成本——A产品　　　　　　　　　　　　　　　　　　　　　　27 000
　　　　　　　——B产品　　　　　　　　　　　　　　　　　　　　　　　15 000
　　　贷：制造费用　　　　　　　　　　　　　　　　　　　　　　　　　　　42 000

【例5-7】 海丰公司20×1年5月生产A产品300件，期末全部完工，结转完工入库产品的实际成本为122 000元（其中直接材料成本为50 000元，直接人工成本为45 000元，制造费用分配额为27 000元）。

分析：本例中没有期初（期末）在产品，本期发生的生产费用总额就是本期完工产品的成本。完工产品验收入库会使企业的库存商品成本增加，生产成本减少。库存商品作为企业资产，其增加额应记入"库存商品"账户的借方，而生产成本的转出（减少）则相应记入"生产成本"账户的贷方。会计分录如下。

借：库存商品——A产品　　　　　　　　　　　　　　122 000
　　贷：生产成本——A产品　　　　　　　　　　　　　　122 000

提示：企业如果有在产品，则应将上述步骤归集到"生产成本"账户的本期生产费用，加上期初在产品成本，计算出本期生产费用合计。再选择一定的分配方法，将本期生产费用合计数在本期完工产品和期末在产品之间进行合理分配，以确定本期完工产品的成本和月末在产品成本。

【例5-8】 假设海丰公司本期生产的B产品完工180件，尚有20件未完工。经计算，其未完工产品成本为5 000元，其中，直接材料3 000元；直接人工1 100元；制造费用900元；完工产品180件已验收入库，完工总成本60 000元。结转完工入库B产品的生产成本，会计分录如下。

借：库存商品——B产品　　　　　　　　　　　　　　60 000
　　贷：生产成本——B产品　　　　　　　　　　　　　　60 000

根据前述有关会计分录，分别登记到A、B两种产品的生产成本明细账中，账表如表5-2和表5-3所示。

表5-2　生产成本明细账

产品名称：A产品　　　　　　　　　　　　　　　　　　　　　　　　　　单位：元

201×年		凭证字号	摘要	借方（成本项目）			
月	日			直接材料	直接工资	制造费用	合计
			领用材料	50 000			50 000
		（略）	生产工人工资		45 000		45 000
			分配制造费用			27 000	27 000
			合计	50 000	45 000	27 000	122 000
			结转完工产品成本	50 000	45 000	27 000	122 000

表5-3　生产成本明细账

产品名称：B产品　　　　　　　　　　　　　　　　　　　　　　　　　　单位：元

201×年		凭证字号	摘要	借方（成本项目）			
月	日			直接材料	直接工资	制造费用	合计
			领用材料	25 000			25 000
		（略）	生产工人工资		25 000		25 000
			分配制造费用			15 000	15 000
			合计	25 000	25 000	1 500	65 000
			结转完工产品成本	22 000	23 900	14 100	60 000
			月末在产品成本	3 000	1 100	900	5 000

根据A、B两种产品生产成本明细账，编制产品生产成本汇总表，如表5-4所示。

表 5-4　生产成本汇总表　　　　　　　　　　　　　　　单位：元

成本项目	A产品（300件）		B产品（180件）	
	总成本	单位成本	总成本	单位成本
直接材料	50 000	166.67	22 000	122.22
直接工资	45 000	150	23 900	132.78
制造费用	27 000	90	14 100	78.33
产品生产成本	122 000	406.67	60 000	333.33

产品生产过程业务核算如图 5-1 所示。

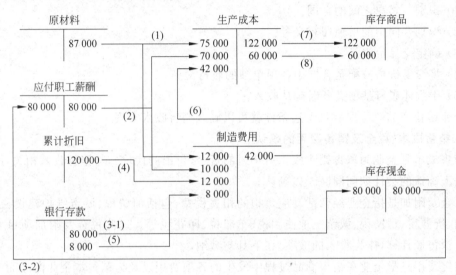

图 5-1　产品生产过程业务核算示意图

5.2　销售过程的账户设置及运用

5.2.1　销售业务的主要内容

销售过程是经营资金在企业内部循环的最后一个阶段，是企业产品价值实现过程。在这一过程中，企业将生产的产品销售出去，通过与购货单位进行货款结算而确认取得的销售收入，实现成品资金向货币资金的转化；同时还要确定并结转已销产品的存货成本，支付为销售产品而发生的销售费用（如包装费、运输费、广告费等），计算销售环节应缴纳的税金（增值税、消费税等）。因此，销售过程核算的主要内容包括确认销售收入、结转销售成本、支付销售费用和计算、缴纳相关税金等。

5.2.2　销售的确认

1. 收入的确认

我国《企业会计准则第 14 号——合同收入》中指出企业应当在履行了合同的履约义务，即在客户取得相关商品控制权时确认收入。取得商品控制权包括以下三项要素。

(1) 能力。企业只有在客户拥有现实权利,能够主导该商品的使用并从中获得几乎全部经济利益时,才能确认收入。

(2) 主导该商品的使用。客户在其活动中有权使用该商品,或者能够允许或阻止其他方使用该商品。

(3) 能够获得几乎全部的经济利益。客户必须拥有获得商品几乎全部经济利益的能力,才能被视为获得了对该商品的控制。商品的经济利益,是指该商品的潜在现金流量,既包括现金流入的增长,也包括现金流出的减少。

商品销售收入的确认包括以下五个步骤。

(1) 识别与客户之间的合同。

(2) 识别合同中的单独履行义务。

(3) 确定交易价格。

(4) 将交易价格分配至合同中各项单独的履行义务。

(5) 于主体履行某项义务时确认收入。

企业销售产品时只要满足上述条件就可以确认销售收入实现。

2. 销售成本、税金及销售费用的确认

销售成本是企业为取得销售收入所垫付的资金(付出的代价),与销售收入相关,应当在相关收入确认的会计期间同时予以确认。

税金及附加是指企业经营活动应负担的相关税费,包括消费税、城市维护建设税、教育费附加、资源税、房产税、城镇土地使用税、车船税、印花税等。这些税金及附加项目一般根据当月销售额计算,作为收入的减项,在下月初缴纳。

销售费用是指企业在销售商品过程中发生的各项费用以及为销售本企业商品而专设的销售机构的经费等。

课程思政

企业将生产的产成品对外销售,从而产生收益,获取利润。世上没有免费的午餐,凡事要想有好的结果,一定离不开前期的辛勤投入和不懈努力,同学们要理解"种瓜得瓜,种豆得豆"的道理。

5.2.3 销售过程核算的账户设置

为了有效地核算和监督销售商品、提供劳务所发生的收入,以及因销售商品而与购货方之间发生的货款结算业务,并及时结转相关成本,企业在销售过程应设置"主营业务收入""主营业务成本""税金及附加""应交税费""合同资产""应收账款""应收票据""合同负债"等账户,另外根据需要设置"其他业务收入"和"其他业务成本"账户。

1. "主营业务收入"账户

该账户属于损益(收入)类账户,用来核算和监督企业在销售产品(或商品)、提供劳务等日常经营活动中所产生的收入。该账户的贷方登记企业本期销售产品、提供劳务等实现的收入;借方登记因销售退回或折让而需要冲减的产品销售收入和期末转入"本年利润"账户的数额;期末结转后该账户没有余额。该账户应根据企业的主营业务种类设置相应的明细账,进行明细分类核算。

2. "主营业务成本"账户

该账户属于损益(费用)类账户,用来核算和监督企业因销售产品(或商品)、提供劳务等发生的实际成本和结转情况。该账户的借方登记已销产品或已提供劳务的实际成本,贷方登记需冲减的产品销售成本和期末转入"本年利润"账户的数额;期末结转后该账户没有余额。该账户应按主营业务的种类设置明细账,进行明细分类核算。

3. "税金及附加"账户

该账户属于损益(费用)类账户,用来核算和监督企业在销售产品(或商品)、提供劳务等日常经营活动中应负担的税金及附加,包括消费税、城市维护建设税、教育费附加、资源税、房产税、城镇土地使用税、车船税、印花税等。该账户的借方登记按照规定标准计算出来的应由主营业务和其他业务负担的税金及附加,贷方登记需冲减或期末转入"本年利润"账户的数额,结转后该账户没有期末余额。需要注意的是,企业应缴纳的增值税是可抵扣的价外税,不在该账户中核算。

4. "应交税费"账户

该账户属于负债类账户,用来核算企业应缴纳的各种税金,如增值税、消费税、所得税、城市维护建设税、资源税等。企业按规定计算出来的各种应缴纳税金,应记入该账户的贷方;实际向税务部门缴纳的各种应交税金则记入该账户的借方;期末余额如果在贷方,表明企业尚未缴纳的税金,期末余额在借方则表示企业多交或尚未抵扣(增值税进项税)的税金。该账户应按企业需缴纳的税种设置相应明细账,进行明细分类核算。

5. "合同资产"账户

该账户属于资产类账户,用来核算企业已向客户转让商品而有权收取对价的权利,且该权利取决于时间流逝之外的其他因素。该账户的借方登记企业应收未收购货方的款项,包括商品价款、增值税销项税额、代垫的包装费、运杂费等;贷方登记已收回或转销的款项;期末余额在借方表示期末尚未收回的账款。该账户应按不同的合同设置明细账,进行明细分类核算。

6. "应收账款"账户

该账户属于资产类账户,用来核算和监督企业因销售产品(或商品)、提供劳务等而形成的应收未收款项。该账户的借方登记企业应收未收购货方的款项,包括商品价款、增值税销项税额、代垫的包装费、运杂费等;贷方登记已收回或转销的款项;期末余额在借方表示期末尚未收回的账款。该账户应按不同的购货单位设置明细账,进行明细分类核算。

7. "应收票据"账户

该账户属于资产类账户,用来核算和监督企业因销售产品(或商品)、提供劳务等而收到的商业汇票及其结算情况,包括商业承兑汇票和银行承兑汇票。该账户的借方登记企业收到的商业汇票的面值,贷方登记企业因应收的商业汇票到期收回或背书转让,或到期未能收回转为应收账款等而减少的商业汇票的面值,期末余额一般在借方,表示企业持有的尚未到期的票据面值。对于票据结算业务比较多的企业,为加强应收票据的管理,企业应另外设置"应收票据备查簿",逐笔登记每一票据的种类、号码、出票日期、票面金额、交易合同号、付款人及承兑人等,票据兑现后应及时在登记簿上注销。

8. "合同负债"账户

该账户用来核算企业已收或应收客户对价而应向客户转让商品的义务。企业在向客户转让商品之前,客户已经支付了合同对价或企业已经取得了无条件收取合同对价权利的,企业应当在客户实际支付款项与到期应支付款项孰早时点,按照该已收或应收的金额,借记"银行存款""应收账款""应收票据"等科目,贷记本科目;企业向客户转让相关商品时,借记本科目,贷记"主营业务收入""其他业务收入"等科目。本科目期末贷方余额,反映企业在向客户转让商品之前,已经收到的合同对价或已经取得的无条件收取合同对价权利的金额。该账户应按不同的合同设置明细账,进行明细分类核算。

9. "其他业务收入"和"其他业务成本"账户

"其他业务收入"和"其他业务成本"账户的设置主要是为了核算和监督企业除销售产品(或商品)、提供劳务外所发生的其他销售业务所实现的收入和发生的支出。包括材料销售、包装物出租、转让无形资产使用权、固定资产出租及运输等非工业性劳务。"其他业务收入"和"其他业务成本"账户也是损益类账户,其记账规则和原理与"主营业务收入"和"主营业务成本"账户基本相同。

5.2.4 销售过程核算的账户运用

【例 5-9】 海丰公司于 20×1 年 5 月 15 日向天南公司销售 A 产品 50 件,每件售价 720 元,价款 36 000 元,增值税销项税额 4 680 元,已开出增值税专用发票,款项全部收到并存入银行。

分析:该项经济业务的发生使企业的资产(银行存款)增加 40 680 元(价款 36 000 元+销项税额 4 680 元),应记入"银行存款"账户的借方;而企业资产的增加来源于收入的实现及相应收到的销项税额,故企业应同时确认产品销售收入为 36 000 元,应记入"主营业务收入"账户的贷方,收取的增值税销项税额 4 680 元为负债(应交税费)的增加,应记入"应交税费——应交增值税(销项税额)"账户的贷方。会计分录如下。

  借:银行存款   40 680
    贷:主营业务收入——A 产品   36 000
      应交税费——应交增值税(销项税额) 4 680

【例 5-10】 海丰公司于 20×1 年 5 月 20 日向天南公司再度发货 A 产品 150 件,单价 700 元,已开出的增值税专用发票上注明价款为 105 000 元,增值税销项税额为 13 650 元,约定天南公司 10 天后付款。

分析:该项经济业务的发生一方面使企业实现收入 105 000 元,同时计算收取的增值税销项税额为 13 650 元,应该贷记"主营业务收入"账户 105 000 元,贷记"应交税费——应交增值税(销项税额)"账户 13 650 元;另一方面因货款延期结算而增加了一项资产(应收款项,包括应收未收的价款和增值税销项税额),应借记"应收账款"账户 118 650 元。会计分录如下。

  借:应收账款——天南公司   118 650
    贷:主营业务收入——A 产品   105 000
      应交税费——应交增值税(销项税额) 13 650

【例 5-11】 海丰公司于 20×1 年 5 月 28 日收到天南公司货款 118 650 元,款已到账。

分析:该项经济业务使企业增加了一项资产(银行存款)118 650 元,同时减少另外一项资产(应收账款)118 650 元,应借记"银行存款"账户,贷记"应收账款"账户。会计分录如下。

　　借：银行存款　　　　　　　　　　　　　　　　　　　118 650
　　　贷：应收账款——天南公司　　　　　　　　　　　　　　　118 650

【例 5-12】 海丰公司于 20×1 年 5 月 25 日采用商业汇票结算方式向大通公司销售 A 产品 60 件,每件售价 750 元,共计价款 45 000 元,应收取的增值税销项税额 5 850 元。发货时用现金代垫了运杂费 350 元,同时收到大通公司签发的一张期限 3 个月的商业承兑汇票,面值 51 200 元。

分析：该项经济业务的发生,一方面因销售产品、代垫运杂费而使企业收到面值 51 200 元的商业汇票,资产增加,应记入"应收票据"账户的借方;另一方面因销售产品而使企业获得收入 45 000 元,应记入"主营业务收入"账户的贷方,因实现收入而收取的增值税销项税额 5 850 元,应记入"应交税费——应交增值税(销项税额)"账户的贷方,同时因代垫运杂费而使现金减少 350 元,应记入"库存现金"账户的贷方。会计分录如下。

　　借：应收票据——大通公司　　　　　　　　　　　　　　51 200
　　　贷：主营业务收入——A 产品　　　　　　　　　　　　　　45 000
　　　　　应交税费——应交增值税(销项税额)　　　　　　　　 5 850
　　　　　库存现金　　　　　　　　　　　　　　　　　　　　　 350

【例 5-13】 假定海丰公司持有的大通公司汇票在 8 月 25 日到期,收回货款 51 200 元存入银行。

分析：该项经济业务的发生,一方面使企业资产(银行存款)增加了 51 200 元,应记入"银行存款"账户的借方;另一方面因商业汇票到期而使企业债权(另一项资产)减少 51 200 元,应记入"应收票据"账户的贷方。会计分录如下。

　　借：银行存款　　　　　　　　　　　　　　　　　　　 51 200
　　　贷：应收票据——大通公司　　　　　　　　　　　　　　 51 200

【例 5-14】 海丰公司于 20×1 年 5 月 12 日与天宇公司签订 B 产品购销合同,根据合同约定当日海丰公司收到天宇公司的预付货款 50 000 元。

分析：该项经济业务的发生使企业的资产(银行存款)增加 50 000 元,应借记"银行存款"账户,而该笔款项来源于购货方预付的货款,可以理解为企业预收待付的一项负债,贷记"合同负债"账户。会计分录如下。

　　借：银行存款　　　　　　　　　　　　　　　　　　　 50 000
　　　贷：合同负债——天宇公司　　　　　　　　　　　　　　 50 000

【例 5-15】 海丰公司于 20×1 年 5 月 23 日向天宇公司发出 B 产品 100 件,每件售价 500 元,价款合计 50 000 元,应收取的增值税销项税额为 6 500 元。公司在冲销了之前收到的合同负债后,又向天宇公司收取了 6 500 元,款项已存入银行。

分析：该项经济业务的发生,一方面使企业实现了 50 000 元的销售收入,应记入"主营业务收入"账户的贷方,增值税销项税额增加 6 500 元,记入"应交税费——应交增值税(销项税额)"账户的贷方;原向天宇公司预收合同负债金额 50 000 元不足以抵付全部款项 56 500 元,所以,全部款项记入"合同负债"账户的借方后,"合同负债"账户出现借方余额,即应向天宇公司再收款项 6 500 元。当收到天宇公司补付款项时,应记入"银行存款"账户的借方和"合同负债"账户的贷方。会计分录如下。

(1) 借：合同负债——天宇公司　　　　　　　　　　　56 500
　　　贷：主营业务收入——B产品　　　　　　　　　50 000
　　　　　应交税费——应交增值税(销项税额)　　　6 500
(2) 借：银行存款　　　　　　　　　　　　　　　　　6 500
　　　贷：合同负债——天宇公司　　　　　　　　　　6 500

【例5-16】 经计算，海丰公司20×1年5月已销售A产品260件，其单位成本为406.67元；已销售B产品100件，其单位成本为333.33元。公司据此结转已销产品的销售成本。

分析：在本例中假定海丰公司5月开始生产并对外销售产品，即5月销售的产品全部是当月生产的，根据前述"库存商品"账户的登记金额，A产品完工入库300件，成本额为122 000元，其单位成本为406.67元(122 000÷300)；B产品完工入库180件，成本额为60 000元，其单位成本为333.33元(60 000÷1 800)。

结转已销产品的生产成本，一方面使企业的资产(库存商品)减少，其中库存A产品减少了105 734.2元(260×406.67)，B产品减少了33 333元(100×333.33)，应记入"库存商品"账户(及相应明细账)的贷方；另一方面使企业的销售成本增加139 067.2元(105 734.2＋33 333)，应记入"主营业务成本"(及相应明细账)的借方。会计分录如下。

借：主营业务成本——A产品　　　　　　　　　　　105 734.2
　　　　　　　　——B产品　　　　　　　　　　　33 333
　　贷：库存商品——A产品　　　　　　　　　　　　105 734.2
　　　　　　　——B产品　　　　　　　　　　　　33 333

【例5-17】 海丰公司于20×1年5月18日对外销售了暂不需要的B材料一批，开具的增值税专用发票上注明价款23 000元，增值税销项税额为2 990元，货款已通过银行转账收讫。该批材料的实际成本为21 400元。

分析：该笔经济业务的核算包括销售材料和材料成本的结转两部分。企业销售B材料属于其他业务，一方面增加了其他业务收入23 000元，应记入"其他业务收入"账户的贷方，因此增加的增值税销项税额2 990元应记入"应交税费——应交增值税(销项税额)"账户的贷方；另一方面增加了企业的资产(银行存款)26 680元，应记入"银行存款"账户的借方。会计分录如下。

借：银行存款　　　　　　　　　　　　　　　　　　25 990
　　贷：其他业务收入——B材料　　　　　　　　　　23 000
　　　　应交税费——应交增值税(销项税额)　　　　2 990

销售材料后，一方面减少了企业的资产(库存材料)21 400元，贷记"原材料"账户；另一方面结转该批材料的实际成本21 400元，作为销售材料所相应增加的成本，应借记"其他业务成本"账户，会计分录如下。

借：其他业务成本　　　　　　　　　　　　　　　　21 400
　　贷：原材料——B材料　　　　　　　　　　　　　21 400

【例5-18】 海丰公司在201×年5月底计算本月应交的城市维护建设税809.9元和教育费附加347.1元。

分析：这项经济业务使企业一方面增加了费用(税金及附加)1 157元(城建税809.9元＋教育费附件347.1元)，应借记"税金及附加"账户；另一方面因尚未支付该项税费而增加了一项负债(应交税费),贷记"应交税费"账户。会计分录如下。

借:税金及附加　　　　　　　　　　　　　　　　　　　1 157
　　贷:应交税费——应交城市维护建设税　　　　　　　　　　　809.9
　　　　　　　　——应交教育费附加　　　　　　　　　　　　　347.1

【例 5-19】承前例,假定公司在 6 月 10 日以银行存款支付了 5 月应交的增值税 11 570 元、城市维护建设税和教育费附加 1 157 元,共计 12 727 元。

分析:该项经济业务的发生,是在减少企业资产(银行存款)的同时减少了一项负债(应交税费),应该借记"应交税费"账户,贷记"银行存款"账户。会计分录如下。

借:应交税费——应交增值税　　　　　　　　　　　　　11 570
　　　　　　　——应交城市维护建设税　　　　　　　　　　　809.9
　　　　　　　——应交教育费附加　　　　　　　　　　　　　347.1
　　贷:银行存款　　　　　　　　　　　　　　　　　　　　　12 727

销售过程中主营业务的算如图 5-2 所示。

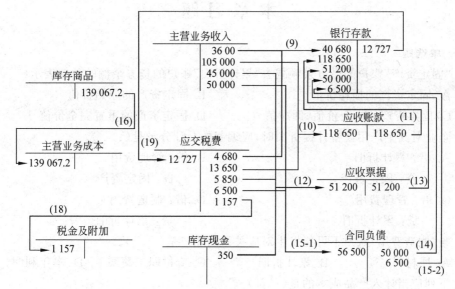

图 5-2　销售过程中主营业务核算示意图

其他业务收支核算如图 5-3 所示。

图 5-3　其他业务收支核算示意图

本章小结

本章主要讲授了企业资金运动中的产品生产和产品销售两项经济活动。每一部分的经济业务都需要设置一些核心的账户及相应的其他账户来核算其内容,不同账户有其不同的性质、用途和结构,产品生产活动主要涉及资产类账户。注意区分制造费用和生产成本使用的经济活动的区别,特别注意,这两个账户属于资产要素,成本类账户。产品销售主要涉及资产、负债、收入、费用账户。注意销售活动需要有两个会计分录来表达,一个分录只核算经济利益的流入,即确认收入;另一个分录只核算经济利益的流出,即结转成本。学习过程中应当理解并熟记这些账户的特点及彼此构成的应借、应贷对应关系,掌握主要经济业务的基本会计分录编制方法,同时正确区分生产成本与期间费用、主营业务收入和主营业务成本等基本概念,熟练运用相关账户进行会计核算。

本章习题

一、单选题

1. "固定资产"账户的借方余额减去"累计折旧"账户的贷方余额的差额表示(　　)。
   A. 固定资产的损耗价值　　　　　　B. 固定资产的原始价值
   C. 固定资产的折余价值,即净值　　D. 固定资产的重置完全价值
2. 企业对其生产用设备计提折旧时,应编制的会计分录是(　　)。
   A. 借:累计折旧　　　　　　　　　B. 借:管理费用
      贷:固定资产　　　　　　　　　　贷:固定资产
   C. 借:管理费用　　　　　　　　　D. 借:制造费用
      贷:累计折旧　　　　　　　　　　贷:累计折旧
3. 与"制造费用"账户不可能发生对应关系的账户是(　　)。
   A. 原材料　　　B. 累计折旧　　　C. 应付职工薪酬　　　D. 本年利润
4. 下列应当计入产品成本的是(　　)。
   A. 管理费用　　B. 财务费用　　　C. 制造费用　　　　　D. 销售费用
5. 下列内容不属于材料采购成本构成项目的有(　　)。
   A. 材料的买价　　　　　　　　　　B. 外地运杂费
   C. 运输途中的合理损耗　　　　　　D. 采购机构经费
6. 下列各项中,属于工业企业费用要素的是(　　)。
   A. 制造费用　　B. 直接工资费　　C. 管理费用　　　　　D. 直接材料费
7. "生产成本"账户的期末借方余额表示(　　)。
   A. 完工产品的成本　　　　　　　　B. 半成品成本
   C. 本月生产成本合计　　　　　　　D. 期末在产品成本
8. 企业确认销售收入的会计分录为(　　)。
   A. 借:主营业务收入　　　　　　　B. 借:应收账款
      贷:应收账款　　　　　　　　　　贷:主营业务收入

C. 借：主营业务收入　　　　　　　　D. 借：应收账款
　　贷：库存商品　　　　　　　　　　　贷：库存商品

9. 在权责发生制下,下列货款应列作本期收入的是(　　)。
　A. 本月销货款存入银行
　B. 上个月销货款本月收存银行
　C. 本月预收下月货款存入银行
　D. 本月收回上月多付给供应单位的预付款存入银行

10. 下列属于其他业务收入的是(　　)。
　A. 利息收入　　　　　　　　　　　B. 出售材料收入
　C. 投资收益　　　　　　　　　　　D. 清理固定资产净收益

二、多选题

1. 计提固定资产折旧时,与"累计折旧"账户对应的账户为(　　)。
　A. 生产成本　　B. 制造费用　　C. 管理费用　　D. 固定资产
　E. 银行存款

2. 产品生产成本计算的一般程序包括(　　)。
　A. 确定成本计算对象　　　　　　　B. 按成本项目归集生产费用
　C. 分配生产费用　　　　　　　　　D. 计算产品生产成本
　E. 计算所得税

3. 关于"制造费用"账户,下列说法正确的是(　　)。
　A. 借方登记实际发生的各项制造费用
　B. 贷方登记分配转入产品成本的制造费用
　C. 期末余额在借方,表示在产品的制造费用
　D. 期末结转"本年利润"账户后没有余额
　E. 期末一般没有余额

4. 影响本月完工产品成本的因素有(　　)。
　A. 月初在产品成本　　　　　　　　B. 本月发生的生产费用
　C. 本月已销产品成本　　　　　　　D. 月末在产品成本
　E. 月末在产品数量

5. 主营业务收入是企业在(　　)等经营活动过程中实现的收入。
　A. 销售商品、产品　B. 出租固定资产　C. 提供劳务　D. 转让无形资产
　E. 销售原材料

三、判断题

1. 固定资产在使用过程中的磨损,表明固定资产价值减少,应记入"固定资产"账户的贷方。(　　)
2. 生产车间领用管理用的原材料应记入"生产成本"账户的借方。(　　)
3. 企业本期预收销货款,属于企业的本期收入。(　　)
4. "管理费用"是用来核算生产和非生产管理部门发生的工资、福利费、折旧费等的账户。(　　)
5. 费用和成本是既有联系又有区别的两个概念,费用与特定的计算对象相联系,而成

本与特定的会计期间相联系。   (   )

四、业务题

业务题一

目的:练习企业生产业务的核算。

资料:长城制造公司20×1年3月发生以下经济业务。

1. 车间管理人员报销办公费2 000元,以现金付讫。

2. 开出现金支票支付某生产工人生活困难补助1 500元。

3. 接到银行通知,代扣水电费13 500元,其中车间10 000元,行政管理部门3 500元。

4. 生产A产品领用材料150 000元,生产B产品领用材料180 000元。

5. 从银行提现123 500元,准备发放上月的员工工资。

6. 以现金支付员工工资123 500元。

7. 结转本月应付的员工工资128 000元,其中A产品生产工人工资50 000元,B产品生产工人工资42 000元,车间管理人员工资12 000元,行政管理人员工资24 000元。

8. 计提本月固定资产折旧30 000元,其中车间应提24 500元,行政管理部门应提5 500元。

9. 按A、B产品的生产工时分配结转本月制造费用,其中A产品生产工时3 000小时,B产品生产工时2 000小时。

10. 本月生产的A产品全部完工验收入库,B产品全部未完工,结转本月完工产品的生产成本。

要求:根据上述资料,编制相关的会计分录。

业务题二

目的:练习企业产品销售业务的核算。

资料:骏达公司20×1年8月发生以下经济业务。

1. 销售给裕隆公司A产品500件,单价150元,合计75 000元,增值税按13%计。货款尚未收到。

2. 开出转账支票支付广告费8 000元。

3. 向青藤公司销售B产品1 000件,单价120元,合计120 000元,增值税销项税额为15 600元,款已收到,存入银行。

4. 接银行通知,裕隆公司支付的货款已到账。

5. 向裕隆公司销售A产品1 000件,价款148 000元,增值税销项税额为19 240元,收到其签发并承兑的商业汇票。

6. 结转本月已销产品的实际成本,其中A产品的单位生产成本为90元,B产品单位生产成本为75元。

要求:按上述资料编制相关的会计分录。

第6章　财务成果的产生与分配中复式记账法的运用

本章的学习将会使你：
- 熟练掌握工业企业财务成果产生和分配活动环节主要业务核算所需要设置的账户；
- 熟练掌握工业企业财务成果产生和分配活动环节主要经济业务核算中的账户及复式记账法的运用。

导入案例

高股息率股票排行榜

在公布分配方案公司中，2 890家公司分配方案中包含现金分红，以每股派现金额与当年末收盘价为基准计算，326只股股息率超3%。

据统计显示，截至2022年5月10日，沪深两市共有2 911家公司公布了2021年度分配方案，分配方案中包含现金分红的有2 890家，合计派现金额1.71万亿元。

以2021年度的每股派现额及当年末收盘价为基准，对上市公司股息率进行统计发现，已公布派现方案公司中，共有326家公司股息率超过3%。其中，振东制药股息率最高，2021年度公司分配方案为10派27元（含税），股息率高达32.97%，业绩方面，公司2021年度实现净利润26.17亿元，同比增长898.92%；其次是山煤国际，公司2021年度实现净利润49.38亿元，同比增长497.42%，分配方案为10派15.67元（含税），股息率达19.09%；股息率较高的还有冀中能源、*ST广珠、重庆百货等，股息率分别为18.15%、15.87%、14.57%。

股息率高于3%的公司中，从行业属性来看，银行、交通运输、房地产等行业上榜公司最多，分别有31家、29家、22家公司上榜。按板块分布统计，沪深主板公司有318家，创业板公司有8家。

高股息率是上市公司吸引长期投资者的重要指标，一般来说，关注一家公司的股息率不能只看一年，还要看其持续性。证券时报统计显示，2019—2021年三年股息率均超过3%的公司共有141家。

思考： 股利的来源是什么？企业应不应该分股利？如果应该分，怎样的分配比例比较合适？

6.1 期间费用、利得与损失核算的账户设置及应用

企业除了在供、产、销三个环节会引起资金的运动并随之而发生各种耗费外，还会发生一些为组织、管理经营活动而又与生产活动不直接相关的费用，这些费用不能计入资产的价值和产品的成本，但可以计入期间费用，形成企业的销售费用、管理费用和财务费用。销售费用是指企业在销售商品过程中发生的各项费用以及专设销售机构的各项开支，包括销售

过程中发生的运杂费、广告费、代销手续费、展览费等;管理费用是指企业行政管理部门为组织和管理生产经营活动而发生的各项费用,包括非生产性固定资产的折旧费、行政管理人员工资福利费、差旅费、办公费、业务招待费、保险费及应当计入管理费用的部分税金等;财务费用是指企业为筹集生产经营所需资金而发生的费用,包括利息支出(减利息收入)、汇兑损失(减汇兑收益)及相关的手续费等。这些费用可以计入当期损益,直接影响企业的利润。

除此之外,企业在经营中不可避免还会发生一些与经营管理活动没有直接关系的利得和损失,会计上分别称为营业外收入和营业外支出。营业外收入是指企业取得的与日常经营活动没有直接关系的各项利得,包括罚没利得、捐赠利得、无法支付的应付款项等;营业外支出是指企业发生的与日常经营活动没有直接关系的各项损失,包括科目核算公益性捐赠支出、非常损失、盘亏损失、非流动资产毁损报废失等。按我国现行准则的规定,这些利得和损失也应计入当期损益,成为利润总额的影响因素。

因此,对上述期间费用、利得与损失的核算也是会计核算的重要环节。

6.1.1 期间费用、利得与损失核算的账户设置

为了核算经营管理费用与非经营管理费用,需要设置"销售费用""管理费用""财务费用""投资收益""资产减值损失""资产处置损益""其他收益""营业外收入"和"营业外支出"等账户,其中,有关"投资收益""资产减值损失""其他收益""资产处置损益"的核算将在中级财务会计课程的相关章节中介绍,本教材不做阐述。

1."销售费用"账户

该账户属于损益(费用)类账户,用来核算和监督企业销售费用的发生和结转情况。该账户的借方登记实际发生的各项销售费用;贷方登记需冲减的销售费用和期末转入"本年利润"账户的数额,期末结转后该账户没有余额。该账户应按费用的具体项目分类来设置明细账,进行明细分类核算。

微课:销售费用的核算

2."管理费用"账户

该账户属于损益(费用)类账户,用来核算和监督企业管理费用的发生和结转情况。该账户的借方登记实际发生的各项管理费用;贷方登记需冲减的管理费用和期末转入"本年利润"账户的数额,期末结转后该账户没有余额。该账户应按费用的具体项目分类来设置明细账,进行明细分类核算。

微课:管理费用的核算

3."财务费用"账户

该账户属于损益(费用)类账户,用来核算和监督企业财务费用的发生和结转情况。该账户的借方登记实际发生的各项财务费用;贷方登记需冲减的财务费用(如存款利息收入)和期末转入"本年利润"账户的数额,期末结转后该账户没有余额。该账户应按费用的具体项目分类来设置明细账,进行明细分类核算。

4."营业外收入"账户

该账户属于损益(收入)类账户,用来核算和监督企业营业外收入的发生和结转情况。该账户的贷方登记企业取得的各项营业外收入,借方登记期末转入"本年利润"账户的数额,期末结转后该账户没有余额。该账户应按利得来源分类来设置明细账,进行明细分类核算。

5. "营业外支出"账户

该账户属于损益(费用)类账户,用来核算和监督企业营业外支出的发生和结转情况。该账户的借方登记企业发生的各项营业外支出;贷方登记期末转入"本年利润"账户的数额,期末结转后该账户没有余额。该账户应按营业外支出的具体项目分类来设置明细账,进行明细分类核算。

课程思政

企业在自身发展较好的情况下,往往会做一些公益性捐赠,比如向红十字会等慈善机构捐款、向受灾地区捐款等,为社会、为他人作一些贡献。个人立足社会,在享受各种便民服务的同时,也要力所能及地奉献和回馈社会,同学们要具备公益精神和乐于助人的优良品德。

6.1.2 期间费用、利得与损失核算的账户运用

【例6-1】 海丰公司于20×1年5月5日在某报刊发产品广告,已开出支票支付广告费15 000元。

分析:该项经济业务的发生,使企业的广告费用增加15 000元,银行存款减少15 000元。广告费用作为销售费用,其增加应该记入"销售费用"账户的借方;银行存款作为资产,其减少应该记入"银行存款"账户的贷方。会计分录如下。

借:销售费用　　　　　　　　　　　　　　　　　15 000
　　贷:银行存款　　　　　　　　　　　　　　　　　　15 000

【例6-2】 海丰公司5月末计算应支付销售人员工资9 000元,销售提成6 000元;应支付行政管理人员工资20 000元。

分析:该项经济业务的发生,使企业的销售费用增加15 000元(销售人员工资9 000+销售提成6 000),管理费用增加20 000元(行政管理人员工资),负债增加35 000元(应付未付的职工薪酬)。应借记"销售费用"账户15 000元,借记"管理费用"账户20 000元,贷记"应付职工薪酬"账户35 000元。会计分录如下。

借:销售费用　　　　　　　　　　　　　　　　　15 000
　　管理费用　　　　　　　　　　　　　　　　　20 000
　　贷:应付职工薪酬——工资　　　　　　　　　　　　35 000

【例6-3】 20×1年5月18日,海丰公司副总经理张××因出差向公司借支现金10 000元。

分析:该项经济业务的发生,使企业减少了资产(库存现金)10 000元,增加了另一项资产(应收张××款项),相应借记"其他应收款"账户,贷记"库存现金"账户。会计分录如下。

借:其他应收款——张××　　　　　　　　　　　10 000
　　贷:库存现金　　　　　　　　　　　　　　　　　　10 000

【例6-4】 20×1年5月25日,张××凭据报销差旅费8 200元,余款以现金退回。

分析:该项经济业务包括两方面内容。一是凭据报销,使企业增加了一笔费用(管理费——差旅费)8 200元,应该记入"管理费用"账户的借方,同时导致一项资产(应收张××款项)减少8 200元,应记入"其他应收款"账户的贷方。二是收回现金导致企业资产(库存现金)增加1 800元,同时减少了资产(应收张××款项)1 800元,应借记"库存现金"账户,贷记"其他应收款"账户。相关的会计分录如下。

借:管理费用　　　　　　　　　　　　　　　　　8 200
　　库存现金　　　　　　　　　　　　　　　　　1 800

贷：其他应收款——张××　　　　　　　　　　　　　　10 000

【例 6-5】 海丰公司 20×1 年 5 月 31 日计提公司办公设备折旧费 4 000 元。

　　分析：企业计提的办公设备折旧费应计入管理费用，在增加管理费用 5 000 元的同时增加累计折旧额 4 000 元（抵减了固定资产价值），故应借记"管理费用"账户，贷记"累计折旧"账户。会计分录如下。

　　借：管理费用　　　　　　　　　　　　　　　　　　　　4 000
　　　贷：累计折旧　　　　　　　　　　　　　　　　　　　　4 000

【例 6-6】 海丰公司 20×1 年 5 月 31 日开出现金支票支付行政办公楼的水电费 3 000 元以及办公用品采购费 800 元。

　　分析：支付的水电费和办公用品支出在增加管理费用的同时相应减少了企业的资产（银行存款），应借记"管理费用"账户 3 800 元，贷记"银行存款"账户 3 800 元。会计分录如下。

　　借：管理费用　　　　　　　　　　　　　　　　　　　　3 800
　　　贷：银行存款　　　　　　　　　　　　　　　　　　　　3 800

【例 6-7】 海丰公司 20×1 年 5 月 20 日取得一笔 3 000 元的违约金罚款收入，款项已存入银行。

　　分析：该项经济业务的发生，使企业的银行存款和罚没收入同时增加 3 000 元，其中银行存款是企业资产，其增加应借记"银行存款"账户；罚没收入属于营业外收入，增加应贷记"营业外收入"账户。会计分录如下。

　　借：银行存款　　　　　　　　　　　　　　　　　　　　3 000
　　　贷：营业外收入　　　　　　　　　　　　　　　　　　　3 000

【例 6-8】 海丰公司 20×1 年 5 月 29 日开出转账支票一张，向希望工程捐款 5 000 元。

　　分析：该项经济业务的发生，减少了企业资产（银行存款）5 000 元，应记入"银行存款"账户的贷方；增加了一项捐赠支出，应计入企业的营业外支出，借记"营业外支出"账户。会计分录如下。

　　借：营业外支出　　　　　　　　　　　　　　　　　　　5 000
　　　贷：银行存款　　　　　　　　　　　　　　　　　　　　5 000

期间费用、利得与损失核算如图 6-1 所示。

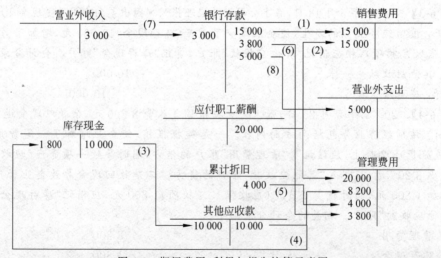

图 6-1　期间费用、利得与损失核算示意图

6.2 财务成果形成过程的账户设置及应用

6.2.1 财务成果的含义和形成过程

财务成果是指企业在一定的会计期间内所取得的经营成果,即利润(或亏损)额,是综合反映企业经济效益的重要指标。企业的利润有三层含义,包括营业利润、利润总额和净利润,其相互关系为

营业利润＝营业收入－营业成本－税金及附加－销售费用－管理费用－财务费用－
　　　　　资产减值损失＋其他收益＋投资收益＋资产处置收益＋
　　　　　公允价值变动收益

其中,
　　　　　营业收入＝主营业务收入＋其他业务收入
　　　　　营业成本＝主营业务成本＋其他业务成本
　　　　　利润总额＝营业利润＋营业外收入－营业外支出
　　　　　净利润＝利润总额－所得税费用

上述计算过程同时说明企业在一定会计期间所形成的利润(或亏损)取决于该期间全部收入和费用的配比结果,以及可能取得的利得和出现的损失。所以要正确计算某一会计期间的企业盈亏,关键在于合理确认该会计期间的收入、费用和利得(损失)。通过前面企业生产经营活动过程的核算,已经确认了企业该会计期间计算利润总额的全部要素项目,包括主营业务收入、其他业务收入、主营业务成本、其他业务成本、税金及附加、销售费用、管理费用、财务费用、营业外收入和营业外支出等,为利润计算奠定了基础。

计算出利润总额以后,按照国家税法规定,企业还要计算应该向国家缴纳的所得税,形成所得税费用。所得税费用是指企业确认的应从当期利润总额中扣除的当期所得税费用。利润总额减去所得税费用后,就是企业当期实现的净利润,即税后利润。企业的税后利润还要按照国家相关法规规定在企业与投资者之间进行分配。这些就是财务成果形成与分配过程业务核算的主要内容。

课程思政

企业经营盈亏都有可能,如果亏损,企业要查找原因,及时修正错误决策,尽快扭亏为盈。人生道路上,有顺境,亦有逆境,保持积极乐观的心态,正确看待输赢、得失,要养成胜不骄、败不馁的优秀品质。

6.2.2 财务成果形成的核算

1. 财务成果形成核算的账户设置

反映财务成果形成核算的主要账户是"本年利润"账户,此外,还包括"所得税费用"账户。

微课:收入类账户的期末结转

(1)"本年利润"账户。该账户属于所有者权益类账户,用来核算和监督企业在本会计年度内实现的净利润(或发生的净亏损)。该账户的借方登记期末从"主营业务成本""其他业务成本""税金及附加""销售费用""管理费用""财务费

用""营业外支出"等成本(费用)账户转入的数额;贷方则登记期末从"主营业务收入""其他业务收入""营业外收入"等收入账户转入的数额。期末将收入和费用相抵后,如果收入大于费用,即为贷方余额,表示本期实现的净利润;如果收入小于费用则出现借方余额,表示本期发生的亏损。一般情况下,"本年利润"账户在会计年度终结时才需要将其余额转入"利润分配"账户,结转后该账户没有余额。

(2)"所得税费用"账户。该账户属于损益类账户,用来核算和监督企业按规定应从本期损益中减去的所得税费用。该账户的借方登记企业按规定计算的本期应计入当期损益的所得税税额,贷方登记期末转入"本年利润"账户的数额,期末结转后该账户没有余额。企业所得税费用通常是按年计算的。计算公式为

$$企业所得税费用 = 应纳税所得额 \times 适用税率$$

式中,应纳税所得额是企业每一纳税年度的收入总额减去准予扣除项目金额后的余额。由于会计核算在某些方面与税法规定不一致,所以在实际工作中,应纳税所得额一般是在企业利润总额(即会计利润)的基础上,按照税法的有关规定,通过一系列的调整计算确定的(需要调整的内容将在中级财务会计课程中讲述)。此处假定应纳税所得额等于会计利润。

2. 财务成果形成核算的账户运用

【例6-9】 海丰公司本期末(20×1年5月)各收入账户记录的各项收入合计为262 000元,其中主营业务收入236 000元,其他业务收入23 000元,营业外收入3 000元。月末将其转入"本年利润"账户。

分析:该项经济业务的发生,使企业的"主营业务收入""其他业务收入"和"营业外收入"账户的贷方余额,因转入"本年利润"账户而结平;"本年利润"账户的贷方增加了形成利润的各项收入。会计分录如下。

微课:费用类账户的期末结转

```
借:主营业务收入                    236 000
    其他业务收入                     23 000
    营业外收入                        3 000
    贷:本年利润                              262 000
```

【例6-10】 海丰公司将本期末(20×1年5月)各费用账户的借方余额合计240 480.2元,其中主营业务成本139 067.2元,其他业务成本21 400元,税金及附加1 157元,销售费用30 000元,财务费用7 500元,管理费用36 000元,营业外支出5 000元。月末将其转入"本年利润"账户。

分析:该项经济业务的发生,使企业的"主营业务成本""其他业务成本""税金及附加""销售费用""财务费用""管理费用"和"营业外支出"等账户的借方余额,因转入"本年利润"账户而结平;"本年利润"账户的借方增加了冲减利润的各项费用。会计分录如下。

```
借:本年利润                      240 124.2
    贷:主营业务成本                         139 067.2
        其他业务成本                          21 400
        税金及附加                            1 157
        销售费用                             30 000
        财务费用                              7 500
        管理费用                             36 000
        营业外支出                            5 000
```

【例6-11】 假定海丰公司20×1年1—4月的累计亏损金额为18 000元,5月实现利润总额为21 857.8元(262 000-240 124.2)。

分析:公司5月前的累计亏损额为18 000元(反映在"本年利润"账户4月的期末借方余额),5月实现利润总额21 857.8元,故最终反映在5月"本年利润"账户的期末余额在贷方,金额为3 875.8元(21 875.8-18 000),企业已扭亏为盈,需按税法规定的25%税率计算本期应缴纳的所得税费用(暂不考虑应纳税所得调整)。

$$企业应纳所得税 = 3\ 875.8 \times 25\% = 968.95(元)$$

该项经济业务使企业应承担的所得税费用增加了968.95元,应记入"所得税费用"账户的借方,同时使企业应交未交的税金增加了968.95元,应记入"应交税费"账户的贷方。另外,还需要将所得税费用结转入"本年利润"账户。会计分录如下。

借:所得税费用　　　　　　　　　　　　　968.95
　　贷:应交税费——应交所得税　　　　　　　968.95
借:本年利润　　　　　　　　　　　　　　968.95
　　贷:所得税费用　　　　　　　　　　　　　968.95

财务成果形成过程核算如图6-2所示。

图6-2　财务成果形成过程核算示意图

6.3　财务成果分配过程的账户设置及应用

企业实现的净利润应当按照国家的有关规定进行分配。利润分配的过程和结果不仅关系到投资者利益,也关系到企业的长期发展。

6.3.1　财务成果分配的内容和程序

企业可用于分配的财务成果包括当年实现的净利润和以前年度留存的累计财务成果(年初未分配利润的余额)。如果以前年度的财务成果为未弥补的亏损(年初未分配利润余额在借方),则可用于分配的财务成果为当年的净利润减去未弥补的亏损。可用于分配的财务成果的分配顺序如下:先提取盈余公积,再向所有者进行分配等。企业财务成果分配完成之后形成当年的留存的累计财务成果(未分配利润的期末余额),可以留待以后年度进行分配。

企业当年如果形成亏损,可以按照国家的规定由以后年度的利润进行弥补,也可用以前年度提取的盈余公积进行弥补。

课程思政

利润可用于弥补以前年度亏损、提取盈余公积、分给投资者,利润也要留存一部分进入下一个循环,以不断提升企业的可持续发展能力。学习利润的分配,不能鼠目寸光,只贪图眼前利益,要学会把目光放长远,以争取更大的利益。

6.3.2 财务成果分配的核算

1. 财务成果分配核算的账户设置

为了核算和监督企业的利润分配情况,一般应设置以下账户。

微课:利润分配明细科目设置

(1)"利润分配"账户。该账户属于所有者权益类账户,用来核算和监督企业利润的分配(或亏损的弥补)和历年分配(或弥补)后的结存情况。该账户的借方登记按规定实际分配的利润额(包括提取的盈余公积金和向投资者分配利润),或年终从"本年利润"账户转来的当年的亏损总额;贷方登记用盈余公积弥补以前年度亏损数以及年终从"本年利润"账户转来的当年实现的净利润总额。该账户的年终贷方余额表示历年累积的未分配利润,如为借方余额,则表示历年累积未弥补的亏损。该账户一般应按利润分配的具体项目,在"利润分配"账户下设置"盈余公积补亏""提取盈余公积""应付股利"和"未分配利润"等明细账户,进行明细分类核算。

(2)"盈余公积"账户。该账户属于所有者权益类账户,用来核算和监督企业从税后净利润中提取的盈余公积的增减变动和结余情况。该账户的贷方登记从税后净利润中按规定提取的盈余公积;借方登记盈余公积的使用,如转增资本、弥补亏损等。该账户的期末余额在贷方,表明企业已提取的盈余公积的结存数。"盈余公积"账户一般设置"法定盈余公积"和"任意盈余公积"两个明细账,以进行明细分类核算。

(3)"应付利润(股利)"账户。该账户属于负债类账户,用来核算和监督企业按规定应付给投资者的利润或股利。该账户的贷方登记企业按规定计算的应向投资者分配支付的利润或股利,借方登记实际支付数额,期末余额在贷方,表述企业尚未支付给投资者的利润或股利数额。该账户应按不同投资者设置明细账,进行明细分类核算。

小贴士——盈余公积知多少

企业计提盈余公积实际上是对投资者分配利润的一种限制。提取盈余公积是利润分配的一种方式,其对应的资金不得用于向投资者分配利润或股利。需要注意的是,盈余公积的用途,并不是指其实际占用形态,提取盈余公积也并不是单独将这部分资金从企业资金周转过程中抽出来——企业提取的盈余公积,无论是用于弥补亏损,还是用于转增资本,只不过是在企业所有者权益内部结构的转换,如企业以盈余公积弥补亏损时,实际是减少盈余公积留存的数额,以此抵补未弥补亏损的数额,并不引起企业所有者权益总额的变动;企业以盈余公积转增资本时,也只是减少盈余公积结存的数额,但同时增加企业实收资本或股本的数额,也并不引起所有者权益总额的变动。至于企业盈余公积的结存数,实际只表现企业所有者权益的组成部分,表明企业生产经营资金的一个来源而已,其形成的资金可能表现为一定的货币资金,也可能表现为一定的实物资产,如存货和固定资产等,随同企业的其他来源所形成的资金进行循环周转。

2. 财务成果分配核算的账户运用

【例6-12】 假定海丰公司20×1年全年实现净利润200 000元,将其转入"利润分配"账户。

分析:企业的利润分配一般是一年一次,所以"利润分配"账户平时不作登记。现假定公司全年实现净利润200 000元,反映在"本年利润"账户期末贷方余额200 000元,应将其转到"利润分配"账户的贷方,该业务实际上引起企业所有者权益项目的一增一减。会计分录如下。

借:本年利润　　　　　　　　　　　　　　　　　　200 000
　　贷:利润分配——未分配利润　　　　　　　　　　　　200 000

【例6-13】 海丰公司根据法律规定按净利润的10%提取法定盈余公积。

分析: 应提取的法定盈余公积=200 000×10%=20 000(元)

提取法定盈余公积,一方面减少了企业的可供分配净利润,应记入"利润分配"账户的借方;另一方面增加了企业的盈余公积,应记入"盈余公积"账户的贷方。会计分录如下。

微课:提取盈余公积的会计处理

借:利润分配——提取盈余公积　　　　　　　　　　20 000
　　贷:盈余公积——法定盈余公积　　　　　　　　　　　20 000

【例6-14】 海丰公司按照股东会批准的利润分配方案,向投资者分配股利50 000元。

分析:该项经济业务的发生,一方面分配了利润50 000元,即减少企业的可供分配利润,应记入"利润分配"账户的借方;另一方面在应分配利润未实际支付以前,形成企业一项负债(应付股利),应记入"应付股利"账户的贷方。会计分录如下。

微课:分配现金股利的会计处理

借:利润分配——应付股利　　　　　　　　　　　　50 000
　　贷:应付股利　　　　　　　　　　　　　　　　　　50 000

【例6-15】 海丰公司进行年终结算时,将"利润分配"账户所属的各明细分类账户的借方分配数合计70 000元(其中:提取盈余公积20 000、应付股利50 000)结转到"利润分配——未分配利润"明细分类账户的借方。

会计分录如下。

借:利润分配——未分配利润　　　　　　　　　　　70 000
　　贷:利润分配——提取盈余公积　　　　　　　　　　20 000
　　　　　　　　——应付股利　　　　　　　　　　　　50 000

经过上述结转后,"利润分配——未分配利润"明细分类账的借方合计为 70 000 元,贷方合计为 200 000 元,借贷相抵后,其差额(贷方)为 130 000 元,即为企业年末的未分配利润,结转到下一年度为年初余额;"利润分配"账户的其他各明细分类账户借贷方合计数相等,年末结平,没有余额。

利润分配业务核算如图 6-3 所示。

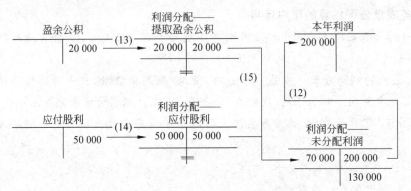

图 6-3 利润分配业务核算示意图

本 章 小 结

本章主要讲授了财务成果形成与分配两项经济业务活动。每一部分的经济业务都需要设置一些核心的账户及相应的其他账户来核算其内容,不同账户有其不同的性质、用途和结构,在财务成果形成活动中,主要是收入、费用和利润账户。注意收入、费用账户在期末都要为 0,都要结转到利润账户,利润要素只有一个账户"本年利润"。财务成果分配活动主要涉及所有者权益、利润和负债账户。利润归所有者享有,所以利润账户期末要结转至所有者权益。学习过程中应当理解并熟记这些账户的特点及彼此构成的应借、应贷对应关系,掌握主要经济业务的基本会计分录编制方法,同时正确区分本年利润和利润分配等基本概念,熟练运用相关账户进行会计核算。

本 章 习 题

一、单项选择题

1. 下列业务中,能引起资产和负债同时增加的是( )。
   A. 用银行存款购买材料   B. 预收销货款存入银行
   C. 提取盈余公积金   D. 年终结转利润
2. 下列不属于营业外支出的项目是( )。
   A. 固定资产盘亏损失   B. 非常损失
   C. 违章罚款支出   D. 坏账损失
3. "本年利润"账户年末贷方余额表示( )。
   A. 利润分配额   B. 未分配利润额

C. 净利润额 D. 利润额
4. 年末结转后,"利润分配"账户的贷方余额表示(   )。
   A. 实现的利润总额 B. 净利润额
   C. 利润分配总额 D. 未分配利润额
5. 某企业"本年利润"账户5月末账面余额为80万元,表示(   )。
   A. 5月实现的利润总额 B. 1—5月累计实现的营业利润
   C. 1—5月累计实现的利润总额 D. 1—5月累计实现的产品销售利润
6. 企业8月末负债总额100万元,9月收回欠款15万元,用银行存款归还借款10万元,用银行存款预付购货款5万元,则9月末负债总额为(   )万元。
   A. 110 B. 105 C. 90 D. 80

二、多项选择题
1. 计入"税金及附加"的有(   )。
   A. 增值税 B. 消费税 C. 车船税 D. 印花税
   E. 城市维护建设税
2. 下列项目应在"管理费用"中列支的有(   )。
   A. 工会经费 B. 广告费
   C. 业务招待费 D. 车间管理人员的工资
   E. 行政人员差旅费
3. 企业实现的净利润应进行下列(   )分配。
   A. 计算缴纳所得税 B. 支付银行借款利息
   C. 提取法定盈余公积 D. 提取任意盈余公积
   E. 向投资人分配利润
4. 为了具体核算企业利润分配及未分配利润情况,"利润分配"账户应设置的明细账户有(   )。
   A. 应交所得税 B. 提取资本公积金
   C. 应付利润 D. 提取盈余公积
   E. 未分配利润
5. 关于"本年利润"账户,下列说法正确的有(   )。
   A. 借方登记期末转入的各项支出 B. 贷方登记期末转入的各项收入
   C. 贷方余额为实现的净利润额 D. 借方余额为发生的亏损额
   E. 年末经结转后该账户没有余额

三、判断题
1. 提取盈余公积和收到外商投入设备的业务都会引起企业的资产和所有者权益同时增加。(   )
2. "利润分配——未分配利润"明细账户的借方余额为未弥补亏损。(   )
3. 营业利润是企业的营业收入减去营业成本、销售费用及税金及附加后的余额。(   )
4. 企业的资本公积和未分配利润称为留存收益。(   )
5. 企业向投资人分配股票股利不需要进行账务处理。(   )

四、业务题

业务题一

目的：练习企业财务成果形成及分配业务的核算。

资料：A市东海公司201×年12月发生以下经济业务。

1. 采购员向公司报销差旅费3 200元(原借支3 000元)。
2. 以银行存款向税务机关缴纳上月的增值税58 000元和所得税12 000元。
3. 用现金从税务机关购入印花税票500元。
4. 用银行存款支付本季度的短期借款利息15 000，其中已计提利息费用10 000元。
5. 结转销售机构人员工资12 000元，并以现金报销其业务应酬费4 000元。
6. 因客户违约获取罚金收入10 000元，存入银行。
7. 银行存款支付各种违章罚款2 500元。
8. 本月所销售产品的售价600 000元，增值税税款78 000元，其中60%款项已经收回。
9. 经计算，本月已销售产品的实际成本为380 000元，予以结转。另有可抵扣的增值税进项税额为51 000元。
10. 计算本月应交增值税税额、应交税金及附加。
11. 月末结转本月应计入损益的收入和费用。
12. 本年度累计实现利润总额为1 180 000元，不考虑纳税调整事项，按25%的所得税税率计算本年应缴纳的所得税。
13. 结转本年所得税费用。
14. 按照净利润的10%计提法定盈余公积。
15. 拟向投资者分配利润500 000元。

要求：根据上述资料编制有关的会计分录。

业务题二

目的：练习企业综合业务的核算。

资料：飞达股份有限公司为增值税一般纳税人，主要生产A、B两种产品。假定公司20×1年12月发生以下交易和事项。

1. 溢价发行股票2 000 000股，每股面值1元，发行价格2.5元。发行收入已存入银行(暂不考虑发行手续费)。
2. 收到某投资者投入的全新设备一台，协商作价1 000 000元；专有技术一项，评估确认价值为2 000 000元。
3. 取得为期三个月的流动资金贷款1 000 000元，到期日还本付息，年利率6%，款已到账。
4. 取得为期两年的长期借款3 000 000元，用于生产车间的扩建，每年支付一次利息，年利率7.2%，款已到账。
5. 以商业汇票方式从易达公司购入甲材料，对方开具的增值税专用发票上注明数量10 000千克，单价50元，价款500 000元，增值税进项税额65 000元，所购材料未运抵。
6. 与力拓公司签订原材料购销合同，并按合同约定向其支付500 000元的预付货款。
7. 根据合同规定，从力拓公司购入的乙材料30 000千克和丙材料60 000千克均已运抵并验收入库。对方开具的增值税专用发票上载明：乙材料价款150 000元，增值税进项税额 19 500 元;丙材料价款 360 000 元,增值税进项税额 46 800 元。

8. 补付力拓公司货款 76 300 元及对方代垫运输费 3 300 元,合计 79 600 元已由银行转账支付(两种材料共同承担的运输费按重量比例分摊进入采购成本)。

9. 从易达公司所购甲材料运抵并验收入库。

10. 购入需安装的设备一台,取得的增值税专用发票上注明价款 200 000 元,增值税进项税额 26 000 元,全部价款已经以银行转账方式支付。另外以现金支付购入及安装期间发生的运输费 2 000 元,外聘技术人员费用 6 000 元,领用某种库存材料 2 000 元。

11. 需安装的设备已安装调试完毕,经验收合格交付使用。

12. 根据当月各种领料单编制的"发出材料汇总表"如下表所示。

发出材料汇总表 单位:元

项　　目	甲材料	乙材料	丙材料	合　　计
A 产品	300 000	100 000		400 000
B 产品	150 000		180 000	330 000
车间一般耗用			60 000	60 000
合　　计	450 000	100 000	240 000	790 000

13. 计算出本月应付职工工资 220 000 元。其中生产 A 产品工人工资 80 000 元,生产 B 产品工人工资 60 000 元,生产部门管理人员工资 20 000 元,销售人员工资及提成 30 000 元,行政管理部门人员工资 30 000 元。

14. 月末计算本月固定资产折旧额为 75 000 元,其中生产用固定资产折旧 60 000 元,公司管理部门使用的固定资产折旧为 15 000 元。

15. 按生产 A、B 两种产品生产工人的工资总额比例分配制造费用,并计入产品生产成本。假定本月应分配制造费用总额为 140 000 元。

16. 月末计提本月借款利息,其中短期流动资金借款利息 5 000 元,资本化的长期借款利息 18 000 元。

17. 开支票支付电视广告费 100 000 元。

18. 报销行政管理部门的各项费用开支 43 000 元,其中差旅费 23 000 元,业务招待费 10 000 元,交通费 6 000 元,技术培训费 4 000 元。

19. 本月行政管理部门购买办公用品 7 000 元,已通过银行存款支付。

20. 本月生产 A、B 产品各 1 000 件,月初均没有在产品,月末全部完工,结转该产品的完工成本。

21. 销售 A 产品 400 件,单价 800 元,价款合计 320 000 元,增值税销项税额 41 600 元,款已收到。

22. 销售 A 产品 600 件,单价 780 元,开出增值税专用发票,并根据原订的购销合同给予购货方 20 天的结账期。

23. 销售 B 产品 800 件,单价 650 元,收到购货方开具的商业承兑汇票一张,票据面值 587 600 元,包含 520 000 元的价款和 67 600 元的增值税销项税额,已开出增值税专用发票。

24. 与某采购商签订购销合同,按合同规定预收对方 100 000 元。并在 10 天后发出 B 产品 200 件,单价 680 元,已向对方开具增值税专用发票。

25. 经计算,公司本月已销售 A 产品 1 000 件,其单位成本为 560 元;已销售 B 产品 1 000 件,其单位成本为 450 元。公司据此结转已销产品的销售成本。

26. 出售丙材料一批 10 000 千克,开具的增值税专用发票上注明价款 70 000 元,增值税销项税额 9 100 元,款已收到。公司同时结转该批材料销售的成本 60 000 元。

27. 按本月应缴纳的增值税税额的 7% 和 3% 计算公司本月应交的城市维护建设税和教育费附加。

28. 开出一张 10 000 元的支票,捐赠给红十字会。

29. 月末将损益类账户的余额转入"本年利润"账户,并计算出本期利润总额。

30. 假定公司本年度 1—11 月的"本年利润"账户累计贷方余额为 1 001 168 元,按本年利润总额的 25% 计算结转本月应交所得税。

31. 年终将按本年度最终实现的税后利润的 10% 分别计提法定盈余公积和任意盈余公积,按税后利润的 40% 分配股利。

32. 将本年度"利润分配"账户所属的各明细分类账户余额结转到"利润分配——未分配利润"明细分类账户。

要求:根据上述资料编制有关的会计分录,并计算 A、B 两种产品的生产成本。

第7章 会计凭证

本章的学习将会使你：
- 悉知会计凭证的概念、意义和种类；
- 熟练掌握会计凭证的填制方法和程序；
- 掌握会计凭证的审核内容和方法；
- 了解会计凭证的传递时间、传递程序和保管要求。

　　填制和审核会计凭证是会计循环的第一环节；掌握会计凭证的填制审核程序，是会计人员的基本功；会计凭证是登记账簿的依据，是生产会计信息的原材料。通过本章的学习，要求在全面掌握理论内容的基础上，注重实际操作练习，把理论与实际操作相结合。

导入案例

索赔缺少凭证，诉请4 600元摩托车损失赔偿遭驳回

　　安徽青年小刘有一辆心仪的豪爵牌摩托车。一天中午，他到闵行区梅陇办事，像往常一样，将摩托车寄放在万源路儿科医院门口的梅陇车辆停放综合管理服务社，便放心地离开了。小刘说，当时，他向工作人员支付了停车费，但当办完事后回来取车时，却发现摩托车已经丢失。由于赔偿问题交涉未果，小刘向公安机关报警称所停放车辆已经遗失。小刘认为，车辆停放服务社收取了保管费之后，负有将保管物妥善保管并返还的义务。但由于服务社未尽到应尽的注意义务导致车辆丢失，故应承担赔偿责任，现请求判令赔偿车辆丢失的经济损失4 600元。

　　服务社承认小刘的摩托车确曾由其保管，但是小刘应提供取车凭证以证明车辆并未自行取走。服务社辩称，由于小刘不能提供取车凭证，因此，其主张摩托车在服务社看管下遗失的事实不能成立，服务社不应承担赔偿责任。为此，服务社向法庭提供了三联单的停车费发票。发票显示，第一联为存根联，第二联为发票联，第三联为取车凭证联，取车凭证联上载明停车时间，取车一次一票，遗失车辆以票价的50～200倍赔偿等内容。服务社陈述，工作人员提供停车看管服务时，第一联自行保存，同时将第二联和第三联交寄存人，寄存人凭取车凭证取车，服务社收回取车凭证后销毁。

　　法院认为，保管合同是保管人保管寄存人交付的保管物，并返还该物的合同。寄存人应当按照约定向保管人支付保管费，保管人应当给付保管凭证。保管期间，因保管人保管不善造成保管物毁损、灭失的，保管人应当承担损害赔偿责任，但寄存人应首先对保管物存在毁损、灭失等情况承担举证责任。由于小刘不能提供取车凭证，仅凭自行陈述形成的接报回执单，确实不足以证明车辆在服务社看管下遗失，小刘提供的停车费发票联也只能证明车辆曾经由服务社看管。据此，法院作出了上述驳回的判决。

　　思考：该案例说明了什么？凭据在这里起什么作用？从中悟出哪些道理？

7.1 会计凭证概述

7.1.1 会计凭证的概念

1. 会计凭证的意义

会计凭证是记录交易或事项、明确经济责任的书面证明,是用来登记账簿的依据。填制和审核会计凭证是会计基本核算方法之一,也是会计循环中不可或缺的重要一环。

会计凭证是在交易或事项的办理过程中,由经办人员或者会计人员取得或填制的。会计凭证上记录了交易或事项发生和完成情况的具体会计信息,是会计核算的重要资料。为了保证这些信息的客观性和完整性,所有的经办人员或者会计人员都要在会计凭证上签名或盖章,以此来明确不同的经济责任。任何会计凭证都必须经过有关人员的严格审核,确认无误后,才可作为登记账簿的依据。因此,填制和审核会计凭证是会计信息加工的第一道"工序",是会计核算工作的起点和基础,有了会计凭证,才可以为日后在账簿记录经济业务和审查账簿记录提供可靠的依据。

2. 会计凭证的作用

(1) 会计凭证提供了交易或事项中包含的所有会计信息。每一项交易或事项发生,经办人员和会计人员都会填制会计凭证。这些会计凭证中所包含的就是交易或事项的发生和完成情况。会计凭证中的会计信息是会计人员根据交易或事项内容进行加工处理的结果,形成了会计的语言,该语言描述了其交易或事项应登记账簿的名称、记账方向和金额。这些凭证在企业内部传递的同时也把交易或事项的信息进行了传递。

(2) 会计凭证是登记会计账簿的依据。会计凭证在经济活动中的传递终点是会计记账人员处,会计记账人员应根据审核无误的会计凭证登记账簿,登记的账簿中的信息内容与会计凭证上的内容必须是完全一致的。

(3) 会计凭证是明确各个部门和个人经济责任的重要手段。会计凭证上记录了交易或事项发生的时间、单位、名称、数量和金额等具体内容,以及相关部门和人员的签章,从而可以明确相关部门和人员的经济责任。与凭证相关的部门和人员要对凭证记录的交易或事项的真实性、合法性负责。当发生违法违纪案件时,可以凭借会计凭证确定相关部门和人员的经济责任,为经济责任制的实施提供了依据。

(4) 会计凭证的审核是会计监督职责的具体措施。《中华人民共和国会计法》要求会计信息必须满足"真实性"和"完整性"的质量要求。会计人员在根据会计凭证登记账簿时,要对会计凭证进行严格的审核,以检查交易或事项的真实性、合法性和正确性,从而及时发现管理上存在的问题和漏洞。会计凭证审核的同时也是对交易事项的审核过程,通过会计凭证的审核,既可以保证会计信息的真实完整,又可以实施对经济活动过程的监督。

7.1.2 会计凭证的种类

按照会计凭证的编制程序和用途不同,可将其分为原始凭证和记账凭证两大类。

1. 原始凭证

原始凭证是在交易或事项发生或完成时取得或填制的,是记载交易或事项的发生和完成情况,明确经济责任的书面证明文件。原始凭证是会计核算的原始资料和重要依据,是编制记账凭证的依据。与记账凭证相比,原始凭证具有较强的法律效力。

注意:凡是不能证明交易或事项的发生或完成情况的书面证明文件不能称为原始凭证,如购销合同、派工单、银行对账单、采购申请等。因此,这些资料也不能作为编制记账凭证的依据。

原始凭证可以按照来源和填制的手续与内容的不同进行分类,如图7-1所示。

1)按照来源分类

按照来源的不同,原始凭证可分为外来原始凭证和自制原始凭证。

原始凭证 { 按来源分 { 外来原始凭证 / 自制原始凭证 }; 按填制手续和内容分 { 一次原始凭证 / 累计原始凭证 / 汇总原始凭证 / 记账编制凭证 } }

图7-1 原始凭证分类

(1)外来原始凭证是指交易或事项发生或完成时从外单位或个人取得的原始凭证,如购买原材料从外单位取得的购货发票,职工出差回来报销飞机票,在开户银行办理存款收支业务时由银行开具的收款通知和付款通知等都是外来原始凭证。示例如图7-2所示。

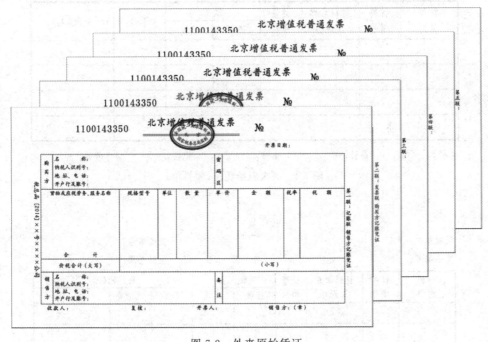

图7-2 外来原始凭证

(2)自制原始凭证是指交易或事项发生或完成时由本企业的经办人员或会计人员自行填写的原始凭证。如收料单、领料单、工资结算表、制造费用分配表等。示例如图7-3所示。

2)按照填制手续和内容分类

按照填制手续和内容分类,原始凭证可分为一次原始凭证、累计原始凭证、汇总原始凭证和记账编制凭证。

(1)一次原始凭证是指在凭证上只登记一项或同时记载若干项交易或事项,但是这些交易或事项是一次完成,其填制手续也是一次完成的原始凭证。例如,企业生产部门领用原材料填写的领料单,企业销售商品开出的销货发票,原材料入库所填写的原材料收料单。示

发货票

购买单位：				
结算方式：		年 月 日		编号：
品名规格	单位	数量	单价	金额
合计（大写）				
会计：		复核：		制单：

图 7-3 自制原始凭证

例如图 7-4 和图 7-5 所示。

领料单

领料单位：　　　　　　　　　　　　　　　凭证编号：
用　途：　　　　　　　年 月 日　　　　　发料仓库：

材料类别	材料编号	材料名称及规格	计量单位	数量		单价	金额(元)
				请领	实发		
备注			合计				

主管：　　　会计：　　　审核：　　　记账：　　　收料：

图 7-4 一次原始凭证（领料单）

收料单

供货单位：　　　　　　　　　　　　　　　凭证编号：
发票编号：　　　　　　年 月 日　　　　　收料仓库：

材料类别	材料编号	材料名称及规格	计量单位	数量		金额(元)		
				应收	实收	单价	运杂费	合计
备注							合计	

主管：　　　会计：　　　审核：　　　记账：　　　收料：

图 7-5 一次原始凭证（收料单）

（2）累计原始凭证是指在一张凭证上连续记载一定时期内不断重复发生的同类交易或事项，需要分次完成填制手续、可多次使用的原始凭证。如生产车间在领料过程中使用的限额领料单。累计凭证的特点在于，在一张凭证上连续登记相同的交易或事项，可以随时结出余额和累计数,以便与定额、预算、计划数进行比较,控制费用支出,减少原始凭证的数量,简化会计核算手续。示例如图 7-6 所示。

限额领料单

年　　月　　　　　　　　　　　　　　　编号:2345

领料单位:一车间　　　　用途:A产品　　　　计划产量:5 000 台
材料编号:102045　　　　名称规格:20m/m 角钢　计量单位:千克
单价:5.00 元　　　　　　消耗定量:0.5 千克/台　领用限额:2 500

2××7年		请领		实发				
月	日	数量	领料单位负责人	数量	累计	发料人	领料人	限额结余
10	5	500	××	500	500	××	××	10 000
10	10	500	××	500	1 000	××	××	7 500
10	15	500	××	500	1 500	××	××	5 000
10	20	500	××	500	2 000	××	××	2 500
10	25	200	××	200	2 200	××	××	1 500

图 7-6　累计原始凭证(限额领料单)

(3) 汇总原始凭证,也称原始凭证汇总表,它是根据一定时期内若干份反映同类性质交易或事项的原始凭证,按照一定标准汇总在一张凭证上,以集中反映某些交易或事项发生情况的原始凭证。如发料凭证汇总表、收料凭证汇总表、现金收入汇总表等。示例如图 7-7 所示。

汇总材料发出表

年　　月　　日　　　　　　　　　　　　　单位:元

应借科目	应贷科目:原材料				辅助材料	发料合计
	明细科目:主要材料					
	1—10 日	11—20 日	21—30 日	小计		
生产成本						
制造费用						
管理费用						
合计						

图 7-7　汇总原始凭证(汇总材料发出表)

汇总原始凭证只能将同类的经济业务汇总填列在一张汇总凭证中,不能汇总两类或两类以上的交易或事项。汇总原始凭证在大中型企业中使用得非常广泛,因为它可以简化核算手续,提高核算工作效率,能够使核算资料更为系统化,核算过程更为条理化,能够直接为管理提供某些综合指标。但值得注意的是,汇总原始凭证本身不具有法律效力。

(4) 记账编制凭证是会计人员根据某些账簿记录的数据或结果,根据某种特定核算需要而编制的一种原始凭证,如固定资产折旧计算表、制造费用分配表、待摊费用分配表等。示例如图 7-8 所示。

2. 记账凭证

记账凭证是会计人员根据审核无误的原始凭证,按设置的账户名称,运用复式记账法填

制造费用分配表

年　　月　　日　　　　　　　　　　　　　　　　　单位：元

应借项目	成本项目	生产工时	分配率	分配额
生产成本	A产品			
	B产品			
	合计			

图 7-8　记账编制凭证（制造费用分配表）

制的，标明应记入账户的名称、记账方向和金额的一种记录。通常称其为会计分录，是登记账簿的直接依据。

由于原始凭证来自不同的单位，种类繁多，数量庞大，格式不一。虽然记载了交易或事项的发生和完成的具体信息，但是绝大多数原始凭证不能清楚地表明发生的交易或事项应登记到哪些账户中，应记入哪个方向以及登记的金额等问题。记账凭证就是为了便于登记账簿，把原始凭证反映的不同经济业务，加以归类和整理，而填制的具有统一格式和内容的凭证。

记账凭证按照其用途，即在记账凭证处理交易或事项过程中的使用性，可分为专用记账凭证和通用记账凭证两种。

1）专用记账凭证

专用记账凭证是专门用于某一特定类别的交易或事项而填制的一种记账凭证。这一特定类别的交易或事项是指从交易或事项与货币资金收支关系的角度来进行分类的。按照这种分类方式，企业的所有经济业务可以分为收款业务、付款业务和转账业务。而这三类业务又一一对应一种专用记账凭证。收款业务对应收款凭证，付款业务对应付款凭证，转账业务对应转账凭证。示例如图 7-9 所示。

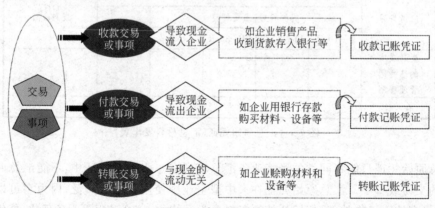

图 7-9　专用记账凭证

三种专用记账凭证的格式各有不同。

（1）收款凭证，是专门用以为现金收入交易或事项编制的记账凭证，即涉及使企业现金或银行存款账户增加的业务，其基本格式如图 7-10 所示。

（2）付款凭证，是专门用于为现金付出交易或事项编制

微课：收款凭证　微课：付款凭证

	收款凭证			单位：元	
借方科目：	年 月 日			收字第 号	
摘 要	贷方科目		金 额	记账	附单据 张
	总账科目	明细科目			
合 计					
会计主管： 复核： 记账： 出纳： 制单：					

图 7-10 收款凭证

的记账凭证，即涉及使企业现金或银行存款账户减少的业务，其基本格式如图 7-11 所示。

	付款凭证			单位：元	
贷方科目：	20 年 月 日			付字第 号	
摘 要	借方科目		金 额	记账	附单据 张
	总账科目	明细科目			
合 计					
会计主管： 复核： 记账： 出纳： 制单：					

图 7-11 付款凭证

（3）转账凭证，是专门用以为转账交易或事项而编制的记账凭证，即不涉及现金或银行存款账户变化的业务，其基本格式如图 7-12 所示。

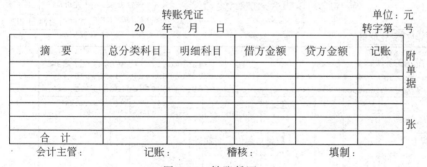

图 7-12 转账凭证

微课：转账凭证

注意：如果一项交易既涉及库存现金账户又涉及银行存款账户的相互划转业务，如从银行提取现金或向银行存入现金的业务，《会计基础工作规范》规定这一类业务只能填制付款凭证，不能填制收款凭证。因为无论是从银行提取现金还是将现金送存银行，对于同一笔业务而言，从增加的一方看，可以编收款凭证，从减少的一方看，可以编付款凭证。如从银行提取现金，既可以编现金的收款凭证，又可以编银行存款的付款凭证。这样，会出现两张内容完全相同的记账凭证，按这两张记账凭证入账，会导致重复记账，使各该账户发生额虚增。因此，在处理库存现金与银行存款之间的相互业务时，只填制付款凭证，不能填制收款凭证。

2）通用记账凭证

通用记账凭证是可以用来为所有类型的交易或事项填制的记账凭证。采用通用记账凭证的企业，不用再划分交易或事项的类型，所有的交易或事项都填制在格式一样的通用记账凭证上。通用记账凭证格式与转账记账凭证类似，其基本格式如图 7-13 所示。

图 7-13　通用记账凭证

7.2　原始凭证

7.2.1　原始凭证的基本内容

企业的经济业务多种多样，原始凭证的形式也是多种多样的。但是，作为记录交易或事项的原始凭证，必须详细记载交易或事项的内容和完成情况，明确经济责任。因此，所有的原始凭证都应当具备以下共同的基本内容。其基本格式如图 7-14 所示。

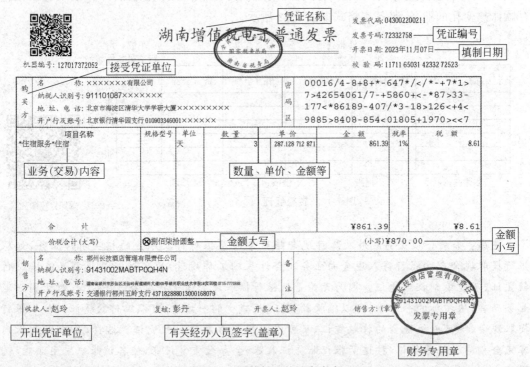

图 7-14　原始凭证的基本内容

(1) 原始凭证的名称和编号。
(2) 填制原始凭证的日期。
(3) 填制单位、经办人员签名、盖章。
(4) 接受原始凭证的单位名称。
(5) 经济业务的基本内容。
(6) 经济业务的数量、单价和金额。
(7) 有关人员签章。

在实际应用中,根据企业实际经营管理和业务的需要,除上述基本内容外,还可以增加必要的内容。对于不同单位经常发生的共通性经济业务,有关部门可以指定统一的凭证格式。例如,中国人民银行统一制定的银行转账结算凭证、铁道部统一制定的铁路运单等。

课程思政

原始凭证能够客观、真实地记录和反映经济业务的发生或完成情况,很大程度上影响经济业务能否被正确确认、计量和报告。会计人员在获取或自制原始凭证时,要以客观事实为依据,不凭空捏造、篡改,同学们要具备客观、公正、专业的做人、做事态度。

7.2.2 原始凭证的填制要求

原始凭证是编制记账凭证的依据,是会计核算最基础的原始资料。要保证会计核算工作的质量,就必须保证原始凭证的质量,正确填制原始凭证。填制原始凭证的具体要求如下。

(1) 记录真实。凭证上必须如实反映交易或事项的发生或完成情况,所记载的交易或事项内容,有关的数量、单价和金额等必须真实可靠。

(2) 内容完整。要按照凭证的格式和规定的内容逐项填列,不可以遗漏或省略。需要注意的是,年、月、日要按照填制原始凭证的实际日期填写;名称要齐全,不能简化;品名或用途要填写明确,不能含糊不清;有关人员签章必须齐全;需要填写一式多联的,联次不能短缺。

(3) 手续齐备。单位自制的原始凭证,必须有经办业务的部门和人员的签名或盖章;对外开出的原始凭证,必须加盖本单位的财务专用章等;从外部取得的原始凭证,必须盖有填制单位的公章。

(4) 书写清楚、规范。原始凭证上的文字和数字必须按照国家统一要求的格式书写,字迹清晰,易于辨认。书写的文字应使用规范的简化字。书写的阿拉伯数字不能连写,数字的排列要整齐,间隙要均匀,字号不宜过大,高度一般占全格的 1/2 为宜(最多不要超过 2/3),且要靠近底线,上部空间以备修改时使用。阿拉伯数字前应加货币符号"¥""£""$"等。货币符号和阿拉伯数字之间不能留有空白。以元为单位的数字,除表示单价外,一律填到角分,无角分的,用"00"占位。大写数字要用汉字的零、壹、贰、叁、肆、伍、陆、柒、捌、玖、拾、佰、仟、万、亿、元(圆)、角、分等。大写金额到元为止的,在"圆"后要写"整"或"正"字;到角为止的,在"角"后可写"整"或"正"字;到分为止的,不写"整"或"正"字。

(5) 编号连续。如果使用有编号的原始凭证,应按编号连续使用。如果填写错误不得撕毁,应标明"作废"字样并与存根联一同留存。

(6) 不得涂改、刮擦、挖补。如填写有误,应该按照规定的方法进行更正,不得涂改、刮擦、挖补。

(7) 填制及时。每次交易或事项办理完毕,经办人员应及时取得或填制原始凭证,并送交会计部门审核,作为会计核算的依据。不得拖延或积压,以免影响会计部门对交易或事项进行会计处理,进而影响企业交易或事项相关信息的加工整理和对外报出。

7.2.3 原始凭证的审核

为了如实反映交易或事项的发生和完成情况,充分发挥会计人员的监督职能,保证原始凭证的真实性和合法性,会计人员必须对所有原始凭证严格审核。对原始凭证的审核应重点注意以下两个方面。

(1) 审核原始凭证上记录的交易或事项内容的合法性、合规性和合理性。原始凭证的审核应以国家颁布的有关法律、法规、政策、制度和本单位的计划或者预算等方面的规定为依据。审核原始凭证的内容是否符合政策、制度等方面的规定,有无违反财经制度的规定而乱支乱用等问题;是否符合计划、预算和合同等方面的规定,有无任意扩大开支标准的情况。对违反国家法规和国家统一会计制度等规定的事项,会计人员有权拒绝办理或者按照职权予以纠正,并向单位负责人报告。

(2) 审核原始凭证的完整性、准确性。应根据原始凭证的填制要求,审核经办人员交来的原始凭证是否具备合法凭证所必备的基本内容;格式、内容和填制手续是否符合要求;有关项目是否填列齐全,有关单位和人员是否已经签名或盖章;数量、单价、金额、小计和合计等是否正确,对于不完整、不准确的原始凭证,应退还有关部门或人员补办手续或更正。

> **小贴士——关于原始凭证的法律规定**
>
> 及时填制或取得原始凭证,是会计核算工作得以正常进行的前提条件和重要环节。《会计法》对原始凭证的填制或取得、审核、更正作出了明确规定。
>
> **1. 原始凭证的填制或取得**
>
> 填制或取得原始凭证是会计核算工作的必备基础环节。
>
> 《会计法》对此规定:办理《会计法》第十条规定的经济业务事项的单位和人员,都必须填制或取得原始凭证并及时送交会计机构。
>
> 这一规定体现了两层含义:一是办理经济业务事项时必须填制或取得原始凭证,如果不填制或取得原始凭证,致使会计核算无法继续进行的,即是违法行为;二是填制或取得的原始凭证必须及时交送会计机构,如果填制或取得原始凭证没有及时送交会计机构,延误会计核算及时进行的,也是违法行为。
>
> **2. 原始凭证的审核**
>
> 对原始凭证进行审核,既是确保会计资料质量的重要措施之一,也是会计机构、会计人员的重要职责。
>
> 《会计法》对审核原始凭证规定包括以下内容。
>
> (1) 会计机构、会计人员必须审核原始凭证,这是法定职责。
>
> (2) 会计机构、会计人员审核原始凭证应当按照国家统一的会计制度的规定进行,也就是说,会计机构、会计人员审核原始凭证的具体程序、要求,应当由国家统一的会计制度规定,会计机构、会计人员应当据此执行。

(3) 会计机构、会计人员对不真实、不合法的原始凭证有权不予受理,并向单位负责人报告,请求查明原因,追究有关当事人的责任;对记载不准确、不完整的原始凭证予以退回,并要求经办人员按照国家统一的会计制度的规定进行更正、补充,从而既明确了会计机构、会计人员的职责和要求,也明确了单位负责人、填制或取得原始凭证的经办人员的职责和要求。

上述相关人员应当依法履行职责,保证原始凭证真实、合法、准确、完整。

3. 原始凭证的错误更正

为了规范原始凭证的内容,明确相关人员的经济责任,防止利用原始凭证进行舞弊,《会计法》对原始凭证错误更正做了以下明确规定。

(1) 为了保持原始凭证的实际情况,对原始凭证记载的各项内容均不得涂改,也不得挖补,如果发现原始凭证有错误的,应当由出具单位重开或者更正,更正处应当加盖开出单位的印章。

(2) 原始凭证金额出现错误的不得更正,只能由原始凭证开具单位重新开具。因为原始凭证上的金额,是反映经济业务事项情况的最重要数据,如果允许随意更改,容易产生舞弊,不利于保证原始凭证的质量。

(3) 原始凭证开具单位应当依法开具准确无误的原始凭证,对于填制有误的原始凭证,负有更正和重新开具的法律义务。

课程思政

根据审核无误的原始凭证编制记账凭证,同学们在学会如何分析经济业务,编制正确的记账凭证的同时,还要养成认真细致的做事习惯。

7.3 记账凭证

7.3.1 记账凭证的基本内容

记账凭证是将原始凭证所记录的交易或事项运用账户和复式记账方法转化成会计分录的过程,即将原始凭证记录的交易或事项转化成会计的语言的过程。在实际工作中,由于各单位规模大小和对会计核算繁简程度的要求不同,记账凭证的格式也会有所不同,但是为了满足登记账簿的需要,记账凭证必须具备以下一些基本相同的内容或要素,具体包括以下内容。

(1) 记账凭证的名称。
(2) 填制记账凭证的日期。
(3) 记账凭证的编号。
(4) 交易或事项的内容摘要。
(5) 应借、应贷账户的名称、记账方向和金额,即会计分录。
(6) 记账符号。
(7) 附原始凭证张数。
(8) 会计主管、记账、复核、制单人员的签章,收、付款凭证还要有出纳人员的签章。

课程思政

为明确相关责任人的经济责任,原始凭证和记账凭证都有相关责任人的签名或盖章。同学们作为财务人不能轻易签名或替人签名,提高凡签名必担责的法律意识。

7.3.2 记账凭证的填制要求

记账凭证必须根据审核无误的原始凭证来填制,记账凭证的内容必须与原始凭证的内容保持一致。记账凭证填制错误,必然会导致账簿记录错误,进而导致报表编制的错误,从而影响整个会计核算过程和结果。所以记账凭证的填制应遵循以下要求。

1. 记账凭证的日期填写

一般为填制记账凭证当天的日期,如果为收、付款记账凭证,一般与货币资金收付的日期相同;如果为转账凭证,一般与填制日期相同;如果为按权责发生制原则计算当月收益、分配费用、结转成本和利润等的调整分录和结账分录的记账凭证,应填写当月月末的日期,以便在当月账内登记。

2. 记账凭证的编号

记账凭证要连续编号,以便分清交易或事项处理的先后顺序,便于记账凭证与会计账簿之间的核对,确保记账凭证的完整。根据不同的记账凭证编号方法,记账凭证的编号主要有以下几种方式。

(1) 顺序编号法。采用通用记账凭证的,记账凭证的编号可采用顺序编号法,即按交易或事项发生的先后顺序逐一编号,然后按顺序排列。

(2) 字号编号法。采用专用记账凭证的,按照收款、付款和转账业务的不同,分别填制收款凭证、付款凭证和转账凭证。编号时分别按每一种凭证编为"收字第××号""付字第××号"和"转字第××号"。

(3) 分数编号法。如果一笔交易或事项需要填写一张以上的记账凭证,记账凭证的编号可采用分数编号法,如第 8 笔转账业务需要填制 3 张记账凭证,则第一张凭证编号为"转字第 $8\frac{1}{3}$ 号",第二张凭证编号为"转字第 $8\frac{2}{3}$ 号",第三张凭证编号为"转字第 $8\frac{3}{3}$ 号"。

3. 摘要的填写

记账凭证的"摘要"是对交易或事项的简要说明,应根据原始凭证正确填写,尽量做到既简明扼要,又表述完整。

4. 会计科目的填写

使用规范正确的会计科目。填写会计科目时,应填写总分类会计科目的全称和明细科目。

5. 过账符号的填写

当根据记账凭证登记完账簿时,要在记账凭证"记账"栏,打上"√",实务中通常称"√"为过账符号。没有登记账簿不要填写过账符号,以免造成误解,漏登账簿。

6. 附原始凭证的张数

除结账和更正错账外,记账凭证都必须附有原始凭证并注明原始凭证张数。与记账凭证中的交易或事项有关的每一张原始凭证都应该作为记账凭证的附件,附于相应的记账凭证之后。一张原始凭证如果涉及多张记账凭证,可以将原始凭证附在一张主要的记账凭证后面,在其他没有原始凭证的记账凭证上注明"原始凭证附在×字××号凭证后面"。如果原始凭证需要另行保管,则应在"附单据××张"栏目内加以注明。

7. 记账凭证金额栏的填写

金额从最高位填起。角分位必须要填写数字,没有角分,填写"0"占位,不能留空白,也不能用横线代替。金额栏的最后一行与最底部的合计行之间若有空行的用斜线注销。金额合计栏最高位前有空位的,要标注货币符号。

8. 有关人员签章

记账凭证填制后,必须由相关人员签名或盖章,包括会计主管、记账、复核、制单人员,收、付款凭证还需要有出纳人员的签章。

9. 记账凭证填写错误的处理

如果在登记账簿前,发现记账凭证填写错误,应撕毁重新填制。如果已经登记入账,发现填写错误,按照第8章中错账更正的相关方法进行更正。

7.3.3 记账凭证的具体填制方法

1. 收款凭证的填制

收款凭证应根据有关库存现金、银行存款收款交易或事项的原始凭证填制。收款凭证左上角的"借方科目"按收款的具体项目填写"库存现金"或"银行存款"。收款凭证即是登记有关账簿的依据。

【例7-1】 20×1年1月1日,某企业销售A产品一批,向购货方开出增值税专用发票注明货款50 000元,税款6 500元,同时收到对方开出的金额为56 500元的转账支票一张。出纳员核准后将转账支票存入本公司的存款账户,并收到银行的入账通知。

此业务为当月第1笔收款业务,也是所有业务中的第1笔业务。

分析:交易发生的日期为20×1年1月1日,此交易涉及的会计科目为"银行存款""主营业务收入""应交税费——应交增值税(销项税额)"。收到款项则"银行存款"增加,销售商品则"主营业务收入"和"应交税费——应交增值税(销项税额)"增加。"银行存款"科目增加,则填写收款凭证。收到的款项的总额为56 500元。主营业务收入增加50 000元,销项税增加6 500元。

记载该笔业务的原始凭证为开给对方的增值税专用发票和银行的进账单两张原始凭证。

根据以上分析,可以写出以下会计分录。

借:银行存款　　　　　　　　　　　　　　　　　56 500
　　贷:主营业务收入　　　　　　　　　　　　　　50 000
　　　　应交税费——应交增值税(销项税额)　　　　6 500

填制的收款凭证如图7-15所示。

收款凭证　　　　　　　　　　　　　　　单位:元
借方科目:银行存款　　　20×1年01月01日　　收字第1号

摘要	贷方科目		金额	记账
	总账科目	明细科目		
销售A产品	主营业务收入		50 000.00	√
	应交税费	应交增值税(销项税额)	6 500.00	√
合计			¥56 500.00	

附单据2张

会计主管:张清　　复核:李洪　　记账:王斌　　出纳:赵刚　　制单:沈强

图7-15　填制的收款凭证(1)

🤔 **小思考**

例 7-1 的记账凭证中是如何表示借、贷双方的金额的?

2. 付款凭证的填制

付款凭证应根据有关库存现金、银行存款付款交易或事项的原始凭证填制。付款凭证左上角的"贷方科目"按付款的具体项目填写"库存现金"或"银行存款"。付款凭证是登记有关账簿的依据。付款的交易或事项一般包括购买材料、支付工资、差旅费借款、上缴税费等。

【**例 7-2**】 20×1 年 1 月 3 日,某企业购买甲材料一批,取得增值税专用发票上注明价款 20 000 元,增值税进项税额 2 600 元,全部款项已用银行存款支付,材料尚未收到。此业务为当月发生的第 5 笔付款业务,是所有业务中的第 10 笔业务。

分析:交易发生的日期为 20×1 年 1 月 3 日,此交易涉及的会计科目为"银行存款""在途物资""应交税费——应交增值税(进项税额)"。支付款项则"银行存款"减少,购买材料则"在途物资"和"应交税费——应交增值税(进项税额)"增加。"银行存款"科目减少,则填写付款凭证。支付的款项的总额为 22 600 元。在途物资增加 20 000 元,进项税额增加 2 600 元。此业务涉及的原始凭证有两张,其一是收到对方开具的增值税专用发票;其二是支付款项的凭据存根(转账支票存根)。

根据以上分析,可以写出以下会计分录。

借:在途物资——甲材料	20 000
应交税费——应交增值税(进项税额)	2 600
贷:银行存款	22 600

填制付款凭证如图 7-16 所示。

付款凭证   单位:元

贷方科目:银行存款   20×1年01月03日   付字第5号

摘要	借方科目		金额	记账
	总账科目	明细科目		
购买甲材料	在途物资		20 000.00	√
	应交税费	应交增值税(进项税额)	2 600.00	√
合计			¥22 600.00	

附单据 2 张

会计主管:张清 复核:李洪 记账:王斌 出纳:赵刚 制单:沈强

图 7-16 填制的付款凭证(1)

【**例 7-3**】 20×1 年 1 月 5 日,某企业从银行提取现金 5 000 元,留存现金支票存根一张。此业务为当月发生的第 7 笔付款业务,总业务的第 13 笔业务。

分析:该业务涉及"银行存款"和"库存现金"两个科目,提取现金所以"库存现金"增加,"银行存款"减少。之前提过,涉及货币资金之间的交易都只填制付款凭证。两个科目变动的金额都是 5 000 元。留存现金支票存根一张,所以有一张原始凭证。

根据以上分析,可以写出以下会计分录。

借:库存现金	5 000
贷:银行存款	5 000

填制付款凭证如图 7-17 所示。

付款凭证

贷方科目：银行存款　　　　　　20×1年01月05日　　　　　　单位：元
　　　　　　　　　　　　　　　　　　　　　　　　　　　　　付字第7号

摘　要	借方科目		金　额	记账
	总账科目	明细科目		
提取现金	库存现金		5 000.00	√
合　计			￥5000.00	

附单据 1 张

会计主管：张清　　复核：李洪　　记账：王斌　　出纳：赵刚　　制单：沈强

图 7-17　填制的付款凭证(2)

3. 转账凭证的填制

转账凭证式为根据企业发生的与货币资金收支无关的交易或事项所取得的原始凭证填制的一种记账凭证。转账凭证是企业会计人员根据转账业务或其他账簿信息整理而填制的记账凭证。

【**例 7-4**】 某企业 20×1 年 1 月 3 日购买的价值 50 000 元的甲材料在 1 月 5 日入库，填制入库单一张。此业务为当月发生的第 3 笔转账业务，总业务中的第 14 笔业务。

分析：该业务涉及"原材料"和"在途物资"两个科目，购入材料入库所以"原材料"增加，"在途物资"减少。该业务不涉及跟货币资金有关的会计科目，所以应当填制转账凭证。两个科目变动的金额都是 50 000 元。填制入库单一张，所以有一张原始凭证。

根据以上分析，可以写出以下会计分录。

借：原材料——甲材料　　　　　　　　　　　　50 000
　　贷：在途物资——甲材料　　　　　　　　　　50 000

填制的转账凭证如图 7-18 所示。

转账凭证
20×1年01月05日　　　　　　　　　单位：元
　　　　　　　　　　　　　　　　转字第3号

摘　要	总分类科目	明细科目	借方金额	贷方金额	记账
甲材料入库	原材料	甲材料	50 000.00		√
	在途物资	甲材料		50 000.00	√
合　计			￥50 000.00	￥50 000.00	

附单据 1 张

会计主管：张清　　记账：吴迪　　稽核：陈沉　　填制：余晓

图 7-18　填制的转账凭证(1)

注意：如果一笔交易的会计分录的借方或贷方涉及两个或两个以上的科目，且这些科目中同时包含有"库存现金"或"银行存款"，在采用专用记账凭证核算时，就会涉及既有需要记入转账凭证的部分，又有需要记入收、付款凭证的部分。那么，就需要对这笔交易所编制的会计分录进行拆分，拆为一个借方或贷方只有"库存现金"或"银行存款"的分录和另一个不包含"库存现金"或"银行存款"的会计分录，即填制两张记账凭证，一张收款或付款凭证，一张转账凭证。

【例 7-5】 20×1 年 1 月 10 日,某企业销售 A 产品一批,货款 50 000 元,开出的增值税专用发票标明税款 6 500 元,对方开出 50 000 元的转账支票一张,用以支付货款,支票已送存。余款暂欠。此业务之前已经发生 7 笔收款业务,12 笔转账业务。

分析:此交易涉及的会计科目为"银行存款""应收账款""主营业务收入""应交税费——应交增值税(销项税额)"。收到款项则增加"银行存款";未收到款项则增加"应收账款";销售商品则增加"主营业务收入"和"应交税费——应交增值税(销项税额)"。涉及"银行存款"账户增加部分,应填写收款凭证;未收到的款项应填制转账凭证。收到的款项的总额为 50 000 元,未收到的款项总额为 6 500 元,主营业务收入增加 50 000 元,销项税额增加 6 500 元。根据增值税专用发票存根联和银行入账通知两张原始凭证做以下处理。

借:银行存款　　　　　　　　　　　　　　　　50 000
　　应收账款　　　　　　　　　　　　　　　　6 500
　贷:主营业务收入　　　　　　　　　　　　　　50 000
　　　应交税费——应交增值税(销项税额)　　　　6 500

该分录的借方既包括"银行存款"科目,又包括"应收账款"科目,所以这笔业务既不能只填制收款凭证,也不能只填制转账凭证,而是要将这笔业务拆成两张记账凭证,一张收款凭证,一张转账凭证。具体如下。

借:银行存款　　　　　　　　　　　　　　　　50 000
　贷:主营业务收入　　　　　　　　　　　　　　50 000
借:应收账款　　　　　　　　　　　　　　　　6 500
　贷:应交税费——应交增值税(销项税额)　　　　6 500

填制的收款凭证、转账凭证如图 7-19 和图 7-20 所示。

图 7-19　填制的收款凭证(2)

图 7-20　填制的转账凭证(2)

4. 通用记账凭证的填制

通用记账凭证的格式类似于转账凭证，凭证的要素内容也与转账凭证基本相同，只是反映的内容不再受交易或事项类别上的限制，编号按照交易或事项的时间先后顺序连续编号即可，不用再按照类别分开编号。

【例 7-6】 把例 7-1～例 7-4 的业务采用通用记账凭证重新填写一次记账凭证。

分析：前面四个例题业务不变，写出的分录也不会变，记入记账凭证的要素也不会变，只是记账凭证格式不同，编号方式不同。

填制的通用凭证如图 7-21 所示。

通用凭证
20×1 年 01 月 01 日　　　　　　　　　单位：元　记字第 1 号

摘　要	总分类科目	明细科目	借方金额	贷方金额	记账
销售A产品	银行存款		56 500.00		√
	主营业务收入			50 000.00	√
	应交税费	应交增值税(销项税额)		6 500.00	√
合　计			￥56 500.00	￥56 500.00	

附单据 2 张

会计主管：张清　　记账：吴迪　　稽核：陈沉　　填制：余晓

通用凭证
20×1 年 01 月 03 日　　　　　　　　　单位：元　记字第 10 号

摘　要	总分类科目	明细科目	借方金额	贷方金额	记账
购买甲材料	在途物资		20 000.00		√
	应交税费	应交增值税(进项税额)	2 600.00		√
	银行存款			22 600.00	√
合　计			￥22 600.00	￥22 600.00	

附单据 2 张

会计主管：张清　　记账：吴迪　　稽核：陈沉　　填制：余晓

通用凭证
20×1 年 01 月 05 日　　　　　　　　　单位：元　记字第 13 号

摘　要	总分类科目	明细科目	借方金额	贷方金额	记账
提取现金	库存现金		5 000.00		√
	银行存款			5 000.00	√
合　计			￥5 000.00	￥5 000.00	

附单据 1 张

会计主管：张清　　记账：吴迪　　稽核：陈沉　　填制：余晓

通用凭证
20×1 年 01 月 05 日　　　　　　　　　单位：元　记字第 14 号

摘　要	总分类科目	明细科目	借方金额	贷方金额	记账
甲材料入库	原材料	甲材料	50 000.00		√
	在途物资	甲材料		50 000.00	√
合　计			￥50 000.00	￥50 000.00	

附单据 1 张

会计主管：张清　　记账：吴迪　　稽核：陈沉　　填制：余晓

图 7-21　填制的通用凭证

5. 记账凭证的审核

记账凭证编制完成以后,应有专人负责审核,审核无误后才能作为登记账簿的依据。记账凭证审核的主要内容如下。

(1) 审查记账凭证所根据的原始凭证的内容,如名称、张数等。

(2) 审核编制手续是否符合要求,有关人员签章是否齐全等。

(3) 审查记账凭证内指明应借、应贷的会计科目是否正确。

(4) 审查记账凭证内所记金额是否正确,是否与原始凭证上的金额相符。

(5) 从方针政策上审核记录的经济业务是否合理、合法,有无违法乱纪的情况。

在审查中如发现错误,应立即查明原因,按规定加以更正。

本 章 小 结

本章会计凭证是用以记录交易或事项的发生和完成情况,明确经济责任,作为登记账簿依据的直接或者间接的书面证明文件。本章介绍了会计凭证的概念、作用,详细讲述了原始凭证与记账凭证的种类和应具备的内容、原始凭证与记账凭证的填制方法、原始凭证与记账凭证审核的内容以及审核结果的处理。通过本章的学习,对会计凭证应有一个全面的了解和掌握。

本 章 习 题

一、单项选择题

1. 当交易或事项发生以后,在会计上首先要做的是(　　)。
   A. 进行会计确认　　　　　　　　B. 进行会计计量
   C. 获取有关凭证　　　　　　　　D. 进行会计记录

2. 在下列说法中,关于会计凭证定义不正确的说法是(　　)。
   A. 检验账户记录准确性的方法　　B. 用以明确经济责任的证明文件
   C. 会计的方法之一　　　　　　　D. 据以登记账簿的证明文件

3. 企业购进材料 10 000 元,款未付,该笔业务应编制的记账凭证是(　　)。
   A. 收款凭证　　　　　　　　　　B. 付款凭证
   C. 转账凭证　　　　　　　　　　D. 以上均可

4. 下列不能作为会计核算原始凭证的是(　　)。
   A. 发货票　　　　　　　　　　　B. 合同书
   C. 入库单　　　　　　　　　　　D. 领料单

5. "限额领料单"属于(　　)。
   A. 汇总原始凭证　　　　　　　　B. 外来原始凭证
   C. 一次原始凭证　　　　　　　　D. 累计原始凭证

6. 属于自制原始凭证有(　　)。
   A. 购进材料的发票　　　　　　　B. 材料入库单
   C. 广告费发票　　　　　　　　　D. 银行转来的进账单

7. 连续记载一定时间内不断重复发生的同类交易或事项的原始凭证是( )。
   A. 一次原始凭证　　　　　　　　B. 累计原始凭证
   C. 汇总原始凭证　　　　　　　　D. 重编原始凭证
8. 下列各项中,不属于专用记账凭证的是( )。
   A. 收款记账凭证　　　　　　　　B. 付款记账凭证
   C. 转账记账凭证　　　　　　　　D. 通用记账凭证
9. 企业将部分现金存入银行,应填制的专用记账凭证是( )。
   A. 收款记账凭证　　　　　　　　B. 付款记账凭证
   C. 转账记账凭证　　　　　　　　D. 通用记账凭证
10. 企业材料仓库发出材料一批用于产品生产,对该事项应填制的记账凭证是( )。
    A. 收款记账凭证　　　　　　　　B. 付款记账凭证
    C. 转账记账凭证　　　　　　　　D. 银行存款付款凭证

二、多项选择题

1. 下列说法中,关于会计凭证定义的说法正确的是( )。
   A. 用以记载交易或事项的证明文件
   B. 用以明确经济责任的证明文件
   C. 据以登记账簿的证明文件
   D. 检验记录准确性的专门方法
   E. 会计上的一种专门方法
2. 会计凭证按照编制程序和用途不同,可分为( )。
   A. 原始凭证　　B. 一次凭证　　C. 汇总凭证　　D. 记账凭证
   E. 累计凭证
3. 按填制手续和内容不同,原始凭证可分为( )。
   A. 一次原始凭证　　　　　　　　B. 累计原始凭证
   C. 汇总原始凭证　　　　　　　　D. 外来原始凭证
4. 在下列各种凭证中,属于由本企业会计人员填制的有( )。
   A. 领料单　　　　　　　　　　　B. 限额领料单
   C. 入库单　　　　　　　　　　　D. 发出材料汇总表
5. 记账凭证必须具备的基本内容有( )。
   A. 记账凭证的名称　　　　　　　B. 填制日期和编号
   C. 经济业务的简要说明　　　　　D. 会计分录
6. 下列原始凭证中,属于一次凭证的有( )。
   A. 发票　　　　　　　　　　　　B. 发料汇总表
   C. 限额领料单　　　　　　　　　D. 本企业开出的收款收据
7. 在下列交易或事项中,应当填制收款记账凭证的有( )。
   A. 收到投资者投资,存入银行
   B. 从银行提取现金
   C. 收到投资者投入企业设备
   D. 收到货款及税金,存入银行

8. 在下列交易或事项中,应当填制付款记账凭证的有( )。
   A. 用现金购买办公用品　　　　　　B. 将现金存入银行
   C. 用银行存款缴纳税金　　　　　　D. 生产产品领用材料
9. 在下列交易或事项中,应当填制转账记账凭证的有( )。
   A. 收到投资者投入企业材料
   B. 用银行存款支付购买材料货款
   C. 将盈余公积金转为资本
   D. 企业管理部门领用材料
10. 在下列记账凭证中,属于专用记账凭证的有( )。
    A. 收款记账凭证　　　　　　　　B. 付款记账凭证
    C. 转账记账凭证　　　　　　　　D. 汇总记账凭证

三、判断题

1. 根据原始凭证可直接登记有关账户。（　　）
2. 企业的累计原始凭证可多次使用。（　　）
3. 原始凭证的内容与记账凭证的内容是完全一致的。（　　）
4. 现金和银行存款之间的业务可以填制付款凭证,也可以填制收款凭证。（　　）
5. 企业外来的原始凭证都是一次性的。（　　）
6. 记账凭证的填制日期与原始凭证的填制日期必须相同。（　　）
7. 对库存现金与银行存款之间相互划转的业务应填制付款记账凭证。（　　）
8. 记账凭证的编制与审核可以是同一会计人员。（　　）
9. 对各种记账凭证可以采用相同的编号方法。（　　）
10. 转账业务就是指库存现金和银行存款之间的相互划转业务。（　　）

四、业务题

根据给出的原始凭证判断应该填制哪种专用记账凭证,并写出填制记账凭证的时间、摘要和该交易或事项的会计分录。

业务题一

入 库 单

供货单位：天河公司　　　　　　　　　　　　　　　　　凭证编号：0712001
发票号码：03697　　　　20×1 年 12 月 2 日　　　　　　收料仓库：材料库

材料编号	材料名称	规格	单位	数量		单价	金额
				应收	实收		
	甲材料		千克	100	100	52	5 200
	丙材料		千克	260	260	70	18 200
	合计			360	360		23 400

主管：　　　　记账：　　　　仓库保管：王力　　　　经办人：陶杰

业务题二

中国××银行转账支票存根
IV V931001

科　目：＿＿＿＿＿
对方科目：＿＿＿＿＿
出票日期 20×1年12月5日
收款人：新飞公司
金　额：80 000
用　途：偿还货款
单位主管　　会计

中国××银行转账支票
出票日期(大写) 贰零×壹年 壹拾贰月零伍日
收款人：新飞公司
人民币(大写) 捌万元整
用途：偿还货款
上列款项请从我账户内支付
出票人签章

IV V931001
付款行名称：广州市工商银行龙洞支行
出票人账号：05503601890
￥80 000 00
科目(借)
对方科目(贷)
付讫日期年月日
出纳　　复核　　记账
贴对号单处　　IV V931001

中国××银行转账支票存根
IV V931002

科　目：＿＿＿＿＿
对方科目：＿＿＿＿＿
出票日期 20×1年12月5日
收款人：鞍山公司
金　额：100 000
用　途：偿还货款
单位主管　　会计

中国××银行转账支票
出票日期(大写) 贰零×壹年 壹拾贰月零伍日
收款人：鞍山公司
人民币(大写) 壹拾万元整
用途：偿还货款
上列款项请从我账户内支付
出票人签章

IV V931002
付款行名称：南华市工商银行城南支行
出票人账号：05503601890
￥100 000 00
科目(借)
对方科目(贷)
付讫日期年月日
出纳　　复核　　记账
贴对号单处　　IV V931002

业务题三

领 料 单

领料部门：二车间　　　　　　　　　　　　　　　　　　材料类别：
用　途：生产DY-2型设备　　　20×1年12月5日　　　　编号：

材料编号	材料名称	规格	单位	数量 请领	数量 实发	计划价	金额
	甲材料		千克	200	200	52	10 400
	乙材料		千克	700	700	54	37 800
	丙材料		千克	850	850	70	59 500
	合计			1 750	1 750		107 700

主管：　　　记账：　　　仓库保管：　　　领料人：

第8章 会计账簿

本章的学习将会使你：
- 悉知会计账簿的意义和种类；
- 熟练掌握会计账簿的内容、设置及登记规则；
- 熟练掌握会计账簿的核对与差错更正方法；
- 熟练掌握会计期末结账的方法。

会计账簿是会计信息的存储器，设置账簿是会计核算方法中的重要方法之一，也是会计循环中的关键环节。本章的学习要求在全面掌握理论内容的基础上，注重实际操作练习，将理论与实际操作相结合。

导入案例

公司股东要求查看会计账簿，法院以"有不正当目的"驳回

公司股东要求查看公司章程、会计账簿等资料，被公司拒绝，遂告上法院。武汉市江汉区法院审结这起股东知情权案件，支持了股东查阅公司章程、股东会会议记录、董事会会议决议、监事会会议决议及财务会计报告的诉请，但以股东"有不正当目的"为由驳回了周先生查阅会计账簿和会计凭证的诉请。

甲公司（化名）成立于2016年，周先生为公司股东之一。2023年2月，周先生向甲公司发函，要求查阅公司章程、会计账簿等资料，甲公司未予答复，周先生诉至江汉区法院。

案件审理中，双方各执一词。"我是公司股东，会计账簿我为什么不能查？"周先生十分委屈。甲公司表示："周先生的妻子是乙公司的法定代表人及股东，乙公司和我们是同行，我们公司的机密不能被乙公司获取。"

江汉区法院经审理认为，甲公司与乙公司的经营范围高度重合，甲公司有理由认为周先生要求查阅公司会计账簿具有不正当目的。最终，法院支持了周先生关于查阅、复制公司章程、股东会会议记录、执行董事决定、监事决议和财务会计报告的诉请，驳回了周先生查阅会计账簿、会计凭证的诉请。周先生不服提起上诉，二审判决驳回上诉，维持原判。

承办法官介绍，股东作为公司资本的提供者和经营风险的承担者，享有法律赋予的通过查阅公司经营文件和财务文件，以了解公司经营状况，但这并不意味着股东行使知情权可以毫无限制。《中华人民共和国公司法》第三十三条规定，股东有权查阅、复制公司章程、股东会会议记录、董事会会议决议、监事会会议决议和财务会计报告。股东可以要求查阅公司会计账簿。股东要求查阅公司会计账簿的，应当向公司提出书面请求，说明目的。公司有合理根据认为股东查阅会计账簿有不正当目的，可能损害公司合法利益的，可以拒绝提供查阅。

资料来源：https://baijiahao.baidu.com/s?id=1782169813361722701&wfr=spider&for=pc.

思考： 为什么会计账簿不能随便被外部人员查阅？

8.1 会计账簿的意义和种类

会计账簿简称账簿,是指由一定格式、相互联结的账页组成,以经过审核无误的会计凭证为依据,全面、连续、系统地记录各项交易或者事项增减变动及其结果的簿籍。我国《会计基础工作规范》第五十六条规定:"各单位应当按照国家统一会计制度的规定和会计业务的需要设置会计账簿。"

在会计日常核算工作中,虽然企业发生的各项经济业务都已经通过会计凭证进行了详细记录和反映,但是由于经济业务的复杂,会计凭证数量庞大,并且十分的零散,每张凭证记录的只是个别的经济业务,只能反映个别经济业务的内容,因而它们提供的只是零星的核算资料,为了把各种会计凭证反映的经济业务序时、分类地进行登记,以取得完整、系统的会计核算资料,各个单位都必须设置账簿。通过账簿的登记,就可对各项经济业务进行序时、分类地记录,既可以提供总括的核算资料,又可以提供明细的核算资料。每个单位都必须结合具体情况和实际需要,设置必要的账簿,并认真做好记账工作。

8.1.1 会计账簿的意义

会计账簿是会计信息的存储器,其意义主要体现在以下几个方面。

(1) 会计账簿能够为企业经营管理提供系统、完整的会计资料。会计凭证能够全面反映企业的会计信息,但是会计凭证上的信息资料是比较分散的,不系统的。通过会计账簿,可以把企业发生的具体交易和事项进行系统的归类,从而可以进行总括的和分类详细的核算,反映企业内部资产、负债和所有者权益的增减变动情况,也可以正确计算成本、费用、收入、利润的形成及分配等情况,同时进行序时记录。这为经济管理人员进行经营决策提供了企业总体和详细的会计信息。

(2) 会计账簿是编制会计报表的基础。在会计期末,根据审核无误的会计账簿内的会计信息进行加工整理,形成财务报表中有关项目的数据资料,构成对外报告信息的组成部分。没有各类账簿对企业各项经济业务进行记录和反映,并按期进行结账和对账,会计报表就不能如实反映企业的财务状况和经营状况等信息,也不能为报表使用者做决策所用。

(3) 会计账簿能够一定程度保证实物资产的完整和安全。在账簿中,实物资产的增减变动和结存都做了详细的反映,通过财产清查的方法,如"账实相比"的方法,能够检查各种实物资产的完整性,有效发挥会计的监督作用。

(4) 会计账簿是考核经营成果、评价经营者业绩等的重要依据。账簿记录的序时性,使它能够反映经济活动的整个过程,同时它又是分类记录的,所以它不仅能提供经济活动总的情况,而且反映了各个方面、各个部分的具体指标,如成本费用、销售收入和财务成果等指标。这些指标又可以与预先制订的经营计划和财务预算等相比较,进行分析、判断计划和预算的实施效果,分析原因,采取对策及时解决问题,不断提高管理水平。这样的对比结果也可用于评价企业经营者业绩的提升或下降状况,为经营者的聘用等提供依据。

8.1.2 会计账簿的种类

会计账簿的种类多种多样,按照不同的标准可分为不同的类别,如图8-1所示。

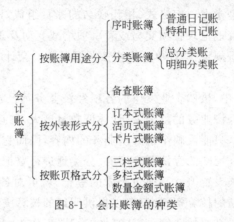

图 8-1 会计账簿的种类

1. 会计账簿按用途分类

账簿按用途不同主要可分为序时账簿、分类账簿和备查账簿三种。

1) 序时账簿

序时账簿又称为日记账,是指按照交易或事项发生的时间先后顺序,逐日逐笔进行登记的账簿。按其记录交易或事项的内容不同又可以进一步细分为特种日记账和普通日记账两类。用来专门登记某一类交易或事项的日记账称为特种日记账。在实务中应用较多的是"库存现金日记账"和"银行存款日记账"。用来登记企业所有交易或事项的序时账簿称为普通日记账。在这种账簿中,一般是根据每天发生交易或事项的先后顺序,逐笔编制会计分录,并作为登记分类账簿的依据。这种日记账登记的内容类似于通用凭证上的会计分录内容,所以它又被称为"分录账",实务中较少采用。

2) 分类账簿

分类账簿是对全部交易或事项进行分类登记的账簿。分类账簿按照所反映交易或事项详细程度的不同,分为总分类账簿和明细分类账簿两种。

(1) 总分类账簿简称总账,是根据总分类科目开设的账户,用来分类记录全部交易或事项,提供总括会计信息的分类账簿。

(2) 明细分类账簿又称明细账,是根据明细科目开设的账户,用来具体记录某类交易或事项引起资金增减变化及其结果,提供详细的会计核算信息的分类账簿。

总分类账簿对明细分类账簿起到统领和控制作用;明细分类账簿对总分类账簿具有辅助和补充说明的作用。总分类账簿账页如图8-2所示,银行存款日记账(特种日记账)账页如图8-3所示。

总分类账																												
科目名称:																										第 页		
年		凭证字号	摘要	借方								贷方								借或贷	余额							
月	日			十	万	千	百	十	元	角	分	十	万	千	百	十	元	角	分		十	万	千	百	十	元	角	分

图 8-2 总分类账簿账页

图 8-3　银行存款日记账(特种日记账)账页

3) 备查账簿

备查账簿又称为辅助账簿,是指对某些在之前两类账簿中未登记但是又与发生的交易或事项关系密切的相关情况进行记载以备考查的账簿,例如"租入固定资产登记簿""应收账款登记簿"和"应付账款登记簿"。备查账簿都不是按照会计科目设置的,与其他账户之间也不存在账务处理上的直接联系,在登记的过程中也不必遵循复式记账的规则,所以备查账簿没有固定的格式,企业根据自己所要登记的内容自行设计和选择。

2. 会计账簿按外表形式分类

会计账簿按外表形式不同,可分为订本式账簿、活页式账簿和卡片式账簿三种。

(1) 订本式账簿。订本式账簿简称订本账,是指在启用前就把编有序号的若干账页固定装订成册的账簿。它的优点就在于能够避免账页散失,也可以避免随意抽换账页,保证账簿的完整和安全。所以一些具有统领作用的账簿,以及记录的交易或事项特别重要的账簿都采用了订本式账簿的形式。比如"库存现金日记账""银行存款日记账"和"总账"。但是,订本式账簿也有自身不可避免的缺点:账页固定,不能根据需要增减账页或者对账页的顺序进行调整,使用起来缺乏灵活性。对于每一个账户要预留账页,而预留的账页数量在实际使用过程中容易出现不足和浪费的现象。同时,也不便于分工记账。

(2) 活页式账簿。活页式账簿简称活页账,是指将若干张具有特定格式的分散账页,根据会计业务需要自行组合而成、放在活页夹内可以随时抽调的账簿。这种账簿的优点在于记账时可以根据实际需要,随时将空白页装入账簿,或抽出不需要的账页;此外,账页的登记也可以由多人分工完成,这样效率较高。但是由于账页是活页式的,容易造成账页散失和被抽换的问题。所以,此类账簿多用于各种明细账簿的登记。

(3) 卡片式账簿。卡片式账簿简称卡片账,是指具有一定账页格式的硬纸卡片组成的账簿。卡片账其实是活页式账簿的一种,只是账页的质地不同,其优缺点与活页账一致。卡片账主要适用于登记那些在企业的经营过程中需要长期存续,在多个会计期间登记的账户,如"固定资产明细账"。

3. 会计账簿按照账页格式分类

会计账簿按照账页格式分类,可分为三栏式账簿、多栏式账簿和数量金额式账簿。

(1) 三栏式账簿。三栏式账簿是指由设置三个金额栏的账页组成的账簿,如"借方、贷方、余额"和"收入、支出、余额"。总分类账簿和日记账簿都采用三栏式的账簿登记,如图 8-2 和图 8-3 所示,只需要进行金额核算的债权、债务结算的明细分类账也采用三栏式账簿,如"应收账款明细账""应付账款明细账"等。

(2) 多栏式账簿。多栏式账簿是指由三个以上金额栏的账页所组成的账簿。这种格式的账簿适用于只记载金额,不计数量,而且在管理上要记载同一个会计要素项目的详细构成的内容。如"生产成本""制造费用""管理费用"和"财务费用"等。生产成本明细账账页如图 8-4 所示。

生产成本明细账						
产品名称:						金额单位:元
年		凭证字号	摘要	直接人工	直接材料	制造费用	合计
月	日						

图 8-4 生产成本明细账账页

(3) 数量金额式账簿。数量金额式账簿又称为大三栏式账簿,是指在三栏式的基础上,在每一大栏内,除了记载金额外还加入数量和单价两个要素,即每一大栏内分为数量、单价、金额三个小栏。这种账簿适用于既要进行金额核算,又要提供实物、数量的核算资料,如"原材料"和"库存商品"等。数量金额式明细账账页如图 8-5 所示。

明细分类账(数量金额式)											
会计科目:						编号( ) 第 页					
类 别:						库存物资编号:					
品名或规格:						储 备 定 额:					
存放地点:						计 量 单 位:					
年		凭证字号	摘要	收入			发出			结存		
月	日			数量	单价	金额	数量	单价	金额	数量	单价	金额

图 8-5 数量金额式明细账账页

注意:总分类账簿和日记账都只能是三栏式的订本账,明细分类账的外表形式和账页格式可以根据企业的实际需要进行选择。

8.2 会计账簿的设置

8.2.1 会计账簿的设置原则

由于各个单位规模和其所发生的交易或事项性质和特点不同,对会计账簿设置的要求也不尽相同。为了全面、系统地登记交易或者事项,各单位应根据自己的实际情况和经营管理的需求设置不同的账簿。设置账簿一般应遵循以下基本原则。

(1) 遵守国家相关财经法律法规的规定。根据我国《会计基础工作规范》的规定,会计主体应当设置总账、明细账、日记账和其他辅助性账簿;库存现金日记账和银行存款日记账必须采用订本式账簿。在遵守国家规定的前提下,会计主体应当根据自身规模的大小、交易或者事项的繁简、业务量的多少以及会计部门和人员的构成等情况,从自身情况出发,合理、规范地设置会计账簿。

(2) 以单位的实际交易或事项的需要为出发点。设置会计账簿的目的是要全面、系统地反映会计主体的经济活动,为经营管理提供会计核算资料。在满足会计主体实际业务需要的前提下,还要注意到人力、物力的合理分配,实现资源的节约。对于交易或事项复杂、规模较大的会计主体来说,所需要的账簿会更多,需要的会计信息的记录更细一些。同样,对于交易或事项简单、规模较小的会计主体来说,所需要的账簿就会更少一些,会计信息业不需要特别详细,只要能够满足需要即可。

(3) 遵循内部控制的原则。会计工作在企业里属于重要又敏感的职位,单位的内部控制就要求不相容职务能够相互分离、相互牵制。所以,在会计主体账簿设置的过程中就需要体现这一原则并且与岗位责任制紧密联系起来。账簿的设置既需要保证会计工作的合理分工,又要注意各个不相容岗位的职责分离。达到保证会计信息的真实性和完整性要求,又能够在一定程度上保证企业资产的安全性和完整性。

8.2.2　会计账簿的内容及启用

1. 会计账簿的基本内容

由于会计账簿的格式各有不同,所以记载的会计信息也不尽相同,信息的详细程度也不一致。但是所有账簿都应具备以下三个基本内容。

(1) 封面。账簿的封面要写明账簿名称、记账单位和会计年度。

(2) 扉页。扉页一般设在封面之后,其内容包括账簿启用表及交接表、科目索引表等。在账簿启用表及交接表上要注明账簿启用时间、总共的页数、册数、记账人员的姓名和盖章。账簿启用及交接记录如图 8-6 所示;账簿科目索引表如图 8-7 所示。

账簿启用及交接记录				
使用者名称			印鉴	
账簿名称				
账簿编号				
账簿页数	本账簿共计　页			
启用日期	年　　月　　日			
责任者	主管		记账	审核
经管人姓名及交接日期	经管	年	月	日
	交出	年	月	日
	经管	年	月	日
	交出	年	月	日
	经管	年	月	日
	交出	年	月	日
	经管	年	月	日
	交出	年	月	日
备注				

图 8-6　账簿启用及交接记录

科目索引表					
账户名称	页数	账户名称	页数	账户名称	页数

图 8-7　账簿科目索引表

小思考

是不是所有的账簿都需要科目索引表?如果不是,那么一般什么账簿会有科目索引表?

(3) 账页。账页是会计账簿的主要组成部分,不同格式的账簿所包含的内容也不尽相同,但是,各种账页一般包括以下几个基本内容。

① 账户的名称及类别：账页的首项内容即为会计科目的名称，包括一级科目、明细科目的名称；账户类别是指总账、明细账或日记账等内容。

② 页次：用以表明该账页的页次顺序。

③ 记账的日期：日期表示的是会计主体交易或事项发生的具体日期，年、月、日的信息。一般要求与记账凭证上的日期信息一致。在实务操作中，每一页对于年的填写一般为一次，涉及同一月份也只记载一次，日信息需要每笔交易事项都要填写清楚。

④ 凭证字号：要求记载清楚凭证的种类和凭证的编号。凭证种类为专用凭证的"收、付、转字"或者通用凭证的"记字"，凭证的号码即为凭证的顺序编号。

⑤ 摘要：用于对交易或事项的内容的简单说明或阐述，要求与记账凭证上的摘要一致。

⑥ 金额：具体交易或事项发生在借贷双方的金额和发生后的余额，用以记录交易或事项引起资金的增减变化和结存情况。

小思考

请从图 8-2～图 8-5 中找出账页中的六项基本内容。

2. 会计账簿的启用

为了保证会计账簿记录的合法性，明确记账规则和所登记账页内容的经济责任，每本账簿启用前，都应当填列账簿扉页的账簿启用及交接表，详细填列相关内容。发生经管人员的调换时，也要在扉页相应位置登记交接日期、交出和接管人员的相关信息，并由当事人进行签章。具体账簿启用及交接表如图 8-6 所示。

8.3 会计账簿的登记

8.3.1 会计账簿登记的基本要求

会计账簿是重要的会计档案，登记会计账簿也是会计核算职能的重要内容，为了保证会计账簿记录能够满足会计信息质量的要求，登记时应遵循以下基本要求。

（1）登记账簿的依据必须为审核无误的会计凭证。会计账簿中的日期、凭证编号、摘要、金额等都必须与记账凭证一致。会计人员在登记完账簿后必须在会计凭证上签名或盖章，并在记账凭证的记账符号栏登记入账页码或画"√"符号，表示已过账，防止重记或漏记。

（2）记账时需要使用蓝黑墨水或碳素墨水书写，不能使用铅笔、圆珠笔，红色笔只能在结账划线、改错和冲账等情况时才能够使用。

（3）账簿必须按照页次顺序连续登记，不能跳行、隔页，如发生跳行、隔页情况必须用红色笔划斜线注销，加注"此行空白"或"此页空白"字样，并由记账人员签章。

（4）账簿中书写的文字和数字要清楚，不能连写，字体不要写满格，一般占格子的 1/2 为宜，为改错留下空间。账簿登记错误时，不能随便涂抹、刮擦、挖补，要用规定的方法更正。（见"8.4 账簿的核对与错账更正"）。

（5）账簿的余额栏前面的"借或贷"栏表示余额的方向。凡是需要结出余额的账户，结出余额后，应在"借或贷"栏下注明"借"或"贷"字样。如果没有余额则注明"平"，并在余额栏的元位下填写"0"，在"0"的中间划一条波浪线。现金日记账和银行存款日记账必须逐日结出余额。

（6）每一账页登记满需要转下页时，应当结出本月初至本页末止的发生额合计数和余额，写在本页的最后一行和下页的第一行有关栏目内，并在摘要栏注明"过次页"和"承前页"字样。次页的第二行开始登记新的账项。

8.3.2　会计账簿的平行登记

为了使总分类账与其所属的明细分类账之间能起到统御与补充的作用，便于账户核对，并确保核算资料的正确、完整，会计账簿的登记必须采用平行登记的方法。平行登记是指经济业务发生后，根据某一交易或事项的有关会计凭证，一方面要登记有关的总分类账户；另一方面要登记该总分类账所属的各有关明细分类账户。

会计账簿平行登记的要点如下。

1. 依据相同

对于需要提供其详细指标的每一项交易或事项，应根据审核无误的会计凭证，在记入总分类账户的同期，记入该总分类账户所属的有关各明细分类账户。反映该项交易或事项的会计凭证既是登记总账的依据，也是登记所属明细账的依据。所以登记总分类账和登记其所属明细分类账的依据必须相同。

这里所指的同期是指在同一会计期间，而并非同一时点。因为明细账一般根据记账凭证及其所属的原始凭证进行登记的，而总分类账的登记则由于所采用的会计处理程序不同，登记可能在登明细账之前，也可能在其后。

2. 方向一致

这里所指的方向，是指交易或事项引起会计要素变动的方向，一般用账户的借方或贷方表示。一般情况下，每一项交易或事项发生后，在总分类账与其所属明细分类账中的记账方向是相同的。即根据审核无误的会计凭证记入总分类账户借方的，则记入该总分类账户所属的有关各明细分类账户的也是借方。

3. 金额相等

总分类账户提供总括指标，明细分类账户提供总分类账户所记内容的具体指标，所以，一般情况下，记入总分类账的金额与记入其所属各明细分类账户的金额相等。这种等量关系使某总分类账户本期发生额与其所属明细分类账户的本期发生额合计相等；某总分类账户的期末余额与其所属明细分类账户的余额合计相等。

因此，可以将总分账与其所属明细分类账平行登记的要点归纳如下：依据相同，方向一致，金额相等。

课程思政

学习总账与明细账之间的平行登记，编制试算平衡表（期初平衡、发生额平衡、余额平衡）验证账簿记录的准确性，同学们要认识到万事万物不可能完全独立存在，关注事物之间的勾稽关系、平衡关系，发现和欣赏会计的平衡之美。

8.3.3　会计账簿登记的具体方法

1. 序时账簿的登记方法

序时账又称日记账，是按照经济业务发生时间的先后顺序，逐日逐笔登记的账簿。序时账按照记录内容的不同分为特种日记账和普通日记账。特种日记账又包括"库存现金日记账"和"银行存款日记账"。

(1) 库存现金日记账的登记方法。库存现金日记账由出纳员根据审核无误的现金收、付款凭证和银行存款付款凭证，按照交易或事项发生的时间顺序逐日逐笔进行登记。每日终了，都应结出当日的发生额及余额，并与实际库存的现金数额进行核对，看其是否相符，即做到"日清"；每月终了，还应结出本月收付发生额及余额，并与现金总账核对，以保证账账相符。现金日记账必须采用订本账，账页格式一般采用三栏式，也有个别采用多栏式账页的情况。

【例 8-1】 某企业 20×1 年 3 月 1 日库存现金科目账上余额为 10 000 元，当日发生跟"库存现金"科目有关的交易或事项一共有两笔。分别如下：

(1) 从银行提取现金 1 000 元；

(2) 职工刘星出差从企业预借 2 000 元。

发生业务后取得了相关的原始凭证，并填制了会计凭证，从会计凭证中，可以看到两笔交易的分录分别如下：

借：库存现金　　　　　　　　　　　　　　　　1 000
　　贷：银行存款　　　　　　　　　　　　　　　　1 000
借：其他应收款　　　　　　　　　　　　　　　　2 000
　　贷：库存现金　　　　　　　　　　　　　　　　2 000

根据记账凭证可以填制出当日的库存现金日记账，库存现金日记账账页如图 8-8 所示。

库存现金日记账

第 5 页

20×1年		凭证字号	摘要	对方科目	借方							贷方							余额						
月	日				十万	千	百	十	元	角	分	十万	千	百	十	元	角	分	百十万	千	百	十	元	角	分
3	1		月初余额																	1	0	0	0	0	0	0
		付10	银行提取现金	银行存款		1	0	0	0	0	0														
		付11	刘星出差预借	其他应收款									2	0	0	0	0	0							
			本日合计			1	0	0	0	0	0		2	0	0	0	0	0		9	0	0	0	0	0

图 8-8　库存现金日记账账页

注意："对方科目"栏是填写收付款凭证跟库存现金相对的在会计分录另一方科目的名称。"对方科目"与后面金额没有直接关系。"金额"栏填写的都是库存现金科目的发生额和余额。

(2) 三栏式银行存款日记账的登记方法。该账簿的设计与库存现金日记账的格式基本一样，也是在金额栏设置借、贷、余三栏来表示银行存款的增加、减少和余额。银行存款日记账是由出纳负责登记的，具体登记方法如下：出纳员根据审核无误的银行存款收款凭证、付款凭证和现金付款凭证，按照交易或事项发生的时间顺序逐日逐笔进行登记。银行存款日记账账页如图 8-9 所示。

银行存款日记账

第 7 页

20×1年		凭证字号	摘要	票据种类及号码	对方科目	借方 十万千百十元角分	贷方 十万千百十元角分	余额 百十万千百十元角分
月	日							
3	1		月初余额					2 0 0 0 0 0 0
		付10	银行提取现金	现支035	库存现金		1 0 0 0 0 0	1 9 9 0 0 0 0
		收16	收到前欠货款	转支074	应收账款	3 0 0 0 0 0		2 2 9 0 0 0 0
	2	收17	支付上月税金	转支055	应交税费		1 5 0 0 0 0	2 2 7 5 0 0 0

图 8-9　银行存款日记账账页

小思考

对比"库存现金日记账"与"银行存款日记账"的异同，思考产生差异的原因及两个账户会不会出现贷方余额。

（3）普通日记账的登记方法。普通日记账是按照审核无误的原始凭证，按照所有交易或事项的发生先后顺序登记入账的账簿。这种日记账一般为两栏式，即金额栏只有"借方"和"贷方"两栏。编制方法很像在账簿中登记会计分录，所以又称为分录簿。普通日记账账页如图 8-10 所示。

普通日记账

20×1年		原始凭证	摘要	对应账户	分类账页	借方 十万千百十元角分	贷方 十万千百十元角分
月	日						
8	8	某某号发票	购入设备	固定资产	13	1 0 0 0 0 0 0	
				应交税费	19	1 3 0 0 0 0	
				应付账款	22		1 1 3 0 0 0 0
		某某号现支	提取现金	库存现金	2	1 0 0 0 0 0	
				银行存款	1		1 0 0 0 0 0

图 8-10　普通日记账账页

小思考

普通日记账为什么不能是三栏式？

2. 分类账簿的登记方法

分类账簿又分为总分类账簿和明细分类账簿两种。总分类账和明细分类账采用平行登记的方法。所谓平行登记，其实就是对每一项经济业务，根据会计凭证，有关的总分类账中进行总括登记，同时，还要在明细分类账中进行明细登记。而通过总分类账和明细分类账的平行登记，期末进行相互核对，可以及时发现错账，予以更正，以保证账簿记录的准确性。平行登记的平行二字体现在三个方面：方向相同,金额相等,会计期间一致。总分类账簿一般为三栏式账簿,而明细分类账可以根据需要采用多种格式的账簿来进行登记。

1) 三栏式总分类账登记方法

总分类账簿用以分类登记所有的交易和事项,总括、全面地反映企业的经济活动和财务状况,是编制会计报表的依据,也是企业最重要的账簿,任何企业都要设置总分类账簿。总分类账登记的方法又大致分为两种：第一种为登记根据为会计凭证和明细分类账,按照交易或事项的发生时间顺序逐笔登记；第二种为定期汇总会计凭证和明细分类账的金额,根据汇总金额定期登记。本章主要讲解第一种登记方法,第二种在后续章节再做详解。

在总分类账簿中,每个账户都事先预留若干页,在本会计期间使用(一般为一年)。三栏式的"借方""贷方"分别根据账户的属性的不同表示增加额或减少额。每登记一笔账都要结出其余额。具体记录方法如图8-11所示。

总分类账

科目名称：在途物资　　　　　　　　　　　　　　　　　　　　　　　　第18页

20×1年		凭证字号	摘要	借方								贷方								借或贷	余额							
月	日			十	万	千	百	十	元	角	分	十	万	千	百	十	元	角	分		十	万	千	百	十	元	角	分
8	10		承前页		2	0	0	0	0	0	0		1	9	0	0	0	0	0	借			3	0	0	0	0	0
	10	转30	甲材料入库											3	0	0	0	0	0	平								
	12	转35	购买甲材料			5	0	0	0	0	0									借			5	0	0	0	0	0
	15	转39	购买乙材料			3	0	0	0	0	0									借			8	0	0	0	0	0
	15	转40	甲材料入库											5	0	0	0	0	0	借			3	0	0	0	0	0
	31		本月合计		4	5	8	0	0	0	0		4	2	8	0	0	0	0	借			3	0	0	0	0	0
			本年累计		7	9	0	0	0	0	0		7	6	0	0	0	0	0									
9	1		上月结转																	借			3	0	0	0	0	0

图8-11　三栏式总分类账账页

2) 明细账簿的登记方法

明细分类账是根据明细科目开设的账户,用以分类、连续地记录某一类交易或事项的具体情况的账簿。明细账可以采用订本式、活页式也可以是卡片,格式方面也是可以根据需要自由选择三栏式、数量金额式或者多栏式。形式灵活,没有硬性的要求和规定。明细账簿必须根据审核无误的记账凭证按照交易或事项的发生时间顺序逐笔登记。下面详细介绍三栏式、数量金额式和多栏式明细账的登记方法。

(1) 三栏式明细账登记方法与三栏式的总分类账相同(见图8-11)。三栏式的金额栏的"借方""贷方"根据账户性质的不同表示该账户的增加或减少,余额则表示该账户的剩余金额。一般只需要价值指标的明细账会采用三栏式的账簿,如债权债务类明细分类账。

(2) 数量金额式明细账除了能记载价值指标外,还能记载相关的数量和单价的信息。

在这种账簿中,"借方""贷方"和"余额"栏下除了"金额"外还要设置"数量"和"单价"两个子栏目。这类账簿适用于既需要反映价值,又需要反映实物量的明细分类账,如企业的各种材料、产成品等资产的明细账。具体登记方式如图8-12所示。

明细分类账(数量金额式)

会计科目:甲材料　　　　　　　　　　　　编号(088)　第1页
类　　别:原材料　　　　　　　　　　　　库存物资编号:
品名或规格:V型钢　　　　　　　　　　　储 备 定 额:6 000
存放地点:1号仓库　　　　　　　　　　　计 量 单 位:件

20×1年		凭证字号	摘要	收入			发出			结存		
月	日			数量	单价	金额	数量	单价	金额	数量	单价	金额
1	1		期初余额							2 000	1.5	3 000
	10	转5	材料入库	3 000	1.5	4 500				5 000	1.5	7 500
	11	转6	发出材料				1 000	1.5	1 500	4 000	1.5	6 000

图8-12　明细分类账(数量金额式)账页

(3) 多栏式明细账是在账页上设置若干专栏,用以登记明细项目多、记账方向又比较单一的交易或事项。这种账簿一般不设记账方向,所记载项基本为一个方向,平时很少用到相反的方向,多用于成本费用类明细账簿,如管理费用、制造费用等。各明细项目的贷方发生额因其未设置贷方专栏,则用红字登记在借方栏及明细项目专栏内,以表示对该项目金额的冲销或转出。具体登记方法如图8-13所示。

生产成本明细账

产品名称:A产品　　　　　　　　　　　　　金额单位:元

20×1年		凭证字号	摘要	直接人工	直接材料	制造费用	合计
月	日						
9	1		期初余额	0	0	0	0
	1	转55	领用原材料		5 000		5 000
	10	转60	领用原材料		3 000		8 000
	30	转78	工资结算	8 000			16 000
	30	转79	结转制造费用			2 000	18 000
	30	转82	完工入库	8 000	8 000	2 000	18 000

图8-13　生产成本明细账账页

课程思政

会计凭证的信息是零散的,根据审核无误的会计凭证登记总账、日记账和明细账,将会计凭证中零散的会计信息进行整合和汇总,能够帮助信息使用者更好地解读企业的会计信息,从而作出有用的决策。同学们在掌握如何正确登记账簿的同时,提高分类汇总、整合会计信息的能力。

8.4 账簿的核对与错账更正

8.4.1 账簿的核对

1. 账簿核对的定义

账簿核对又称为对账,是指企业在一个会计期间的终了,为了保证账证相符、账账相符、账实相符而进行的,将会计凭证与相关账簿进行核对,日记账、明细分类账与总分类账进行核对,账簿与实物进行核对,此项工作是为了保证账簿记录的完整性和正确性。

2. 账簿核对的主要内容

只有保证了账簿记录的完整性和正确性,才能为会计报表的编制提供可靠的资料,所以对账工作是会计期末非常重要的一环。对账的主要内容包括以下三个方面。

1) 账证核对

审核无误的会计凭证是登记会计账簿的基础,会计账簿记录的信息必须与会计凭证登记的信息一致。所以,在期末对账的第一步即要保证会计凭证的信息与总分类账、明细分类账和日记账上记录的信息一致,达到账证相符。账证相符又是达到账账相符、账实相符的基础。

账证核对分为两种方法:逐笔核对法和抽查法两种。逐笔核对法是将每笔账务都与相关的会计凭证或原始凭证进行核对的方法,核对工作量较大,实务中较少采用。抽查法是根据需要有针对性地对部分账户记录与其相关的会计凭证或原始凭证进行核对的方法,核对工作量相对较少,实务中采用较多。

2) 账账核对

账账核对是各个账簿中相关数据之间的核对,是由账户之间的平行登记关系和复式记账方式所决定的。账账核对是为了达到账账相符。账账核对包括以下四个方面的核对。

(1) 总分类账簿中各个账户之间的核对。期末对各个总分类账户的余额进行加总,看是否达到所有账户借方余额的合计等于所有账户贷方余额的合计。这一核对是根据复式记账的原理来实现的。

(2) 总分类账户与其明细分类账户之间的核对。由于总分类账与明细分类账是平行登记的关系,所以,到会计期末,总分类账的余额应该与所属各明细分类账的余额之和相等,总分类账的当期发生额与所属各明细分类账的发生额之和也应该相等。

(3) 总分类账户与特种日记账账户之间的核对。该核对主要是指总分类账中的"库存现金"和"银行存款"两个账户与特种日记账中的"库存现金日记账"和"银行存款日记账"之间的核对。总分类账与相应的日记账也是平行登记的关系,所以在会计期末也应该达到当期发生额总和相等,期末余额相等的平衡。

(4) 明细分类账账户之间的核对。会计部门各种财产物资的明细分类账的期末余额应与财产物资使用或保管部门的相关财产物资的卡片账的余额相等。

3) 账实核对

账实核对是指将企业在会计期末各账户的余额与各项财产物资的实存数额相核对。账实核对在"财产清查"相关章节会详细讲解,此处只作了解。账实核对主要包括以下四个方面。

（1）每日终了，将库存现金日记账余额与库存现金实际数进行核对，使二者相等，如果不等，应找出原因并做出会计处理。

（2）每月终了，将银行存款日记账的记录及余额与银行对账单进行核对，如果不等，应找出原因并做出会计处理。

（3）定期或不定期的将各种财产物资明细分类账的余额同财产物资实存数进行核对，如果不等，应找出原因并做出会计处理。

（4）定期将各种债权债务明细分类账的余额同各有关债权债务人的账目进行核对，如果不等，应找出原因并做出会计处理。

8.4.2 错账更正

1. 查找错账

错账产生的原因是多种多样的，除原始凭证或填制记账凭证的差错外，大多是记账时发生的差错，如漏记、重记或方向相反，科目用错以及数字颠倒等。而这其中数字错位和数字颠倒又是最常发生的错误，如把"10"记为"100"或者记成"1"，把"5 643"计为"6 453"等。所以记账时，工作人员一定要格外小心，谨慎地处理，有效审核。如果账目中只有一笔账目错误，可以采用以下三种方法查找。

（1）差数法。将所有账户借方余额之和与贷方余额之和作差，产生的差为可能就是漏记的科目的金额。如某企业期末在"应收账款"科目借方漏记 20 000 元，则会发现期末所有总分类科目的借方余额与贷方余额之差正好会是 20 000。所以，运用这种方法时，当得到借贷双方余额总和的差之后，就根据这个数字查找登记过的账户发生额中是否有与其相同的金额。如果没有找到错账，则需要考虑其他方法。

（2）除二法。这种方法也是将期末所有账户的借方余额之和与贷方余额之和作差，再把差数除以二，然后去找登记过的账户发生额中是否有与其相同的金额。这种方法能够快速地找出发生额记反方向的错账。如某企业期末在"应收账款"科目借方发生额 20 000 元错记在了贷方，则会发现期末所有总分类科目的借方余额与贷方余额之差的 1/2 正好会是 20 000。这种方法常用在差数法无法找出错账时使用。

（3）除九法。当用差数法找不出错账，而得到的借贷双方余额总和的差又不能被二整除或者除二法也不能找出错账时，就考虑用除九法。这种方法是将期末所有账户的借方余额之和与贷方余额之和作差，再把差数除以九，然后根据商数的特征去定位可能出错的地方，这种方法可以找到位数记错的错账和邻数颠倒的错账。如误把"10"记为"100"，那么期末会得到的差数为"90"，此数可以被九整除。再如把"68"记为了"86"，那么期末会得到的差数为"18"，也能被九整除。根据这一特征规律，可编制如表 8-1 所示的除 9 法差推测表，可根据此表来推测错账的出处。

表 8-1 除 9 法差推测表

差数	81	72	63	54	45	36	27	18	9
	09-90	19-91	29-92	39-93	49-94	59-95	69-96	79-97	89-98
	08-80	18-81	28-82	38-83	48-84	58-85	68-86	78-87	

续表

差数	81	72	63	54	45	36	27	18	9
			07-70	17-71	27-72	37-73	47-74	57-75	67-76
				06-60	16-61	26-62	36-63	46-64	56-65
					05-50	15-51	25-52	35-53	45-54
						04-40	14-41	24-42	34-43
							03-30	13-31	23-32
								02-20	12-21
									01-10

上述三种方法的使用非常有限,很多错误不能被发现,或者找不出错账的位置。如漏记借贷双方同时漏记或多记相同的金额,这种错误在期末很难被发现。

还有一种情况为账簿中的错账的笔数大于一笔,这种情况上面的方法都不再适用,找不出错账的位置。所以,当使用上述三种方法找不出错账位置时,就考虑全面检查去找出错账的位置。全面检查是指对企业所有的会计凭证、账簿和报表进行全面、系统地检查。

常用的全面检查法分为顺查法和逆查法。顺查法指按照会计核算的顺序重新检查,从原始凭证开始查,然后是记账凭证,再然后检查账簿的方法。逆查法指检查的顺序是按照与顺查法完全相反的方向去查。

2. 错账更正的方法

账簿的记录应保持整齐清洁,记账时力求准确。如果发现错账,应根据错账的具体情况采用规定的方法正确地进行更正。

1)错账的基本类型

错账的类型大体分为两种:记账凭证正确但是在登记账簿时发生错误和记账凭证错误导致会计账簿登记时发生错误。

记账凭证错误导致会计账簿登记时发生错误具体分为三种情况:①记账凭证上的会计科目用错导致登记账簿时记错科目;②记账凭证上的科目使用正确,但是填写的金额大于实际发生的金额而导致会计账簿中某个或某些会计科目多记金额;③记账凭证上的会计科目使用正确,但是填写的金额小于实际发生的金额而导致会计账簿中某个或某些会计科目少记金额。

2)更正错账的具体方法

根据错账的不同情况选择错账更正方法,不得随意涂改账簿。错账更正有以下三种方法。

(1)划线更正法。划线更正法是指在记账后结账前发现错误,在账簿中用红笔划掉错误的信息表示注销原来的错账,再在错误信息上方登记正确信息,并且在更正处加盖更正人员名章的改错方法。此方法适用于会计凭证正确,但是在登记账簿时发生错误的情况。但是要注意两点:①划线后错误的信息依然清晰可辨,所以划线的笔不能太粗使错误信息被掩盖;②红线应当把错误的文字或数字全部划掉,不能只划掉整个数字或文字的部分。

【例8-2】 企业用银行存款缴纳上月应交的税金3 578元。在记账凭证上编制以下会计分录。

借:应交税费 3 578

贷：银行存款　　　　　　　　　　　　　　　　3 578

假设，在登记账簿时，应交税费登记正确，而在登记银行存款时把 3 578 登记为了 3 758。在结账前发现了这一错误。对于这种错账就可以使用划线更正法进行更正，具体如图 8-14 所示。

总分类账																												
科目名称：银行存款																							第 6 页					
20×1年		凭证字号	摘要	借方								贷方								借或贷	余额							
月	日			十万	千	百	十	元	角	分		十万	千	百	十	元	角	分			十万	千	百	十	元	角	分
9	1		月初余额																	借		3	5	0	0	0	0
												3	5	7	8	0	0				3	8	6	7	8	0	0
	1	付23	支付上月税金									3	7	5	8	0	0		借		3	8	7	5	8	0	0

（此为红线）

图 8-14　划线更正法

（2）红字更正法。红字更正法是指在记账后结账前发现错误，首先用红字金额填制一张与原来错误的记账凭证相同的记账凭证，并据以登记有关账户，表示冲销原来的错误记录。然后用蓝字填制一张正确的记账凭证，重新登记有关账户，以正确记录发生的交易或事项。此方法适用于更正会计凭证上将会计科目用错和金额多记这两种错误而导致的账簿记录发生的错账。

【例 8-3】　某企业购买原材料一批价值 200 000 元，材料尚未入库，货款也尚未支付。在会计凭证上编制分录如下，并已登记入账。（不考虑增值税）

借：固定资产　　　　　　　　　　　　　　　　200 000
　　贷：应付账款　　　　　　　　　　　　　　　　200 000

企业购买的是原材料而不是固定资产，所以借方科目不应该是"固定资产"，而应该是"在途物资"，所以这笔业务就成了一笔错账。这属于会计凭证科目用错的错账，所以适用红字更正法，具体更正方法如下。

首先用红笔填制一张跟错误的凭证完全一模一样的凭证，并用红字登记账簿（数字用红字），表示对原有错误的冲销。

（方框表示红字（下同））

借：固定资产　　　　　　　　　　　　　　　　[200 000]
　　贷：应付账款　　　　　　　　　　　　　　　　[200 000]

然后用蓝字重新填写一张正确的会计凭证。

借：在途物资　　　　　　　　　　　　　　　　200 000
　　贷：应付账款　　　　　　　　　　　　　　　　200 000

账簿中的处理如图 8-15 所示。

【例 8-4】　某企业购买原材料一批价值 20 000 元，材料尚未入库，货款也尚未支付，在会计凭证上编制分录如下，并已登记入账。（不考虑增值税）

借：在途物资　　　　　　　　　　　　　　　　200 000
　　贷：应付账款　　　　　　　　　　　　　　　　200 000

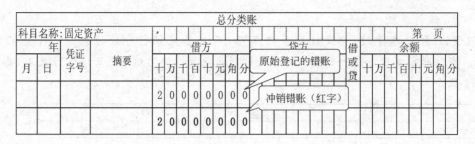

图 8-15 红字更正法账簿中的处理(1)

企业购买原材料,尚未入库,所编制的会计分录中的会计科目和登记方向都是正确的,但是错把 20 000 元登记成了 200 000 元,比正确的金额多了 180 000 元,所以也是一笔错账,适用红字更正法,具体更正方法如下。

发生金额多记的情况只需要一步处理,即把多记的金额冲销掉就可以了。

借:在途物资　　　　　　　　　　180 000

　　贷:应付账款　　　　　　　　　　　180 000

账簿中的处理如图 8-16 所示。

(3) 补充登记法。补充登记法是指在记账后结账前发现发生错账,把金额少记的部分重新用蓝笔填制一张记账凭证并登记账簿的方法,表示把少记的部分补充回去。此种方法适用于记账凭证上科目名称和方向都没有错,只是金额少记的错账更正。

【例 8-5】 某企业购买原材料一批价值 200 000 元,材料尚未入库,货款也尚未支付。在会计凭证上编制分录如下,并已登记入账。(不考虑增值税)

借:在途物资　　　　　　　　　　20 000

　　贷:应付账款　　　　　　　　　　　20 000

企业购买原材料,材料尚未入库,货款也未支付的分录中科目的名称和记账的方向都没有错误,只是把 200 000 元误记为 20 000 元,使会计凭证和账簿的相关科目都少登记了 180 000 元而引起错账。

总分类账

科目名称:在途物资																					第 页
年		凭证字号	摘要	借方								贷方								借或贷	余额
月	日			十	万	千	百	十	元	角	分	十	万	千	百	十	元	角	分		十 万 千 百 十 元 角 分
					2	0	0	0	0	0	0										
					1	8	0	0	0	0	0										

（"原始登记的错账"标注借方200000.00；"冲销多记的金额（红字）"标注借方180000.00）

总分类账

科目名称:应付账款																					第 页
年		凭证字号	摘要	借方								贷方								借或贷	余额
月	日			十	万	千	百	十	元	角	分	十	万	千	百	十	元	角	分		十 万 千 百 十 元 角 分
													2	0	0	0	0	0	0		
													1	8	0	0	0	0	0		

（"原始登记的错账"标注贷方200000.00；"冲销多记的金额（红字）"标注贷方180000.00）

图 8-16　红字更正法账簿中的处理（2）

发现金额少记的情况，用蓝字填写一张会计科目和记账方向与原记账凭证一样的会计凭证，只是金额记少记的数额，把错账调整正确。

借：在途物资　　　　　　　　　　　　　　　　　180 000
　　贷：应付账款　　　　　　　　　　　　　　　　180 000

账簿中的处理如图 8-17 所示。

总分类账

科目名称:在途物资																					第 页
年		凭证字号	摘要	借方								贷方								借或贷	余额
月	日			十	万	千	百	十	元	角	分	十	万	千	百	十	元	角	分		十 万 千 百 十 元 角 分
					2	0	0	0	0	0	0										
					1	8	0	0	0	0	0										

（"原始登记的错账"、"补充登记少记的金额"）

总分类账

科目名称:应付账款																					第 页
年		凭证字号	摘要	借方								贷方								借或贷	余额
月	日			十	万	千	百	十	元	角	分	十	万	千	百	十	元	角	分		十 万 千 百 十 元 角 分
													2	0	0	0	0	0	0		
													1	8	0	0	0	0	0		

（"原始登记的错账"、"补充登记少记的金额"）

图 8-17　补充登记法账簿中的处理

课程思政

登记账簿的过程长、工作量大，可能会出现一些错账。查找错账不易，针对不同的错账，要用不同的错账更正方法进行更正，同学们做事要认真、细心，尽量不出错；万一出错，不要畏惧，不要逃避，要及时更正，养成知错能改的好习惯。

小思考

三种错账更正的方法,哪一种是不需要用到红笔的?

8.5 结账

8.5.1 结账的定义和内容

1. 结账的定义

结账是指在会计期末对当期发生的经济业务,在全部登记入账的基础上,结算出各账户当期发生额和期末余额,并将其余额转入下期或转入新账簿内的账务工作。由于各会计主体的交易或事项是连续发生的,为了总结每一会计期间的经济活动情况,考核经营成果,编制会计报表,在每一个会计期间的期末都要进行结账工作。结账工作主要包括月结、季结和年结三种。

2. 结账前的内容

在期末结账之前,先要保证所登记的账簿包括当期发生的所有的交易或事项并且账簿登记是准确无误的,然后开始具体记账的工作,全部过程主要包括以下四个方面。

(1) 检查是否当期所有发生的交易或事项都已全部入账。期末结账前要保证所有当期新发生的交易或事项的账务处理已经全部登记入相关账簿,如若尚未登记,要及时补登。检查的内容包括:所有已经发生的债权、债务是否已经全部登记;已经完工的产成品是否已经结转完毕;财产清查的盘盈盘亏是否已经处置妥当等。

(2) 对于收入和费用类账户要检查是否所有的收入、费用都已经按权责发生制进行了确认并登记入账。

(3) 结清收入费用类账户。(2)、(3)点详见第 6 章相关内容,本章不作重点。

(4) 计算并结转资产、负债和所有者权益账户的发生额和余额。对所有账户结算出本期借贷双发的发生额总额与期末余额,并按照规定的方法结转至下一会计期间。

8.5.2 结账的方法

本章所涉及的结账主要是资产、负债和所有者权益类账户的期末结账工作。这三类账户结账的方法主要为划线结账法,即期末结出各账户当期发生额的总和与期末余额,然后加以划线标记,再将期末余额结转至下期。月结、季结和年结所要总结的会计期间不同,需要达到的目的也不同,结账的具体方法也有所不同。

1. 月结

月结是指企业在每个月的月末进行的结账,具体方法为在当月最后一笔交易或事项记录的下一行划一条通行的红线,在红线下的摘要栏注明"本月合计",在金额的借方下结出当月借方发生额的总和,贷方下结出当月贷方发生额的总和,记账方向栏标记出余额的方向,并在合计栏下结出当月的余额的金额。最后在本行的下方再划一条通行的红线,把当月的交易或事项与下一个月的交易或事项区分开来。下月的月初,从下一行开始登记,在摘要栏记"上月结转"字样,并在余额的方向栏和金额标注出当前账户余额的方向和金额。具体处理如图 8-18 所示。

对于需要逐月结出本年累计发生额的账户,在结算出本月发生额总额和月末余额后,在下一行增加一行计算出本年累计发生额。具体处理如图 8-19 所示。

2. 季结

季结的方法与月结相同,只是摘要栏注明内容不同,季结的摘要要注明"本季合计",具

总分类账

科目名称：在途物资　　　　　　　　　　　　　　　　　　　　第18页

20×1年		凭证字号	摘要	借方 十万千百十元角分	贷方 十万千百十元角分	借或贷	余额 十万千百十元角分
月	日						
8	10		承前页	2 0 0 0 0 0 0	1 9 0 0 0 0 0	借	3 0 0 0 0 0
	10	转30	甲材料入库		3 0 0 0 0 0	平	∽
	12	转35	购买甲材料	5 0 0 0 0 0		借	5 0 0 0 0 0
	15	转39	购买乙材料	当月借方发生额合计	当月贷方发生额合计	借	当月余额 0 0
	15	转40	甲材料入库			借	3 0 0 0 0 0
	31		本月合计	4 5 8 0 0 0 0	4 2 8 0 0 0 0	借	3 0 0 0 0 0
9	1		上月结转			借	3 0 0 0 0 0

（红线）　　　　　　　　　　　　　　　　　　　　　　（结转入下月的余额）

图 8-18　月结记账方法（1）

总分类账

科目名称：在途物资　　　　　　　　　　　　　　　　　　　　第18页

20×1年		凭证字号	摘要	借方 十万千百十元角分	贷方 十万千百十元角分	借或贷	余额 十万千百十元角分
月	日						
8	10		承前页	2 0 0 0 0 0 0	1 9 0 0 0 0 0	借	3 0 0 0 0 0
	10	转30	甲材料入库		3 0 0 0 0 0	平	∽
	12	转35	购买甲材料	5 0 0 0 0 0		借	5 0 0 0 0 0
	15	转39	购买乙材料	3 0 0 0 0 0		借	8 0 0 0 0 0
	15	转40	甲材料入库		5 0 0 0 0 0	借	3 0 0 0 0 0
	31		本月合计	4 5 8 0 0 0 0	4 2 8 0 0 0 0	借	3 0 0 0 0 0
			本年累计	7 9 0 0 0 0 0	7 6 0 0 0 0 0	借	
9	1		上月结转			借	3 0 0 0 0 0

（红线）　　　　　　　　　　　　　　　　　　　　　　（结转入下月的余额）

图 8-19　月结记账方法（2）

体处理如图 8-20 所示。

3. 年结

年结为每年终了企业所做的对全年业务的结账。年结的程序比月结、季结要复杂，一共需要四行。具体做法为在 12 月月结下结算出全年 12 个月总的借方发生额和贷方发生额，并结出年末余额，在摘要栏注明"本年合计"字样，在此行下划一条通行的红线；在下一行的摘要栏注明"年初余额"，把年初余额的金额填列在相同方向（年初余额为借方的填到借方下，年初余额为贷方的填到贷方下）；在下一行摘要栏注明"结转下年"，把年末余额按照相反方向填列在借方或贷方金额栏下。最后一行摘要栏注明"合计"，在借贷双方的金额栏计算出结账的前三行的金额和,在此行下划通行的双红线。具体处理如图 8-21 所示。

总分类账

科目名称：在途物资　　　　　　　　　　　　　　　　　　　第18页

20×1年		凭证字号	摘要	借方 十万千百十元角分	贷方 十万千百十元角分	借或贷	余额 十万千百十元角分
月	日						
8	10		承前页	2 0 0 0 0 0 0	1 9 0 0 0 0 0	借	3 0 0 0 0 0
	10	转30	甲材料入库		3 0 0 0 0 0	平	〇
			⋮				
9	1	付20	购买乙材料	3 0 0 0 0 0		借	8 0 0 0 0 0
	15	转40	甲材料入库		5 0 0 0 0 0	借	3 0 0 0 0 0
	30		本月合计	4 5 0 0 0 0 0	4 2 8 0 0 0 0	借	3 0 0 0 0 0
	30		本季合计	7 9 0 0 0 0 0	7 6 0 0 0 0 0	借	3 0 0 0 0 0
10	1		上月结转			借	3 0 0 0 0 0

（红线）　　　　　　　　　　　　　　　　　　　　　（结转入下月的余额）

图 8-20　季结记账方法

总分类账

科目名称：在途物资　　　　　　　　　　　　　　　　　　　第18页

20×1年		凭证字号	摘要	借方 十万千百十元角分	贷方 十万千百十元角分	借或贷	余额 十万千百十元角分
月	日						
1	1		年初余额			借	3 0 0 0 0 0
	10	转30	甲材料入库		3 0 0 0 0 0	平	〇
			⋮				
12	1	付20	购买乙材料	3 0 0 0 0 0		借	¥6 5 0 0 0 0
	15	转40	甲材料入库		5 0 0 0 0 0	借	¥1 5 0 0 0 0
	31		本月合计	4 5 8 0 0 0 0	4 4 3 0 0 0 0	借	¥1 5 0 0 0 0
	31		本年合计	7 8 5 0 0 0 0	7 7 0 0 0 0 0	借	4 5 0 0 0 0
			年初余额	3 0 0 0 0 0			
			结转下年		4 5 0 0 0 0		
			合计	8 1 5 0 0 0 0	8 1 5 0 0 0 0		

（红线）（为双红线）

（期初余额结转至同方向）　（年末余额结转至反方向）

本期借方发生额总和加期初余额　　本期贷方发生额总和加期末余额

图 8-21　年结记账方法

综上可以看出,做年结需要画很多条红线,过程非常繁杂,所以,在实务中通常把年结的红线进行简化,仅需保留在"合计"栏下的两条通栏红线,其他三条红线可以省略。

年结的方式实际上是利用借贷双方合计数的平衡相等关系对本年账簿登记的正确性的

检验。这四行的结账可以用以下公式表达：
$$年初余额＋本期增加发生额＝年末余额＋本期减少发生额$$

注意：虽然本章所讲的结账方法有三种，但在实务中月结和年结是必须要做的，季结可以根据企业自身的需要自由选择，没有强行要求。

本章小结

账簿能够为企业经营管理提供系统、完整的会计资料；为编制会计报表打基础；为一定程度保证实物资产的完整和安全提供账面依据；为考核经营成果、评价经营者业绩提供系统的资料。设置和登记会计账簿是重要的会计核算方法之一。

本章详细介绍了账簿的种类、设置原则、账簿的内容与启用、账簿的登记规则与方法、账簿的核对与差错更正方法，以及期末的结账工作等内容。本章的实操性很强，通过本章学习，同学们应熟悉并掌握账簿的设置原则和方法、账簿登记的方法和规则、错账的查找及更正方法、结账与对账的方法等，并学会使用会计账簿。

本章习题

一、单项选择题

1. 现金日记账应采用（　　）。
   A. 活页式账簿　　B. 卡片式账簿　　C. 订本式账簿　　D. 备查式账簿
2. 登记账簿的依据是（　　）。
   A. 经济业务　　　　　　　　　B. 审核无误的会计凭证
   C. 经济合同　　　　　　　　　D. 领导批示
3. 从账簿的用途看，"固定资产卡片"属于（　　）。
   A. 订本式账簿　B. 备查账簿　　C. 序时账簿　　D. 分类账簿
4. 银行存款日记账一般采用的格式是（　　）。
   A. 三栏式　　　B. 多栏式　　　C. 数量金额式　D. 两栏式
5. 按规定，记账时不能使用下列书写工具书写（　　）。
   A. 蓝黑墨水笔　B. 碳素墨水笔　C. 红色墨水笔　D. 圆珠笔和铅笔
6. 如果发现账簿记录中的数字或文字错误，属于记账笔误和计算错误，可采用下列（　　）进行更正。
   A. 划线更正法　B. 红字更正法　C. 补充登记法　D. 试算平衡法
7. 企业在记录管理费用时，通常所采用的明细账格式是（　　）。
   A. 多栏式　　　B. 卡片式　　　C. 数量金额式　D. 两栏式
8. 结账前发现账簿的文字或数字发生错误时可以采用的错账更正方法是（　　）。
   A. 划线更正法　B. 红字更正法　C. 补充登记法　D. 更换凭证法
9. 以下属于对账中账证核对的内容是（　　）。
   A. 银行存款日记账账面余额与开户银行账目定期核对
   B. 总分类账户各账户期末余额与银行存款日记账期末余额核对
   C. 现金日记账与某日收款凭证核对
   D. 总分类账户各账户期末余额与明细分类账的期末余额核对

10. 对于从银行提取现金的业务,登记现金日记账的依据是(　　)。
　　A. 现金收款凭证　　　　　　　　B. 现金付款凭证
　　C. 银行存款收款凭证　　　　　　D. 银行存款付款凭证

二、多项选择题

1. 账簿按其格式不同,可分为(　　)。
　　A. 订本式账簿　　B. 三栏式账簿　　C. 多栏式账簿　　D. 数量金额式账簿
2. 下列明细账,可采用数量金额式账簿的有(　　)。
　　A. 原材料明细账　　　　　　　　B. 库存商品明细账
　　C. 制造费用明细账　　　　　　　D. 应收账款明细账
3. 下列账簿记录中,可以使用红色墨水的有(　　)。
　　A. 结账　　　　B. 改错　　　　C. 冲账　　　　D. 登记期初余额
4. 为保证账簿记录的正确性,需对有关账项进行核对,下列各项属于对账内容的是(　　)。
　　A. 总分类账与明细账的核对　　　B. 账簿与会计报表的核对
　　C. 明细账簿之间的核对　　　　　D. 账簿与会计凭证的核对
5. 因记账凭证错误而导致的账簿记录错误,可采用的更正方法有(　　)。
　　A. 划线更正法　　B. 差数法　　C. 补充登记法　　D. 红字更正法
6. 对账的主要内容一般包括(　　)。
　　A. 账证核对　　B. 账账核对　　C. 账实核对　　D. 账表核对
7. 各单位必须按照会计制度的规定,在下列(　　)进行结账。
　　A. 旬末　　　　B. 月末　　　　C. 季末　　　　D. 年末
8. 采用三栏式账户时,某个账户若期末无余额,则应(　　)。
　　A. 在"借或贷"栏写"平"字　　　B. 在"借或贷"栏写"0"字
　　C. 在"余额"栏写"平"字　　　　D. 在"余额"栏写"0"字

三、判断题

1. 登记账簿时,发生空行、空页一定要补充书写,不得注销。(　　)
2. 总账与明细账可以采用订本账,也可以采用活页账。(　　)
3. 使用活页式账簿,应当从第一页开始,按账页顺序固定编号,并须定期装订成册。(　　)
4. 账簿记录发生错误,不得涂改、挖补、刮擦或用药水消除字迹,但经批准可以重新抄写。(　　)
5. 采用划线法更正时,对错误的文字和数字,可以只划错误的部分进行更正。(　　)
6. 登记账簿时要用蓝黑墨水、钢笔或蓝黑圆珠笔书写,不得使用铅笔书写。(　　)
7. 银行存款日记账既是序时账簿又是订本式账簿。(　　)
8. 备查账簿一定是根据记账凭证登记的。(　　)
9. 每天终了时,现金日记账必须结出余额,并与库存现金数核对相符。(　　)
10. 为了实现钱账分管原则,通常由出纳人员填制收款凭证和付款凭证,由会计人员登记现金日记账和银行存款日记账。(　　)
11. 通过同时登记,可以使总分类账户与其所属明细分类账户保持统驭关系和对应关系,便于核对和检查,纠正错误和遗漏。(　　)

四、业务题

业务题一

目的:练习总分类账与明细账的平行登记。

资料：某企业"原材料"账户 5 月 1 日余额为 36 500 元，其中：甲材料 650 千克，单价 20 元；乙材料 2 350 千克，单价 10 元。

本月发生下列原材料收发业务。

(1) 购入甲材料 480 千克，单价 20 元；乙材料 1 000 千克，单价 10 元。材料已验收入库，货款已付。

(2) 仓库发出材料，各类用途如下：生产产品领用甲材料 360 千克，乙材料 1 500 千克，车间领用甲材料 200 千克，行政管理部门领用乙材料 500 千克。

要求：

(1) 编制本月业务的会计分录。

(2) 开设并登记原材料总账（T 字形账户）和明细分类账户。

(3) 编制总分类账户与明细分类账户发生额及余额对照表。

业务题二

目的：练习错账的更正方法。

资料：某企业查账时发现以下记账错误。

(1) 从银行提现金 3 500 元，过账后发现，记账凭证没错，账簿错将金额记为 5 300 元。

(2) 接收某企业用固定资产投资，评估确认价值 70 000 元。查账时发现记账凭证与账簿均记为"借：固定资产 70 000；贷：资本公积 70 000"。

(3) 以银行存款偿还短期借款 4 000 元，查账时发现凭证与账簿中科目没有记错，但金额均记为 40 000 元。

(4) 将一部分盈余公积金按规定程序转为实收资本，查账时发现凭证与账簿均将金额少记 72 000 元。

要求：按正确的方法更正以上错账。

业务题三

目的：练习"生产成本"明细分类账的登记及产品成本计算表的编制。

资料：某企业生产 A、B 两种产品，5 月有关资料如下。

(1) 期初结存的未完工 A 产品各成本项目余额为直接材料费 1 212 元，直接人工费 1 140 元，制造费用 4 437.5 元，共计 6 789.5 元。

(2) 本月为生产 A、B 产品发生的费用如下。

① A 产品耗用甲材料 100 千克、耗用乙材料 50 千克，B 产品耗用乙材料 30 千克（设甲材料单位成本 32.58 元，乙材料单位成本 83.5 元）。

② A 产品生产工人工资 5 000 元，B 产品生产工人工资 3 000 元。

③ 制造部门本月共发生间接费用 10 500 元，按生产工人工资比例为标准分配。

④ 本月生产的 100 件 A 产品制造完工，50 件 B 产品也已制造完工，尚有 10 件 B 产品没有完工，作为在产品。在产品每件按下列标准计价：直接材料 8 元，直接人工费 6 元，制造费用 2.05 元，共计 16.05 元。

要求：

(1) 编制有关业务的会计分录。

(2) 编制制造费用分配表。

(3) 登记 A、B 产品生产成本明细分类账。

(4) 编制完工产品成本计算表。

第 9 章 财产清查

本章的学习将会使你：
- 了解财产清查的意义和种类；
- 熟练掌握各种财产清查的程序和方法；
- 熟练掌握财产清查结果的会计处理方法。

在企业的会计核算工作中，由于某些因素的影响，财产物资的账面金额与实存数额有时会出现差异，造成账实不符。为此，企业应在正确建立账簿记录的基础上，运用合理有效的财产清查方法，查明账实不符的情况和原因，及时对账簿记录进行调整，以确保会计报表的编制依据更加真实可靠。

导入案例

600 吨铁矿石哪里去了

某钢铁厂已经建立了完善的内部控制制度。在存货的管理中实行了采购人员、运输人员、保管人员等不同岗位分工负责的内部牵制制度。然而在实际操作中，由于三者合伙作弊，使内控制度失去了监督作用。该钢铁厂 20×1 年根据生产需要每月需要购进各种型号的铁矿石 1 000 吨，货物自提自用。20×1 年 7 月，采购人员张黑办理购货手续后，将发票提货联交由本企业汽车司机胡来负责运输，胡来在运输途中，一方面将 600 吨铁矿石卖给某企业；另一方面将剩余的 400 吨铁矿石运到本企业仓库，交保管员王虎按 1 000 吨验收入库，三个人随即分得赃款。财会部门从发票、运单、入库单等各种原始凭证的手续上看，完全符合规定，照例如数付款。

思考：这种问题如何才能发现？我们能从中领悟到什么？

9.1 财产清查的意义和种类

9.1.1 财产清查的概念

会计核算是通过完整的账簿记录来反映企业的经济业务活动，包括企业各项财产的增减变动和结存情况。但在实务中由于受诸多因素的影响，经常造成账面反映的财产数量金额与实存数不一致的情况。例如，因计量、检验误差导致材料、产品收发时出现品种数量上的差异；因管理不善、营私舞弊甚至贪污盗窃等行为造成财产损失；因自然灾害或自然属性发生财产数量与质量上的变化等。而账簿记录是否正确、完整，会直接影响会计核算的准确性，所以要保证账簿记录的正确和完整，就要求企业组织定期或不定期的账证核对、账账核对和账实核对工作，其中的账实核对就是财产清查的主要内容。

财产清查是企业通过对其现金、实物的实地盘点，以及对银行存款、债权债务的核对，来查明各种货币资金、财产物资和往来款项的实存数,并与账面数核对,以确证账实是否相符的一种专门方法。财产清查虽然不是一种基本的会计核算方法,但也是企业财产物资管理制度的重要组成,在一定程度上保证会计各项核算工作的客观真实。

9.1.2 财产清查的意义

作为企业会计核算体系中不可分割的重要组成部分,财产清查具有十分重要的意义,概括起来主要有以下几个方面。

1. 保证会计信息的真实性、可靠性

通过财产清查,可以确定各项财产物资、货币资金和债权债务的实存数,在与账面数比对后确定盘盈、盘亏,并及时调整账簿记录以确保账实相符,为报表编制、经营决策提供可靠的数据资料。

2. 监督财产物资的使用状况,提高资金的使用效能

通过财产清查,可以及时、真实地揭示企业各项财产物资的储备、保管和使用情况,查明各项财产物资占用资金的合理性,以进一步挖掘各项财产物资的使用潜能,加速资金周转,提高资金使用效率。

3. 完善企业的内部控制制度,保护各项财产的安全完整

通过财产清查,查明各项财产物资盘盈、盘亏的原因和责任,可以发现问题,查漏补缺,建立健全各项内控制度,防止人为原因造成的财产物资损失浪费、损坏丢失或被非法挪用盗窃等情况发生,同时有利于及时结清各项债权债务,减少坏账损失的发生。

9.1.3 财产清查的种类

不同的对象和范围决定了企业财产清查的不同种类。一般来说,财产清查主要按照清查的对象和范围,以及清查的时间来进行分类。

1. 按照清查的对象和范围,分为全面清查和局部清查

全面清查是指对企业所有的财产物资、货币资金和债权债务进行全面、彻底的盘点和核对。全面清查的对象包括固定资产、在建工程、在途物资、库存材料、在产品、半成品、产成品(库存商品)、委托加工物资等财产物资;库存现金、银行存款等货币资金;银行借款、各种往来款项(票据)等债权债务。全面清查的特点是内容多、范围广、时间长。本着重要性原则,企业一般只在以下几种情况下才需要进行全面清查。

(1) 年终决算前为确保年度会计报告的真实性。

(2) 企业撤销、合并或改变隶属关系,以及中外合资、国内联营时为开展清产核资,并进行有效的资产评估。

(3) 企业主要负责人离任时为明确其经济责任。

局部清查是指企业根据某种需要,对一部分特定的财产物资、货币资金和债权债务进行的清查。局部清查范围小、专业性比较强,特别适合流动性比较大又易于损坏的财产物资,具体包括以下内容。

(1) 对库存现金应该在每日业务终了时进行盘点,做到日清月结。

(2) 对银行存款和银行借款应该每月至少向银行核对一次。

(3) 对原材料、在产品、产成品和固定资产等除了年终清查外,应按计划每月进行重点抽查,对比较贵重的财产物资每月应至少清查盘点一次。

(4) 对各种往来款项每年应至少与相关单位核对一次。

2. 按照清查的时间,分为定期清查和不定期清查

定期清查是指根据企业的内部管理制度规定或计划安排的时间,对全部或部分的财产进行的清查。定期清查的对象不固定,既可以是全面清查,也可以是局部清查,通常安排在月末、季末、年末结账时进行,旨在确证会计核算资料的真实、正确。

不定期清查是指事先不规定清查时间,而是根据管理需要所进行的临时性清查。不定期清查的对象可以是全部财产或部分财产,一般在以下情况下进行。

(1) 更换出纳及其他财产物资保管人时,对库存现金、银行存款及相关财产物资进行清查,以明确财产状况,分清经济责任。

(2) 有关单位(包括上级主管部门、财税机关、开户银行、会计师事务所等)对企业进行会计检查或临时性清产核资时,应按要求进行清查。

(3) 在发生自然灾害和意外损失时,对受灾受损的实物财产进行清查,以查明损失情况。

课程思政

企业组织定期、不定期的财产清查,确保账实相符,对保证财产物资的安全完整意义重大。通过财产清查,若发现账实不符,要调账、查找原因、追究相关人员的责任。同学们对待本职工作要认真、负责,不能存在侥幸心理,一旦失职,必追究、必担责。

9.2 财产清查的方法

9.2.1 财产清查的准备工作

财产清查是一项涉及面广、工作量大、非常复杂细致的工作,为了使之顺利进行并发挥应有的积极作用,在进行财产清查之前,必须做好充分的组织准备和业务准备工作。

1. 组织准备

企业在进行财产清查,特别是全面清查前,要设立由主管财务的企业领导或总会计师(财务总监)为首的财产清查领导小组,其成员包括生产、技术、设备、行政管理等部门的主管。清查领导小组的任务主要如下。

(1) 在清查前研究制订清查计划,确定清查对象、范围、进度,配备具体的清查人员,确定清查方法。

(2) 在清查过程中做好组织、检查和监督工作中,及时研究和处理清查中出现的问题。

(3) 在清查结束后,将清查结果及处理意见形成书面报告,交由上级或有关部门审批处理。

2. 业务准备

充分的业务准备是确保财产清查顺利进行的前提条件,其准备工作主要包括以下内容。

(1) 根据企业经营特点和清查工作需要,设计、印制好各种清查登记所需的表、册,如库存现金盘点表、库存物资盘存单、实存账存对比表等。

(2) 会计部门应该在开始财产清查前经将有关账目登记齐全,结出余额,并核对清楚,保证账簿记录的完整和正确(计算准确、账证相符、账账相符)。

(3) 财产物资管理部门应该在财产清查前登记好各种财产物资的明细账,结出余额。同时应将各种财产物资整理好,配上相应标签,注明其品种、规格、结存(数量),以便盘点核对。

(4) 对于银行存款、银行借款、各种往来款项,相关部门应在财产清查前取得相应的银行、客户或供应商的对账单、函证资料等。

9.2.2 货币资金的清查

货币资金的清查包括对库存现金、银行存款和其他货币资金的清查。

1. 库存现金的清查

企业一般采用实地盘点的方法对库存现金进行清查,也就是通过对库存现金的实地盘点,得出实有数,再与"库存现金"日记账的账面余额进行核对,以查明账实是否相符。

微课:库存现金的清查

企业应该规定出纳员在每天业务结束后进行库存现金的实地盘点,并及时与其登记的"库存现金"日记账核对;另外,根据企业相关的内控制度规定,定期或不定期地组织突击盘点,盘点时出纳员应在场,突击检查要重点审核记账凭证和账簿记录,检查经济业务的合理性和合法性,查明有无记账错误、白条顶库、借据或收据抵库、超限额储备及长短款情况,当场核实库存现金的盘盈盘亏数额,并据此填制"库存现金盘点报告单",由盘点人员和出纳员共同签章生效。

"库存现金盘点报告单"同时具有"盘存"和"实存账存对比"的作用,是一种重要的原始凭证。其一般格式如表 9-1 所示。

表 9-1 库存现金盘点报告单
年 月 日

单位名称:

实存金额	账存金额	实存与账存对比结果		备注
		盘盈	盘亏	
盘点确定实存额	"库存现金"日记账余额	实存额大于账存额	实存额小于账存额	

盘点人: 出纳:

2. 银行存款的清查

银行存款清查的基本方法是核对账目,将"银行存款"日记账与开户银行的"对账单"进行核对。核对前,应先检查"银行存款"日记账的正确性和完整性,确认至清查日止的所有银行存款收、付业务均已正确登记入账,再将其与银行的对账单逐笔核对。如果核对结果双方一致(很少的情况),说明银行存款账实相符;如果核对结果不一致,一般有两种可能:一是双方

微课:未达账项

可能记账有误,二是双方存在"未达账项"。双方如果记账有误,一般可在核对账目环节发现,并可及时进行纠正。对未达账项,则需要给予认真的分析和确认。

未达账项是指在企业与银行之间由于相关凭证的传递时间不同,导致彼此记账时间不能同步,即一方已收到结算凭证并据以登记入账,而另一方因未收到结算凭证而尚未登记入账的款项。未达账项分为两大类:一是企业已经入账而银行尚未入账的款项;二是银行已

经入账而企业尚未入账的款项。具体表现在以下四种情况。

(1) 企业已收,银行未收。即企业存入各种款项并已登记入账,而银行尚未入账。如企业收到购货方开出的支票,企业登记收款入账,而银行因为未完成跨行结算而不能马上登记该企业款项的增加。

(2) 企业已付,银行未付。即企业开出各种付款凭证并已登记入账,而银行尚未入账。如企业开出付款支票,并根据支票存根、入库单等凭证入账,而持票人因故未能及时送票入行结算,银行没有付款入账。

(3) 银行已收,企业未收。即企业委托银行代收,或客户所付的款项和银行应付的存款利息,银行已经入账,作为企业存款的增加,而企业因尚未收到相关凭证而未入账。

(4) 银行已付,企业未付。即企业委托银行代付的款项,银行已于付款后登记入账,作为企业存款的减少,而企业尚未收到通知未及时入账。

上述任何一种未达账项都会引起企业的"银行存款"日记账余额与银行"对账单"余额不一致。其中(1)、(4)项会使日记账的账面余额大于对账单余额;(2)、(3)项会使日记账的账面余额小于对账单余额。对此,企业在清查银行存款时应首先查明是否存在未达账项,如果存在上述未达账项则应通过编制"银行存款余额调节表"来进行相关的调整。

"银行存款余额调节表"是为了核对"银行存款"日记账余额与开户银行"对账单"余额而编制的,列示双方未达账项的一种表格。其编制方法是在日记账余额与对账单余额的基础上,分别加减未达账项,确定调节后余额。如果调节后余额相符,说明企业、银行双方记账无误,否则说明某一方或双方可能存在记账错误,应具体查明错误所在,区别漏记、重记、错记等情况,分别采用不同方法予以调整。

微课:银行存款
余额调节表
的编制

余额调整的计算公式如下:

$$\text{企业的银行存款日记账余额} + \text{银行收款企业未收款的款项} - \text{银行付款企业未付款的款项} = \text{银行对账单的余额} + \text{企业收款银行未收款的款项} - \text{企业付款银行未付款的款项}$$

【例 9-1】 海丰公司 20×1 年 12 月的"银行存款"日记账和银行"对账单"在 25 日以后的记录如下(假定 25 日以前的记录经核查无误)。

"银行存款"日记账记录:

日期	摘要	金额	
25 日	开出支票♯128,支付办公用品的月结费用	800 元	
27 日	开出支票♯129,支付购入材料款	60 840 元	
28 日	开出支票♯130,支付会议费	12 000 元	√
29 日	通过银行转账收到货款	76 050 元	
30 日	开出支票♯131 支付技术测试费	2 000 元	
31 日	存入客户交来的购货支票	46 800 元	√

银行"对账单"记录:

日期	摘　要	金额	
27日	支票♯129	60 840元	
29日	支票♯128	800元	
29日	通过银行转账收到货款	76 050元	
30日	银行扣款——水电费	6 200元	√
31日	支票♯131	2 000元	
31日	通过银行转账收到货款	40 950元	√
31日	结算存款利息	650元	√

经逐笔核对,发现存在五笔未达账项(金额后打"√"的项目),企业根据此编制"银行存款余额调节表"(表9-2),调节企业"银行存款"日记账和银行"对账单"的账面余额。

表 9-2　银行存款余额调节表

20×1 年 12 月 31 日

项　目	金　额	项　目	金　额
企业　银行存款　日记账余额	330 080	银行　对账单　余额	330 680
加:银行已收,企业未收	40 950	加:企业已收,银行未收	46 800
	650		
减:银行已付,企业未付	6 200	减:企业已付,银行未付	12 000
调节后的日记账余额	365 480	调节后的对账单余额	365 480

从表9-2中可以看到,"银行存款余额调节表"是在"银行存款"日记账和银行"对账单"自身余额的基础上,补记对方已经入账,自身未记账的未达账项。经此调整后,双方余额相等,表明双方记账相符,且经过调整后的余额就是企业可以实际动用的款项金额。如果经过调节后的双方余额仍不相等,则说明企业或银行或双方可能存在记账错误,应进一步查明原因,予以更正。应关注的是,对于未达账项,企业只能根据银行转来的收(付)款通知后才能据实登记入账,而不能根据"银行存款余额调节表"来编制会计分录,进而直接调整账面余额。

上述银行存款的清查方法也同样适用于其他货币资金的清查。

9.2.3　实物财产的清查

企业的实物财产包括原材料、半成品、在产品、产成品、低值易耗品和固定资产等具有实物形态的各种财产物资。企业对各种实物财产,尤其是存货的清查,应首先确定其账面结存数,再通过适当方法确定实际结存额,最后进行比较,确定出账实差异后进一步寻找差异原因,进而做出相关的账务处理。

1. 实物财产的账面结存方法

1) 永续盘存制

永续盘存制又称账面盘存制,是通过建立存货明细账,根据有关的会计凭证对存货的收入或发出情况进行连续性的逐笔登记,以随时在账面上结出存货的结存数的一种方法。该种盘存制度要求存货的收发手续较为严密,能及时反映存货的收入、发出和结存情况,在一定程度上保证了企业财产物资的安全完整。账面结存的计算公式为

$$期初结存数＋本期增加数－本期减少数＝期末结存数$$

但由于各种原因,根据上式推算出来的账面结存数与实存数之间仍有可能不相符,为此企业需要定期或不定期地进行实地盘点,以便确定存货的实存数,并进一步查明账实是否相符以及不相符的原因。

【例 9-2】 某企业 20×1 年 5 月 A 材料收、发、存资料如下。

(1) 5 月 1 日,结存 1 000 千克,单价 10 元,金额 10 000 元。
(2) 5 月 6 日,购进入库 400 千克,单价 10 元,金额 4 000 元。
(3) 5 月 14 日,生产领用 600 千克,单价 10 元,金额 6 000 元。
(4) 5 月 18 日,购进入库 1 000 千克,单价 10 元,金额 10 000 元。
(5) 5 月 20 日,生产领用 1 200 千克,单价 10 元,金额 12 000 元。

根据上述资料,在永续盘存制下,登记 A 材料明细分类账如表 9-3 所示。

表 9-3 原材料明细分类账(1)

材料名称:A　　　　　　　　计量单位:千克　　　　　　　　第　　页

20×1年		凭证字号	摘要	收入			发出			结存		
月	日			数量	单价	金额	数量	单价	金额	数量	单价	金额
5	1	略	月初结存							1 000	10	10 000
	6		购入	400	10	4 000				1 400	10	14 000
	14		生产领用				600	10	6 000	800	10	8 000
	18		购入	1 000	10	10 000				1 800	10	18 000
	20		生产领用				1 200	10	12 000	600	10	6 000
	31		本月发生额及余额	1 400		14 000	1 800		18 000	600	10	6 000

2) 实地盘存制

实地盘存制又称以存计耗制,是指企业对其各种存货,平时只根据有关凭证登记增加数,不登记减少数,月末通过实地盘点,将盘点所得的实存数,倒推出(本月)的减少数,并据以登记入账的一种方法。倒推的计算公式为

$$期初结存数＋本期增加数－期末盘存数＝本期减少数$$

与永续盘存制相比,实地盘存制以存计耗,工作程序简化,但手续不严密所带来的弊病也显而易见,最大的问题就在于平常无法及时从账面上得到企业财产物资的减少数和结存情况,不利于存货的有效管理,而且以实存数作为账存数来倒推,使账实之间无法相互控制和核对,影响成本核算的正确性。

【例 9-3】 仍以例 9-2 的资料为依据,采用实地盘存制,假定期末经盘点,A 材料的结存数量为 800 千克,则根据计算公式可以倒推出本月 A 材料的领用数为

$$\begin{aligned}本期减少数&＝期初结存数＋本期增加数－期末盘存数\\&＝1\,000＋(400＋1\,000)－800\\&＝1\,600(千克)\end{aligned}$$

登记 A 材料明细分类账如表 9-4 所示。

表 9-4　原材料明细分类账（2）

材料名称：A　　　　　　　　计量单位：千克　　　　　　　　第　　页

20×1年		凭证字号	摘要	收入			发出			结存		
月	日			数量	单价	金额	数量	单价	金额	数量	单价	金额
5	1	略	月初结存							1 000	10	10 000
	6	略	购入	400	10	4 000						
	18		购入	1 000	10	10 000						
	31		盘点							800	10	8 000
	31		生产领用				1 600	10	16 000			
	31		本月发生额及余额	1 400	10	14 000	1 600	10	16 000	800	10	8 000

2. 实物财产的实存数额确定方法

由于各种实物财产的形态、体积、重量和堆放方式等有很大差异，保管使用情况也不同，因此对其清查时采用的方法也会有所不同。企业常用的实物财产清查方法主要包括以下几种。

（1）实地盘点。实地盘点法是指通过实地逐一点数，或用适当的计量器具进行过磅、量度等方法确定实物财产的实存数量。这种方法适用于机器设备、原材料、产成品及库存商品等大多数的实物财产。

（2）技术推算。技术推算法是指利用特定的技术方法推算确定实物财产的实存数量。这种方法适用于散装、大量堆放、体重价廉的实物财产，如原煤、沙石、矿砂等，盘点时可先计算出单位体积重量，再乘以估算的总体积，求得其实存数量。

（3）函证核对。函证核对法是指通过发函查证，或索取相关对账单（资料）的方式，确认有关实物财产的实存数量，一般适用于委托外单位加工或保管的财产物资。

（4）抽样盘存。抽样盘存法是指对于数量多、重量均匀的实物财产，可以采用抽样盘点的方法，确定其实存数额。

企业在进行实物财产盘点时可参照库存现金盘点的方法，编制相关的清查盘点凭证。常用的凭证如表 9-5 和表 9-6 所示。

表 9-5　盘存表

单位名称：　　　　　　　　　盘点时间：
财产类别：　　　　　　　　　存放地点：　　　　　　　　　编号：

序号	名称	计量单位	实存数量	单价	金额	备注

保管人签章：　　　　　　　　　　　　　　　　　　　盘点人签章：

表 9-6　实存账存对比表

单位名称：　　　　　　　　　　　　　年　月　日

类别/名称	计量单位	单价	实存		账存		差异				备注
							盘盈		盘亏		
			数量	金额	数量	金额	数量	金额	数量	金额	

9.2.4　往来款项的清查

企业的往来款项包括对外的结算款和企业内部的结算款，在清查时应当区别不同情况，采用不同的方法。

对外的往来款项清查一般采用函证核对的方法，即通过寄送"往来款项对账单"，或其他形式的对账表，与相关的企业核对彼此的往来情况和余额。对账单一般一式两份（或附回单），一份由对方留存，另一份由对方对账并将对账结果注明，签章后退回。企业通过往来款项的清查，保证各项资金往来的准确性，及时催收（或偿还）到期款项，并及时处理相应的坏账，以提高往来资金的质量。"往来款项对账单"格式如下。

往来款项对账单

　　　　公司：

自20××年×月×日至20××年×月×日止，贵公司与我公司的资金往来余额为人民币　　元，详见附件（资金往来明细清单）。请核对后将回单寄回我司。

公司（签章）

20××年×月×日

往来款项对账单（回单）

　　　　公司：

贵公司于20××年×月×日寄来的"往来款项对账单"已经收到。经核对，往来款项及余额相符无误。（或有补付，应注明具体原因）

公司（签章）

20××年×月×日

企业在对往来款项进行函证核查后，应根据结果及时填写"往来款项清查结果报告表"（表9-7），报请相应的主管人员进行处理。

课程思政

库存现金采用实地盘点的清查方法，银行存款采用日记账与对账单核对的清查方法，应收账款采用函证的清查方法……不同的财产物资有不同的特点，使用的清查方法也不同，同学们面对实际问题不能死搬硬套，要举一反三、灵活处理。

表 9-7　往来款项清查结果报告表

清查期间：　　　　　　　　　　　编表日期：
总分类账名称：　　　　　　　　　总账结余金额：

明细账户名称(客户)	账面结存金额	清查结果		备　注
		核对相符金额	核对不符金额	

制表人：

9.3　财产清查结果的处理

财产清查的处理是指对账实不符的清理结果所进行的相关账务处理。财产清查后发现账存数与实存数不一致，会有两种情况：一是实存数大于账存数，即盘盈；二是实存数小于账存数，即盘亏。即便账存数与实存数一致，也可能因为实存的财产物资存在某些质量问题而不能正常使用，此时称为毁损。无论盘盈、盘亏，还是毁损，企业都应当按照相关的程序，分析差异原因，厘清相关责任，并据实调整账存数，使账存数与实存数保持一致，确保账实相符。

9.3.1　财产清查处理的程序

企业对于财产清查结果的处理应按照一定的程序来进行。首先要根据已查明属实的各种财产物资的盘盈、盘亏和毁损数额，编制相应的实存账存对比表，据以填制记账凭证，并登记入账，在调整了账面结存数后，使账实相符；其次在查明盘盈、盘亏及毁损的具体原因后，明确相应的责任，按规定程序报批后填制相关的(转销盘盈、盘亏)记账凭证，并据以登记入账。

9.3.2　财产清查的会计处理

为了核算和监督企业在财产清查中查明的财产盘盈、盘亏、毁损及相应的处理情况，需设置"待处理财产损溢"账户。"待处理财产损溢"账户具有双重属性，既属于资产类账户，也属于调整类账户。该账户的借方登记企业各项财产发生的(待处理)盘亏、毁损数和经过批准处理转销的盘盈数；贷方登记企业各项财产发生的(待处理)盘盈数和经过批准处理转销的盘亏数；期末如果出现借方余额，表明存在尚待处理的净损失。如果出现贷方余额，则表明存在尚待处理的净溢余。企业一般应在会计年度结束前处理完所有的待批准处理的财产盘盈、盘亏，所以该账户在会计年度终了时一般没有余额，如果用特殊情况尚未做处理的，应当在会计报表附注中予以披露。

"待处理财产损溢"账户下设"待处理流动资产损溢"和"待处理固定资产损溢"两个明细账户，分别对流动资产和固定资产的损溢进行分类核算。"待处理财产损溢"账户的结构如下：

借方	待处理财产损溢	贷方
(1) 清查时发现的待处理盘亏和毁损数 (2) 经批准后转销的盘盈数		(1) 清查时发现的待处理盘盈数 (2) 经批准后转销的盘亏和毁损数
结余：尚待处理的净损失		结余：尚待处理的净溢余

值得注意的是，有关债权债务的盈亏余缺一般不通过该账户核算，而是采用备抵调整的方法进行处理，相关内容将在"中级财务会计"课程中介绍。

财产清查的对象不同，其清查结果的会计处理也有所不同。

1. 库存现金清查的会计处理

库存现金清查中发现的长款（溢余）或短款（盘亏），应根据"库存现金盘点报告单"以及有关的批准（处理）文件进行批准前和批准后的账务处理。

库存现金的长、短款在批准处理前应该在"库存现金"和"待处理财产损溢——待处理流动资产损溢"账户核算。以盘点到的实际库存现金为准，当出现长款时，增加"库存现金"账户的借方记录，以保证账实相符。同时记入"待处理财产损溢——待处理流动资产损溢"账户的贷方，等待批准处理；当出现短款时，则增加"库存现金"账户的贷方记录（冲减其账面数额），以保证账实相符，同时记入"待处理财产损溢——待处理流动资产损溢"账户的借方，等待批准处理。

在报经批准后，应根据不同的原因对库存现金的长、短款分别采取不同的会计处理。对于短款，一般来说，属于应由责任人赔偿的部分，借记"其他应收款——应收××现金短缺"账户，贷记"待处理财产损溢——待处理流动资产损溢"账户；属于应由保险公司赔偿的部分，借记"其他应收款——应收保险赔款"账户，贷记"待处理财产损溢——待处理流动资产损溢"账户；属于无法查明的其他原因，借记"管理费用"账户，贷记"待处理财产损溢——待处理流动资产损溢"账户。而对于长款，属于应支付给有关人员或单位的，应借记"待处理财产损溢——待处理流动资产损溢"账户，贷记"其他应付款——应付现金溢余"账户；属于无法查明原因的溢余，则作为盘盈利得处理，借记"待处理财产损溢——待处理流动资产损溢"账户，贷记"营业外收入——盘盈利得"账户。

【例 9-4】 某公司 5 月对库存现金进行突击盘查，发现短缺 650 元。经核查，其中 500 元是由于出纳员××的责任造成的，应由其赔偿；另外的 150 元无法查明原因，转入管理费用。

(1) 库存现金清查中发现短缺 650 元，批准处理前：

借：待处理财产损溢——待处理流动资产损溢　　650
　　贷：库存现金　　　　　　　　　　　　　　　　650

(2) 经批准后分两种情况处理。

需由出纳员××赔偿的：

借：其他应收款——××　　　　　　　　　　　500
　　贷：待处理财产损溢——待处理流动资产损溢　　500

无法查明原因的，转入管理费用：

借：管理费用　　　　　　　　　　　　　　　　150
　　贷：待处理财产损溢——待处理流动资产损溢　　150

【例 9-5】 某公司 6 月对库存现金进行突击盘查，发现长款 300 元。经反复核查，无法查明具体的原因，经批准后作为盘盈利得转入营业外收入。

(1) 库存现金清查中发现长款 300 元，批准处理前：
借：库存现金　　　　　　　　　　　　　　　　300
　　贷：待处理财产损溢——待处理流动资产损溢　　300
(2) 经批准后转为营业外收入：
借：待处理财产损溢——待处理流动资产损溢　　300
　　贷：营业外收入　　　　　　　　　　　　　　300

2. 存货清查的会计处理

与库存现金清查结果的处理相似，企业在进行存货清查盘点时，如果发现存货盘盈或盘亏，应当先通过"待处理财产损溢——待处理流动资产损溢"账户和"原材料"账户等进行相应的账数调整，以保证原材料等存货项目的账实数相符。在进一步查明原因，并报请上级主管部门批准后，根据不同情况做出不同的账务处理。具体做法如下。

微课：存货清查的会计处理

(1) 属于定额内自然损耗造成的短缺，计入管理费用。

(2) 属于收发计量差错或管理不善等原因造成的短缺、毁损，将扣除可收回保险公司和过失人赔款以及残料价值后的净损失，计入管理费用。

(3) 属于自然灾害等非常原因造成的毁损，将扣除可收回保险公司和过失人赔款以及残料价值后的净损失，计入营业外支出。

(4) 如果发生存货的盘盈，一般冲减当期管理费用。

【例 9-6】 某企业在存货清查中发现一批 B 材料盘亏，根据实存账存对比表，短缺的 B 材料账面成本为 12 000 元（不考虑增值税）。经查，短缺原因如下。

(1) 定额内损耗 2 000 元。

(2) 因管理不善，收发计量差错造成短缺 1 000 元，责成当事人赔偿 500 元。

(3) 因非常事故造成损失 9 000 元，其中，保险公司同意赔付 7 200 元，另有残料作价 800 元入库。

对于上述清查盘点的结果，在经过核准前，应根据"实存账存对比表"编制相关记账凭证，调整材料账存数。会计分录如下。

借：待处理财产损溢——待处理流动资产损溢　　12 000
　　贷：原材料——B　　　　　　　　　　　　　12 000

在明确了盘亏原因并报有关部门批准后，结转"待处理财产损溢"，会计分录如下。

(1) 属于定额内损耗的
借：管理费用　　　　　　　　　　　　　　　　2 000
　　贷：待处理财产损溢——待处理流动资产损溢　2 000

(2) 属于管理不善的
借：其他应收款——×××　　　　　　　　　　500
　　管理费用　　　　　　　　　　　　　　　　500
　　贷：待处理财产损溢——待处理流动资产损溢　1 000

(3) 属于非常损失的
借：其他应收款——保险赔付　　　　　　　　　7 200
　　原材料　　　　　　　　　　　　　　　　　800

营业外支出　　　　　　　　　　　　　　　　　　1 000
　　　贷：待处理财产损溢——待处理流动资产损溢　　9 000

【例9-7】 根据实存账存对比表所列，某企业在清查C材料时盘盈了3 000元。企业在得出盘盈结果后，应及时对账存数进行调整。会计分录如下。

　　借：原材料——C　　　　　　　　　　　　　　　3 000
　　　贷：待处理财产损溢——待处理流动资产损溢　　3 000

在经过一定程序核准后，结转"待处理财产损溢"。会计分录如下。

　　借：待处理财产损溢——待处理流动资产损溢　　　3 000
　　　贷：管理费用　　　　　　　　　　　　　　　　3 000

3. 固定资产清查结果的会计处理

固定资产出现盘亏的原因主要是自然灾害、责任事故和丢失等，企业应根据清查结果及时地通过"待处理财产损溢——待处理固定资产损溢"账户和"固定资产""累计折旧"等账户进行相应调整，即按照该项固定资产的账面原值和累计折旧及时予以注销，其净值记入"待处理财产损溢——待处理固定资产损溢"账户的借方；经核准后再做出进一步的会计处理。一般因自然灾害造成的固定资产毁损净值，在扣除保险公司赔付和残值收入后计入营业外支出；属责任事故造成的固定资产毁损，应由责任人酌情赔偿损失，余额转入营业外支出。

微课：固定资产盘亏的会计处理

而财产清查中盘盈的固定资产，则作为前期差错处理，通过"以前年度损益调整"账户进行核算，相关内容将在"中级财务会计"课程中介绍。

【例9-8】 根据固定资产的盘盈盘亏报告，某企业在其一次财产清查中发现盘亏一台电机，该台电机的账面原值为25 000元，已计提的累计折旧为15 000元。

（1）在报经批准处理前，先注销该项固定资产的原价与累计折旧。

　　借：待处理财产损溢——待处理固定资产损溢　　10 000
　　　　累计折旧　　　　　　　　　　　　　　　　15 000
　　　贷：固定资产　　　　　　　　　　　　　　　25 000

（2）经批准后，盘亏的固定资产转入营业外支出。

　　借：营业外支出　　　　　　　　　　　　　　　10 000
　　　贷：待处理财产损溢——待处理固定资产损溢　10 000

本章小结

财产清查是保证企业财产物资账实相符的必要环节，是会计核算的又一方法。财产清查一般根据企业的实际需要进行，既可以定期清查，也可以不定期清查；既可以做全面清查，也可以做局部清查。通过财产清查，可以为报表编制、经营决策提供更可靠的数据资料。

通过本章学习，同学们应熟悉财产清查的概念、作用和种类，掌握财产清查的基本程序和方法，包括货币资金、实物财产及往来款项等的清查方法，其中有关银行存款及存货清查是重点内容之一；此外，针对财产清查结果重点介绍了"待处理财产损溢"账户及其应用。

本 章 习 题

一、单项选择题

1. 现金清查的方法是（　　）。
   A. 技术测算法　　　　　　　　B. 实地盘点法
   C. 外调核对法　　　　　　　　D. 与银行对账单相核对
2. 一般而言，企业撤销、合并时要进行（　　）。
   A. 定期清查　　B. 全面清查　　C. 局部清查　　D. 实地清查
3. 对于现金的清查，应将其结果及时填列（　　）。
   A. 盘存单　　　　　　　　　　B. 实存账存对比表
   C. 库存现金盘点报告表　　　　D. 对账单
4. 银行存款清查的方法是（　　）。
   A. 日记账与总分类账核对　　　B. 日记账与收付款凭证核对
   C. 日记账和银行对账单核对　　D. 总分类账和收付款凭证核对
5. 对财产物资的收发都有严密的手续，且在账簿中有连续的记载便于确定结存灵敏度的制度是（　　）。
   A. 实地盘存制　　　　　　　　B. 权责发生制
   C. 永续盘存制　　　　　　　　D. 收付实现制
6. 对于大量成堆、难于清点的财产物资，应采用的清查方法是（　　）。
   A. 实地盘点法　　　　　　　　B. 抽样盘点法
   C. 查询核对法　　　　　　　　D. 技术推算盘点法
7. 下列项目的清查应采用询证核对法的是（　　）。
   A. 原材料　　B. 应付账款　　C. 实收资本　　D. 短期投资
8. "待处理财产损溢"账户未转销的借方余额表示（　　）。
   A. 尚待处理的盘盈数　　　　　B. 尚待处理的盘亏和毁损数
   C. 已处理的盘盈数　　　　　　D. 已处理的盘亏和毁损数
9. 对于盘盈的存货，经批准后应贷记的会计科目是（　　）。
   A. 营业外收入　　　　　　　　B. 营业外支出
   C. 管理费用　　　　　　　　　D. 待处理财产损溢
10. 核销无法查明原因的库存现金盘亏时，应贷记的会计科目是（　　）。
    A. 管理费用　　　　　　　　　B. 营业外收入
    C. 待处理财产损溢　　　　　　D. 其他业务收入

二、多项选择题

1. 使企业银行存款日记账余额大于银行对账单余额的未达账项是（　　）。
   A. 企业先收款记账而银行未收款记账的款项
   B. 银行先收款记账而企业未收款记账的款项
   C. 企业和银行同时收款的款项
   D. 银行先付款记账而银行，未付款未记账的款项

E. 企业先付款记账而银行未付款未记账的款项

2. 财产物资的盘存制度有( )。
   A. 收付实现制   B. 权责发生制   C. 永续盘存制   D. 实地盘存制
   E. 岗位责任制

3. 财产清查按照清查的时间可分为( )。
   A. 全面清查   B. 局部清查   C. 定期清查   D. 不定期清查
   E. 内部清查

4. 编制"银行存款余额调节表"时,计算调节后的余额应以企业银行存款日记账余额( )。
   A. 加企业未入账的收入款项   B. 加银行未入账的收入款项
   C. 加双方都未入账的收入款项   D. 加企业未入账的支出款项
   E. 减企业未入账的支出款项

5. 常用的实物财产清查方法包括( )。
   A. 实地盘点法   B. 技术推算法   C. 函证核对法   D. 抽样盘点法
   E. 永续盘存法

6. 采用实地盘点法进行清查的项目有( )。
   A. 固定资产   B. 库存商品   C. 银行存款   D. 往来款项
   E. 现金

7. 定期清查的时间一般是( )。
   A. 年末   B. 单位合并   C. 中外合资时   D. 季末
   E. 月末

8. 财产清查中遇到有账实不符时,用以调整账簿记录的原始凭证有( )。
   A. 实存账存对比表   B. 现金盘点报告单
   C. 银行对账单   D. 银行存款余额调节表
   E. 往来款项对账单

三、判断题

1. 全面清查可以定期进行,也可以不定期进行。( )
2. 对在银行存款清查时出现的未达账项,可编制银行存款余额调节表来调整,编制好的银行存款余额调节表是调节账面余额的原始凭证。( )
3. 实地盘存制是指平时根据会计凭证在账簿中登记各种财产的增加数和减少数,在期末时再通过盘点实物,来确定各种财产的数量,并据此来确定账实是否相符的一种盘存制度。( )
4. 在债权债务往来款项中,也存在未达账项。( )
5. 为了反映和监督各单位在财产清查过程中查明的各种资产的盈亏或毁损及报废的转销数额,应设置"待处理财产损溢"账户,该账户属于资产类性质账户。( )

四、业务题

业务题一

目的:练习企业银行存款的清查。

资料:黄河实业20×1年8月25日至月末的银行存款日记账和银行对账单的记录如

下。(假定之前的记录是相符的)

1. 银行存款日记账的记录如下。

(1) 25 日,开出转账支票♯3215 支付设备维修费 365 元。

(2) 28 日,开出转账支票♯3216 支付购买材料款 11 300 元。

(3) 30 日,收到委托银行代收的销售货款 33 900 元。

(4) 31 日,存入销货款转账支票 2 260 元。

(5) 31 日,开出现金支票♯3217,预支职工王彤差旅费 10 000 元。

银行存款日记账的月末余额 229 300 元。

2. 银行对账单的记录如下。

(1) 26 日,代付水电费 6 500 元。

(2) 28 日,支付♯3215 转账支票 356 元。

(3) 28 日,收到货款 33 900 元。

(4) 30 日,代收货款 90 400 元。

(5) 31 日,支付♯3216 转账支票 11 300 元。

银行对账单的月末余额 320 949 元。

3. 经核对查明,公司的银行存款日记账记录有一笔错误:25 日开出的转账支票♯3 215 支付设备维修费 356 元,错账记为 365 元。

要求:更正以上错账,计算公司 8 月的银行存款日记账余额,并编制银行存款余额调节表。

业务题二

目的:练习企业财产清查结果的会计处理。

资料:黄河实业 20×1 年 8 月 31 日的财产清查结果如下。

1. 原材料 A 盘点溢余 2 千克,单价 125 元。

2. 原材料 B 盘点短缺 120 千克,单价 75 元。

3. 库存产成品盘点溢余 50 件,单价 230 元。

4. 盘亏办公用设备一台,账面原值 18 000 元,已提折旧 6 000 元。

5. 经查实,原材料 A 盘盈是由于计量仪器不准确所致;B 材料盘亏中有 100 千克属于自然灾害造成,可向保险公司索赔 60%,20 千克属于定额内损耗;库存产成品盘盈是本期销售过程中少发货导致的,且已查明购货方为中南公司,需补发货;经批准盘亏的设备转入"营业外支出"。

要求:根据上述资料编制相关的会计分录。

第10章 财务报告

本章的学习将会使你：
- 熟悉财务报告的意义和种类；
- 掌握资产负债表的意义与填列方法；
- 掌握利润表的意义与基本填列方法；
- 了解现金流量表的意义与结构；
- 了解财务报表附注和财务情况说明书的基本内容。

财务报告是会计的产品，是会计信息的输出媒介，是会计循环的最后环节，也是会计核算的基本方法之一。本章的学习要求在全面掌握理论内容的基础上，掌握资产负债表和利润表的基本编制方法。

导入案例

监管部门出击财务造假 "2023年黑榜上市公司"思创医惠领罚单

因财务造假在《大众证券报》举办的"2023年十大黑榜上市公司"评选活动中被评为黑榜公司的思创医惠(300078)于2024年1月8日收到正式处罚。该公司被罚8 570万元，时任董事长10年市场禁入。

思创医惠于2024年1月9日发布公告称，1月8日，公司收到浙江证监局下发的行政处罚决定书及市场禁入决定书。根据行政处罚决定书，2021年1月22日，思创医惠公开披露募集说明书，其中包含其2017年、2018年、2019年及2020年1—9月的财务数据，最终公司发行可转债募资8.17亿元，但思创医惠公开发行的文件编造了重大虚假内容。另外，2019年、2020年年度报告也存在虚假记载。

2019年度，思创医惠通过全资子公司医惠科技与杭州闻然、上海洗凡、深圳雨淋以开展虚假业务等方式，累计虚增营业收入3 493万元，虚增利润3 302万元，占当期利润总额的20.03%。

2020年度，思创医惠通过全资子公司医惠科技与杭州闻然、上海洗凡、深圳雨淋、杭州开泰、医信惠通以开展虚假业务，以及提前确认与广东华上、河南裕景相关业务的收入、成本等方式，累计虚增营业收入9 647万元，累计虚增成本923万元，虚增利润8 394万元，占当期利润总额的67%。其中，2020年1—9月，思创医惠公司累计虚增营业收入6 096万元，累计虚增成本629万元，虚增利润5 237万元，占当期利润总额的56.81%。

此外，行政处罚决定书显示，浙江证监局决定：对思创医惠公开发行文件编造重大虚假内容的行为，处以非法所募资金金额百分之十的罚款，即处以8 170万元罚款；对时任董事长处以500万元罚款。对思创医惠信披违法行为，依据规定责令其改正，给予警告，并处以400万元罚款；对时任董事长给予警告，并处以250万元罚款。综合上述二项，对思创医惠责令改正，给予警告，并处以8 570万元罚款；对时任董事长给予警告，并处以750万元罚款。同时，浙江证监局决定，对时任董事长采取10年市场禁入措施。

资料来源：https://baijiahao.baidu.com/s?id=1787656600613174487&wfr=spider&for=pc。

思考： 企业财务报表造假的动机是什么？

10.1 财务报告的意义与种类

10.1.1 财务报告的意义

财务报告又称财务会计报告,是指企业对外提供的反映企业某一特定日期的财务状况和某一会计期间的经营成果、现金流量等会计信息的文件。

我国现行的《企业会计准则》规定,企业应当编制财务会计报告。财务会计报告的内容一般由会计报表、会计报表附注以及财务情况说明书组成。《企业会计准则第 30 号——财务报表列报》规定,财务报表至少应当包括资产负债表、利润表、现金流量表、所有者权益(或股东权益)变动表及附注。小企业编制的会计报表可以不包括现金流量表。

> 小贴士——财务报表与会计报表不同
>
> 财务报表与会计报表是两个不同的概念,财务报表是会计报表和会计报表附注的统称,即"四表一注",而会计报表仅指"四表"。财务报表是财务报告的核心内容。

财务报告是提供财务信息的重要手段,及时、准确地编制财务报告对满足信息使用者的需要具有十分重要的意义。

(1) 为企业内部经营管理者进行日常经营管理以及职工和工会了解企业的财务信息提供必要的财务信息资料。企业的经营管理者需要不断地考核分析本企业的财务状况、经营成果、现金流量以及成本费用等情况,评价企业的经营管理工作,预测企业的经济前景从而进行经营决策。企业的职工及工会需要了解本企业的财务信息作为劳资双方谈判的筹码。所有这些工作都必须借助于会计报告提供的财务信息才能进行。

(2) 为投资者和债权人做出决策提供必要的财务信息资料。企业提供的财务会计报告,可以使投资者了解掌握他们所投资企业的财务状况、经营成果和现金流量等,并据以考核企业经营管理者的业绩情况,有助于投资者作出是否向企业投资和是否撤回投资,以及是否继续聘用现任企业经营管理者等相关决策。债权人是企业经营资金的另一主要提供者,企业编制的财务报告可以向债权人提供企业的偿债能力和偿债保证程度等方面的信息,有助于债权人进行贷款方面的决策。

(3) 为政府经济管理部门进行经济决策提供必要的财务信息资料。财务报告提供的企业资金使用情况、成本计算情况、利润的形成和分配以及税金的计算和征缴情况等方面的重要信息以及经过汇总而形成的各区域、各行业乃至全国范围的企业发展状况报告,有助于政府经济管理部门进行宏观经济调控等经济决策。

(4) 为社会公众作出相应的经济决策提供有用的信息资料。社会公众包括供应商、客户和媒体等。供应商需要考虑企业的信誉以及支付货款的能力等,而客户需要评价企业的持续供货能力,所有这些都依赖于财务报告的信息。

> 课程思政
>
> 通过学习和分析财务报告的作用和意义,同学们做财务工作要坚持原则,恪守职业道德,如实、客观、公正地披露企业的相关信息,自觉维护国家利益、社会利益和集体利益。

10.1.2 财务报表的种类

(1) 按财务报表编报时间不同,财务报表分为中期财务报表和年度财务报表。其组成内容如图 10-1 所示。

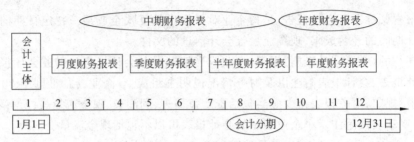

图 10-1　财务报表按编报时间分类的组成内容

中期财务报表是以短于一个完整的会计年度的报告期间为基础编制的财务报表,包括月度、季度和半年度财务报表。中期财务报表至少包括资产负债表、利润表、现金流量表和附注,中期财务报表应当是完整报表,其格式和内容应当与上年度财务报表相一致。对于中期财务报表所采用的会计政策、会计估计变更的情况等,需要进行附注说明。

年度财务报表应当包括资产负债表、利润表、现金流量表、所有者权益变动表和附注。

(2) 按财务报表编报主体不同,财务报表可分为个别财务报表和合并财务报表。其组成内容如图 10-2 所示。

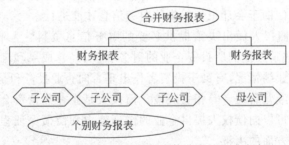

图 10-2　财务报表按编报主体分类的组成内容

个别财务报表反映企业自身的财务状况、经营成果和现金流量等。合并财务报表是以母公司和子公司组成的企业集团为会计主体,根据母公司和子公司的财务报表由母公司编制的综合反映企业集团财务状况、经营成果和现金流量等的财务报表。

课程思政

(1) 企业对发生的经济业务进行确认、计量、记录,最后编制资产负债表、利润表、现金流量表等,以客观、真实地反映企业的财务状况、经营成果和现金流量等方面的信息。按照相关要求,定期对外披露经过审计后的财务报告,降低信息不对称,帮助信息使用者作出相关决策。因此,企业要对其对外披露的财务报告负责、会计师事务所要对其审计的财务报告负责,同学们也要培养自己的责任意识。

(2) 资产负债表、利润表、现金流量表等不是完全独立的,它们相互之间存在一定的勾稽关系。了解和学习报表之间的勾稽关系,同学们要学会主动思考,培养透过现象看本质的思维方式。

10.2 资产负债表的意义与基本填列方法

10.2.1 资产负债表的意义

资产负债表是反映企业某一特定日期财务状况的会计报表,是静态报表。它表明企业在某一特定日期所拥有或控制的经济资源、所承担的现有义务和所有者对企业净资产的要求权。其编制依据是会计恒等式"资产=负债+所有者权益"。

> **小贴士——特定日期**
>
> "特定日期"是指编制资产负债表所涵盖的一定会计期间的某一日,一般是指该会计期间(月度、季度和年度等)的最后一天。

资产负债表的具体意义主要表现在以下方面。

(1) 资产负债表提供企业某一特定日期资产的总额及其结构,有助于信息使用者衡量企业的经济实力,分析企业的生产经营能力,评价企业经济资源的构成是否合理。

(2) 资产负债表提供企业某一特定日期负债的总额及其结构,有助于信息使用者分析企业未来需要用多少资产或劳务清偿以及清偿时间。

(3) 资产负债表可以反映所有者在某一特定日期所拥有的权益,有助于信息使用者判断资本保值、增值的情况以及对负债的保障程度。

(4) 资产负债表可以提供进行财务分析的有关数据资料,有助于信息使用者分析企业的变现能力、偿债能力和资金周转能力,从而作出经济决策。

10.2.2 资产负债表的填列方法

1. 资产负债表填列格式

资产负债表正表的列示格式有报告式和账户式两种。我国资产负债表采用账户式结构。

账户式资产负债表是左右结构,按照"资产=负债+所有者权益"原理排列,左边列示资产项目,右边列示负债和所有者权益项目。账户式资产负债表中资产各项目的总计数等于负债与所有者权益各项目的总计数,即资产负债表左边和右边的总计数平衡相等。因此,账户式资产负债表能够直接体现资产、负债和所有者权益之间的内在联系。

一般企业的账户式资产负债表的列示格式如表 10-1 所示。

表 10-1 资产负债表(账户式)

编制单位:　　　　　　　　　　　年　月　日　　　　　　　　　　　单位:元

资产	期末余额	年初余额	负债及所有者权益	期末余额	年初余额
流动资产:			流动负债:		
货币资金			短期借款		
交易性金融资产			交易性金融负债		
衍生金融资产			衍生金融负债		

续表

资产	期末余额	年初余额	负债及所有者权益	期末余额	年初余额
应收票据			应付票据		
应收账款			应付账款		
应收款项融资			预收账款		
预付款项			合同负债		
其他应收款			应付职工薪酬		
存货			应交税费		
合同资产			其他应付款		
持有待售资产			持有待售负债		
一年内到期的非流动资产			一年内到期的非流动负债		
其他流动资产			其他流动负债		
流动资产合计			流动负债合计		
非流动资产：			非流动负债：		
债权投资			长期借款		
其他债权投资			应付债券		
长期应收款			其中：优先股		
长期股权投资			永续债		
其他权益工具投资			租赁资产		
其他非流动金融资产			长期应付款		
投资性房地产			预计负债		
固定资产			递延收益		
在建工程			递延所得税负债		
生产性生物资产			其他非流动负债		
油气资产			非流动负债合计		
使用权资产			负债合计		
无形资产			所有者权益：		
开发支出			实收资本（或股本）		
商誉			其他权益工具		
长期待摊费用			其中：优先股		
递延所得税资产			永续债		
其他非流动资产			资本公积		
非流动资产合计			减：库存股		
			其他综合收益		
			盈余公积		
			未分配利润		
			所有者权益合计		
资产总计			负债和所有者权益总计		

2. 资产负债表填列的总体要求

（1）资产和负债按流动性列示。流动性通常是按资产的变现或耗用时间的长短以及负债的偿还时间来确定的。按照流动性分类，资产可以划分为流动资产和非流动资产两大类，在流动资产和非流动资产类别下应进一步按性质分项列示。负债可以分为流动负债和非流动负债两大类，在流动负债和非流动负债类别下再进一步按性质分项列示。

（2）所有者权益按组成项目列示。资产负债表中的所有者权益类一般按照净资产的不同来源和特定用途进行分类，应当按照实收资本（或股本）、资本公积、其他综合收益、盈余公积和未分配利润等项目分别列示。

（3）资产负债表项目金额列示。资产负债表中的资产项目和负债项目的金额应以总额列示，资产类至少应当包括流动资产和非流动资产的合计项目；负债类至少应当包括流动负债、非流动负债和负债的合计项目；所有者权益类应当包括所有者权益的合计项目。资产负债表应当列示资产总计项目，负债和所有者权益总计项目。

3. 资产负债表填列方法

资产负债表的列示主要是填列该表中的"年初余额"和"期末余额"这两栏的数字指标。

微课：资产负债表的填列方法

资产负债表"年初余额"栏内各项数字，应根据上年年末资产负债表"期末余额"栏内所列数字填列。如果上年度资产负债表规定的各个项目的名称和内容与本年度不一致，应对上年年末资产负债表各项目的名称和数字按照本年度的规定进行调整，填入本期资产负债表"年初余额"栏内。

资产负债表"期末余额"栏内各项数字，应当根据资产、负债和所有者权益期末情况填列。其列示方法可概括为以下几种。

（1）根据有关总账账户期末借方余额直接填列。如资产负债表左方的"交易性金融资产""其他权益工具投资"等项目的数字，可以分别根据其总账账户的期末借方余额直接填列。

（2）根据有关总账账户期末贷方余额直接填列。如资产负债表右方的"短期借款""交易性金融负债""应付票据""实收资本（或股本）""资本公积""盈余公积"等项目的数字，可以分别根据其总账账户的期末贷方余额直接填列。

（3）根据若干个总账账户的期末余额计算填列。如资产负债表左方的"货币资金"和"存货"等项目的数字，"货币资金"项目应根据"库存现金""银行存款"及"其他货币资金"账户的期末余额合计数填列；而"存货"项目根据"原材料""生产成本（在产品）""库存商品"等账户的余额合计数填列。

（4）根据明细账期末余额计算，再根据若干个总账账户的期末余额计算填列。资产负债表有些项目所依据的有关总账账户所属的明细账户既有正常方向的余额，也有相反方向的余额。这种情况下需要根据不同明细账户不同方向余额的经济性质确定其在资产负债表上所应列示项目的归属，计算判断完单个总分类账账户期末余额后再与其他总分类账账户期末余额相加计算填列。以下着重介绍明细账期末余额分析计算步骤。

资产负债表中"合同资产"项目和"合同负债"项目"期末余额"的填列。如果两个账户所属的明细账户出现了相反方向的余额，见下面的例10-1。

【例10-1】 恒宝公司12月末"合同资产"和"合同负债"总账账户及有关明细账户的余

额情况如表 10-2 所示。

表 10-2　"合同资产"和"合同负债"总账账户及有关明细账户余额表　　　单位：元

账　户　名　称	总账账户借方余额	总账账户贷方余额	明细账户借方余额	明细账户贷方余额
合同资产	200 000			
合同资产——A 合同			40 000	
合同资产——B 合同			140 000	
合同资产——C 合同			20 000	
合同负债		140 000		
合同负债——B 合同				50 000
合同负债——C 合同				80 000
合同负债——D 合同				10 000

"合同资产"项目、"合同负债"项目，应分别根据"合同资产"科目、"合同负债"科目的相关明细科目的期末余额分析填列，同一合同下的合同资产和合同负债应当以净额列示，其中净额为借方余额的，应当在"合同资产"列示，净额为贷方余额的，应当在"合同负债"列示。表 10-2 中 B 合同，合同资产的余额为借方 140 000 元，合同负债的余额为贷方 50 000 元，所以其净额为合同资产 90 000 元；C 合同，合同资产的余额为借方 20 000 元，合同负债的余额为贷方 80 000 元，所以其净额为合同负债 60 000 元。那么，合同资产在报表中列示的金额应当为 A 合同和 B 合同的净额，130 000 元；合同负债在报表中列示的金额应当为 C 合同净额和 D 合同，70 000 元。

资产负债表中"应付账款"项目和"预付款项"项目"期末余额"的填列。如果两个账户所属的明细账户出现了相反方向的余额，见下面的例 10-2。

【例 10-2】　恒宝公司 12 月末"应付账款"和"预付账款"总账账户及有关明细账户的余额情况如表 10-3 所示。

表 10-3　"应付账款"和"预付账款"总账账户及有关明细账户余额表　　　单位：元

账　户　名　称	总账账户借方余额	总账账户贷方余额	明细账户借方余额	明细账户贷方余额
应付账款		330 000		
应付账款——E 企业				200 000
应付账款——F 企业			100 000	
应付账款——G 企业				230 000
预付账款	20 000			
预付账款——U 企业			50 000	
预付账款——V 企业				30 000

资产负债表上"应付账款"项目的"期末余额"的填列方法如下："应付账款"明细账户贷方余额加上"预付账款"明细账户贷方余额（具有应付款的性质），例 10-2 中的结果为 460 000 元。资产负债表上"预付款项"项目的"期末余额"的填列方法如下："预付账款"明细账户借方余额加上"应付账款"明细账户借方余额（具有预付款的性质），例 10-2 中的结果为 150 000 元。

(5) 根据有关总账账户及其所属明细账账户期末余额分析计算填列。如资产负债表右方的"长期借款"项目,根据"长期借款"账户期末余额扣减将于一年内到期的部分后的金额填列。同样,资产负债表右方的"应付债券"和"长期应付款"等项目,也应根据有关总账账户及其所属明细账户期末余额分析计算填列。

(6) 根据账户余额减去其备抵项目后的净额填列。如资产负债表中的"应收账款"项目根据"应收账款"账户的期末余额减去"坏账准备"后的净额填列。"合同资产"项目根据"合同资产"双重性分析出的期末余额减去"合同资产减值准备"后的净额填列。"固定资产"项目根据"固定资产"期末余额加上"固定资产清理"期末余额减去"累计折旧""固定资产减值准备"账户余额后的净额填列。同样,资产负债表中的"存货""持有至到期投资""长期股权投资""无形资产""使用权资产"等项目,也是根据有关账户余额减去其备抵项目后的净额填列。

资产负债表中具体每个项目的填列如表 10-4～表 10-6 所示。

表 10-4　资产负债表中资产项目的填列说明

项　目	填列的信息	填列说明
货币资金	反映企业库存现金、银行存款、信用卡存款、信用证保证金存款等的合计数	本项目应根据"库存现金""银行存款""其他货币资金"科目期末余额的合计数填列
交易性金融资产	反映企业持有的以公允价值计量且其变动计入当期损益的为交易目的所持有的债券投资、股票投资、基金投资、权证投资等金融资产	本项目应当根据"交易性金融资产"科目的期末余额填列
应收票据	反映资产负债表日以摊余成本计量的、企业因销售商品、提供服务等经营活动收到的商业汇票,包括银行承兑汇票和商业承兑汇票	本项目应根据"应收票据"科目的期末余额,减去"坏账准备"科目中相关坏账准备期末余额后的金额填列
应收账款	反映资产负债表日以摊余成本计量的、企业因销售商品、提供服务等经营活动应收取的款项	本项目应根据"应收账款"科目的期末余额,减去"坏账准备"科目中相关坏账准备期末余额后的金额填列
预付款项	反映企业按照购货合同规定预付给供应单位的款项等	本项目应根据"预付账款"和"应付账款"科目所属各明细科目的期末借方余额合计金额填列
其他应收款	"应收利息"项目反映相关金融工具已到期可收取但于资产负债表日尚未收到的利息。基于实际利率法计提的金融工具的利息应包含在相应金融工具的账面余额中。"应收股利"项目反映企业应收取的现金股利和应收取其他单位分配的利润。"其他应收款"项目反映企业除应收票据、应收账款、预付账款、应收股利、应收利息等经营活动以外的其他各种应收、暂付的款项	本项目应根据"应收利息""应收股利"和"其他应收款"科目的期末余额合计数,减去"坏账准备"科目中相关坏账准备期末余额后的金额填列
存货	反映企业期末在库、在途和在加工中的各种存货的可变现净值	本项目应根据"在途物资""原材料""库存商品""周转材料""委托加工物资"等科目的期末余额,减去"存货跌价准备"科目期末余额后的金额填列

续表

项　目	填列的信息	填列说明
合同资产	企业应按照本企业履行履约义务与客户付款之间的关系在资产负债表中列示合同资产或合同负债	"合同资产"项目、"合同负债"项目，应分别根据"合同资产"科目、"合同负债"科目的相关明细科目的期末余额分析填列，同一合同下的合同资产和合同负债应当以净额列示，其中净额为借方余额的，应当根据其流动性在"合同资产"或"其他非流动资产"项目中填列
一年内到期的非流动资产	反映企业将于一年内到期的非流动资产项目金额	本项目应根据有关科目的期末余额填列
长期股权投资	反映企业持有的对子公司、联营公司和合营企业的长期股权投资	本项目应根据"长期股权投资"科目的期末余额，减去"长期股权投资减值准备"科目的期末余额后的金额填列
固定资产	反映资产负债表日企业固定资产的期末账面价值和企业尚未清理完毕的固定资产清理净损益	本项目应根据"固定资产"科目的期末余额，减去"累计折旧"和"固定资产减值准备"科目的期末余额后的金额，以及"固定资产清理"科目的期末余额填列
在建工程	反映资产负债表日企业尚未达到预定可使用状态的在建工程的期末账面价值和企业为在建工程准备的各种物资的期末账面价值	本项目应根据"在建工程"科目的期末余额，减去"在建工程减值准备"科目的期末余额后的金额，以及"工程物资"科目的期末余额，减去"工程物资减值准备"科目的期末余额后的金额填列
无形资产	反映企业持有的无形资产，包括专利权、非专利技术、商标权、著作权、土地使用权等	本项目应根据"无形资产"科目的期末余额，减去"累计摊销"和"无形资产减值准备"科目的期末余额后的金额填列
长期待摊费用	反映企业已经发生但应由本期和以后各期负担的分摊期限在一年以上的各项费用。长期待摊费用中在一年内（含一年）摊销的部分，在资产负债"一年内到期的非流动资产"项目填列	本项目应根据"长期待摊费用"科目的期末余额减去将于一年内（含一年）摊销的数额后的金额填列

微课：预付账款的填列

微课：存货的填列

微课：固定资产的填列

表 10-5　资产负债表中负债项目的填列说明

项　目	填列的信息	填列说明
短期借款	反映企业向银行或其他金融机构等借入的期限在一年以下（含一年）的各种借款	本项目应根据"短期借款"科目的期末余额填列

续表

项　　目	填列的信息	填列说明
应付票据	反映资产负债表日以摊余成本计量的、企业因购买材料、商品和接受服务等开出、承兑的商业汇票,包括银行承兑汇票和商业承兑汇票	本项目应根据"应付票据"科目的期末余额填列
应付账款	反映资产负债表日以摊余成本计量的、企业因购买材料、商品和接受服务等经营活动应支付的款项	本项目应根据"应付账款"和"预付账款"科目所属的相关明细科目的期末贷方余额合计数填列
合同负债	根据本企业履行履约义务与客户付款之间的关系在资产负债表中列示	本项目应根据"合同资产"和"合同负债"科目所属各明细科目的期末贷方余额合计数填列。如果"合同负债"科目所属明细科目期末有借方余额的,应在资产负债表"合同资产"项目内填列
应付职工薪酬	反映企业根据有关规定应付给职工的工资、职工福利、社会福利、住房公积金、工会经费、职工教育经费、非货币性福利、辞退福利等各种薪酬。外商投资企业按规定从净利润中提取的职工奖励及福利基金,也从本项目列示	本项目应根据"应付职工薪酬"科目的期末余额填列
应交税费	反映企业按照税法规定计算应缴纳的各种税费,包括增值税、消费税、所得税、资源税、土地增值税、城市维护建设税、房产税、土地使用税、车船税、教育费附加、矿产资源补偿费等。企业代扣代缴的个人所得税也通过本项目反映。企业不需要预计应交数所缴纳的税金,如印花税、耕地占用税等,不在本项目反映	本项目应根据"应交税费"科目的期末贷方余额填列;如"应交税费"科目期末为借方余额,应以"－"号填列
其他应付款	反映企业按照规定应当支付的利息,包括分期付息到期还本的长期借款应支付的利息、企业发行的企业债券应支付的利息,企业分配的现金股利或利润,以及除应付票据、应付账款、合同负债、应付职工薪酬、应交税费等经营活动以外的其他各项应付、暂收的款项	本项目应根据"应付利息""应付股利"和"其他应付款"科目的期末余额合计数填列
一年内到期的非流动负债	反映企业非流动负债中将于资产负债表日后一年内到期部分的金额,如将于一年内偿还的长期借款	本项目应根据有关科目的期末余额填列
长期借款	反映企业向银行或其他金融机构借入的期限在一年以上(不含一年)的各项借款	本项目应根据"长期借款"科目的期末余额减去将于一年内偿还的"长期借款"余额填列
应付债券	反映企业为筹集长期资金而发行的债券本金和利息	本项目应根据"应付债券"科目的期末余额填列
其他非流动负债	反映企业除长期借款、应付债券等项目以外的其他非流动负债。	本项目应根据有关科目的期末余额减去将于一年内(含一年)到期偿还数后的余额填列。非流动负债各项目中将于一年内(含一年)到期的非流动负债,应在"一年内到期的非流动负债"项目内单独反映

表 10-6 资产负债表中所有者权益项目的填列说明

项　　目	填列的信息	填列说明
实收资本（或股本）	反映企业各投资者实际投入的资本（或股本）总额	本项目应根据"实收资本"（或"股本"）科目的期末余额填列
资本公积	反映企业资本公积的期末余额	本项目应根据"资本公积"科目的期末余额填列
其他综合收益	反映企业根据企业会计准则规定未在损益中确认的各项利得和损失	本项目应根据"其他综合收益"科目的期末余额填列。余额在借方以"－"号填列
盈余公积	反映企业盈余公积的期末余额	本项目应根据"盈余公积"科目的期末余额填列
未分配利润	反映企业尚未分配的利润	本项目应根据"本年利润"科目和"利润分配"科目的余额计算填列。未弥补的亏损在本项目内以"－"号填列

微课：应付账款的填列

微课：长期借款的填列

微课：未分配利润的填列

课程思政

习近平总书记指出，科学技术是第一生产力，创新是引领发展的第一动力。国家大力支持和鼓励企业自主研发和创新，财政部税务总局公告（2021年第13号）明确制造业企业开展研发活动中实际发生的研发费用，未形成无形资产计入当期损益的，在按规定据实扣除的基础上，自2021年1月1日起，再按照实际发生额的100%在税前加计扣除；形成无形资产的，自2021年1月1日起，按照无形资产成本的200%在税前摊销。学习企业自主研发无形资产享受的相关税收优惠，强调创新和自主研发的重要性，同学们要提升科技强国的自豪感。

【例 10-3】 恒宝公司 20×1 年 12 月 31 日有关科目资料如表 10-7 所示。

表 10-7 恒宝公司 20×1 年 12 月 31 日有关账户余额表　　　　　　单位：元

账户名称	年初余额		期末余额	
	借　方	贷　方	借　方	贷　方
库存现金			35 000	
银行存款			250 000	
交易性金融资产			125 000	
应收票据			35 000	
合同资产			200 000	
预付账款			20 000	
应收股利			30 000	

续表

账户名称	年初余额 借方	年初余额 贷方	期末余额 借方	期末余额 贷方
应收利息				
其他应收款			40 000	
在途物资			100 000	
原材料			350 000	
周转材料			50 000	
库存商品			165 000	
生产成本			180 000	
长期股权投资			350 000	
固定资产			2 000 000	
累计折旧				650 000
无形资产			80 000	
累计摊销				
短期借款				250 000
应付账款				330 000
合同负债				140 000
应付职工薪酬				135 000
应交税费				45 000
应付利息				5 000
长期借款				500 000
应付债券				
实收资本（或股本）				1 600 000
资本公积				85 000
盈余公积				255 000
利润分配				15 000

注：①其中合同资产、合同负债、应付账款、预付账款的明细账户余额表如表10-2和表10-3所示；②其中"长期借款"中一年内到期的款项为100 000元。

根据上述资料和资产负债表填列方法的要求，编制恒宝公司20×1年12月的资产负债表，如表10-8所示。

表10-8 资产负债表

编制单位：恒宝公司　　　　　20×1年12月31日　　　　　　　　单位：元

资产	期末余额	年初余额	负债及所有者权益	期末余额	期初余额
流动资产：			流动负债：		
货币资金	285 000		短期借款	250 000	
交易性金融资产	125 000		交易性金融负债		
衍生金融资产			衍生金融负债		

续表

资产	期末余额	年初余额	负债及所有者权益	期末余额	期初余额
应收票据	35 000		应付票据		
应收账款			应付账款	460 000	
应收款项融资			预收账款		
预付款项	150 000		合同负债	70 000	
其他应收款	70 000		应付职工薪酬	135 000	
存货	845 000		应交税费	45 000	
合同资产	130 000		其他应付款	5 000	
持有待售资产			持有待售负债		
一年内到期的非流动资产			一年内到期的非流动负债	100 000	
其他流动资产	1 640 000		其他流动负债		
流动资产合计			流动负债合计	1 065 000	
非流动资产：			非流动负债：		
债权投资			长期借款	400 000	
其他债权投资			应付债券		
长期应收款			其中：优先股		
长期股权投资	350 000		永续债		
其他权益工具投资			租赁资产		
其他非流动金融资产			长期应付款		
投资性房地产			预计负债		
固定资产	1 350 000		递延收益		
在建工程			递延所得税负债		
生产性生物资产			其他非流动负债		
油气资产			非流动负债合计	400 000	
使用权资产			负债合计	1 465 000	
无形资产	80 000		所有者权益：		
开发支出			实收资本（或股本）	1 600 000	
商誉			其他权益工具		
长期待摊费用			其中：优先股		
递延所得税资产			永续债		
其他非流动资产			资本公积	85 000	
非流动资产合计	1 780 000		减：库存股		
			其他综合收益		
			盈余公积	255 000	
			未分配利润	15 000	
			所有者权益合计	1 955 000	
资产总计	3 420 000		负债和所有者权益总计	3 420 000	

10.3 利润表的意义与填列方法

10.3.1 利润表的意义

利润表是反映企业在一定会计期间的经营成果的会计报表,是动态报表。其理论依据是"收入－费用＝利润"的会计等式。

 小贴士——"一定会计期间"

利润表中"一定会计期间"是指一个时间过程,而非一个特定的时间点。这是由于为进行经营成果的确定而在利润表中所列示的收入和费用都是企业在一定的会计期间内(如一个月)多次发生额的累积结果,并不是在某个时间点上的一次性实现或发生的。

通过利润表,可以反映企业经营成果的形成原因,有利于财务报表使用者分析企业净利润的质量,以便于其对企业净利润的持续性进行分析判断。利润表的作用具体表现在以下几方面。

(1) 可以反映企业一定会计期间收入和费用情况,并据此分析和考核企业收入和费用目标和执行结果,以及分析企业利润增减变动的原因,进一步明确各部门的经济责任。

(2) 可以提供企业一定会计期间的经营成果情况,即净利润的实现情况,并据此判断企业资本保值、增值等情况。

(3) 可以提供分析企业盈利能力的有关信息资料,进而分析和预测企业现实和未来的盈利能力,便于信息使用者判断企业未来的发展趋势并作出相应的经济决策。

10.3.2 利润表的填列方法

1. 利润表填列格式

利润表的格式一般有单步式和多步式两种。单步式利润表是将当期所有的收入列在一起,然后将所有的费用列在一起,两者相减得出当期净损益。多步式利润表是通过对当期的收入、费用、支出项目按性质加以归类,按利润形成的主要环节列示一些中间性利润指标,如营业利润、利润总额,便于报表使用者理解企业经营成果的不同来源。

多步式利润表比单步式利润表提供的信息更加丰富,通过不同时期各相应项目的比较分析,将营业利润与其他利润分开列示,可使财务报告使用者分清形成企业利润的主要来源,以便对未来经营成果进行正确的判断和预测。在我国,利润表采用多步式,每个项目通常又分为"本期金额"和"上期金额"两栏分别填列。

 小贴士——"上期"

利润表中"上期"的概念,不能简单地将"上期"理解为"本期"的上一个期间,而应视"上期"的含义而确定。如果编报的某一月度的利润表,则"本期"指本月,"上期"则是指上一个年度的同一月度,而不是本月的前一个月度。

一般企业的多步式利润表的列示格式如表10-9所示。

表 10-9　利润表(多步式)

编制单位：　　　　　　　　　　　年　月　　　　　　　　　　　　单位：元

项　目	本期金额	上期金额
一、营业收入		
减：营业成本		
税金及附加		
销售费用		
管理费用		
研发费用		
财务费用		
其中：利息费用		
利息收入		
加：其他收益		
投资收益(损失以"－"号填列)		
其中：对联营企业和合营企业的投资收益		
以摊余成本计量的金融资产终止确认收益(损失以"－"号填列)		
净敞口套期收益(损失以"－"号填列)		
公允价值变动收益(损失以"－"号填列)		
信用减值损失(损失以"－"号填列)		
资产减值损失(损失以"－"号填列)		
资产处置收益(损失以"－"号填列)		
二、营业利润(亏损以"－"号填列)		
加：营业外收入		
减：营业外支出		
三、利润总额(亏损以"－"号填列)		
减：所得税费用		
四、净利润(净亏损以"－"号填列)		

2. 利润表填列的总体要求

(1) 利润表项目的分类。在利润表中,企业从营业收入开始,分别列示营业利润、利润总额和净利润项目。其中,应当单独列示的项目包括营业收入、营业成本、税金及附加、销售费用、管理费用、研发费用、财务费用、信用减值损失、资产减值损失、其他收益、公允价值变动收益(或损失)、投资收益(或损失)、资产处置收益(或损失)、营业外收入、营业外支出、所得税费用。

(2) 利润表项目金额列示方法。利润表中的收入项目和费用项目的金额应以总额列示。如企业销售商品、提供劳务等实现的营业利润,应当分别列示实现的营业收入,结转的营业成本、税金及附加等,而不能用以商品销售的营业收入直接扣减营业成本后的营业利润进行列报;营业外收入和营业外支出,应当分别以总额列报,不能以营业外收入直接扣减营业外支出后的净额列报。

小贴士——"功能法"

财务报表列示准则规定,企业对于费用的列示应当采用"功能法",即按照费用在企业所发挥的功能进行分类列示,通常分为从事营业业务发生的成本、销售费用、管理费用和财务费用等,并且将营业成本与其他费用分开列示。

3. 利润表填列方法

利润表的列示主要是填列该表中的"本期金额"和"上期金额"这两栏的数字指标。

微课:利润的计算

本期利润表中的"上期金额"栏内各项数字,应根据上年同期编制的利润表中"本期金额"栏内所列金额填列。如果上年该期利润表规定的各个项目的名称和内容与本期不一致,应对上年该期利润表各项目的名称和数字按照本期的规定进行调整,填入本期利润表"上期金额"栏内。

利润表中"本期金额"栏内各项数字,一般应当根据损益类科目的发生额分析或计算填列。

(1) 直接根据当期有关账户的发生额直接填列的包括:税金及附加、销售费用、管理费用、研发费用、财务费用、投资收益、营业外收入、营业外支出、所得税费用。如果这些账户在本期只有增加发生额,没有减少发生额,就可以直接将这些账户的增加发生额填列于"利润表"中相应项目的"本期金额"栏。如果账户为相反方向的余额时,则在"利润表"上以"-"号填列。

小贴士——填列"本期金额"的注意事项

在采用直接填列利润表中"本期金额"时应注意,当某些账户在本期既有借方发生额,又有贷方发生额时,应对账户发生额的具体情况进行分析后再确定列示。如正常情况下"管理费用"应记在账户的借方,但由于某些原因(如存货盘盈时)而冲减管理费用,就应记在该账户的贷方,该账户的借贷双方都产生了发生额,应按照账户的借贷双方发生额之差列示。

(2) 根据有关账户的发生额加计汇总填列。如"营业收入"和"营业成本"项目在现有的账户中是不能直接根据账户发生额填列的,应将反映该项目内容的有关账户的发生额相加,求得该项目的合计数之后再填列。如"营业收入"项目填列的金额应为"主营业务收入"账户和"其他业务收入"账户的发生额之和;"营业成本"项目填列的金额应为"主营业务成本"账户和"其他业务成本"账户的发生额之和。

利润表中具体的每个项目的填列如表10-10所示。

表10-10 利润表项目的填列说明

项 目	填列的信息	填列说明
营业收入	反映企业经营主要业务和其他业务所确认的收入总额	本项目应根据"主营业务收入"和"其他业务收入"科目的发生额分析填列
营业成本	反映企业经营主要业务和其他业务所确认的成本总额	本项目应根据"主营业务成本"和"其他业务成本"科目的发生额分析填列
税金及附加	反映企业经营活动发生的消费税、城市维护建设税、教育费附加、资源税、房产税、城镇土地使用税、车船税、印花税等相关税费等	本项目应根据"税金及附加"科目的发生额分析填列

续表

项　目	填列的信息	填列说明
销售费用	反映企业在销售商品过程中发生的包装费、广告费等费用和为销售本企业商品而专设的销售机构的职工薪酬、业务费等经营费用	本项目应根据"销售费用"科目的发生额分析额填列
管理费用	反映企业除研发支出外为组织和管理生产经营发生的管理费用	本项目应根据"管理费用"科目的发生额减去"研发费用"后的金额填列
研发费用	反映企业进行研究与开发过程中发生的费用化支出,以及计入管理费用的自行开发无形资产的摊销	本项目应根据"管理费用"科目下的"研发费用"明细科目的发生额,以及"管理费用"科目下的"无形资产摊销"明细科目的发生额分析填列
财务费用	反映企业筹集生产经营所需资金等而发生的筹资费用	本项目应根据"财务费用"科目的发生额分析填列
利息费用	反映企业为筹集生产经营所需资金等而发生的应予费用化的利息支出	本项目应根据"财务费用"科目的相关明细科目的发生额分析填列。本项目作为"财务费用"项目的其中项,以正数填列
利息收入	反映企业按照相关会计准则确认的应冲减财务费用的利息收入	本项目应根据"财务费用"科目的相关明细科目的发生额分析填列。本项目作为"财务费用"项目的其中项,以正数填列
其他收益	反映企业计入其他收益的政府补助,以及其他与日常活动相关且计入其他收益的项目	本项目应根据"其他收益"科目的发生额分析填列。企业作为个人所得税的扣缴义务人,根据《中华人民共和国个人所得税法》收到的扣缴税款手续费,应作为其他与日常活动相关的收益在该项目中填列
投资收益	反映企业以各种方式对外投资所取得的收益	本项目应根据"投资收益"科目的发生额分析填列,如为投资损失,本项目以"－"号填列
公允价值变动收益	反映企业应当计入当期损益的资产或负债公允价值变动收益	本项目应根据"公允价值变动损益"科目的发生额分析填列,如为净损失,本项目以"－"号填列
信用减值损失	反映各项金融工具信用减值准备所确认的信用损失。	该项目应根据"信用减值损失"科目的发生额分析填列
资产处置收益	反映企业出售划分为持有待售的非流动资产或处置组时确认的处置利得或损失,以及处置未划分为持有待售的固定资产、在建工程、生产性生物资产及无形资产而产生的处置利得或损失。债务重组中因处置非流动资产产生的利得或损失和非货币性资产交换产生的利得或损失也包括在本项目内	本项目应根据"资产处置损益"科目的发生额分析填列,如为处置损失,以"－"号填列
营业利润	反映企业实现的营业利润	如为亏损,本项目以"－"号填列
营业外收入	反映企业发生的除营业利润以外的收益,主要包括与企业日常活动无关的政府补助、盘盈利得、捐赠利得等	本项目应根据"营业外收入"科目的发生额分析填列

续表

项 目	填列的信息	填列说明
营业外支出	反映企业发生的除营业利润以外的支出,主要包括公益性捐赠支出、非常损失、盘亏损失、非流动资产毁损报废损失等	本项目应根据"营业外支出"科目的发生额分析填列。"非流动资产毁损报废损失"通常包括因自然灾害发生毁损、已丧失使用功能等原因而报废清理产生的损失。企业在不同交易中形成的非流动资产毁损报废利得和损失不得相互抵销,应分别在"营业外收入"项目和"营业外支出"项目进行填列
利润总额	反映企业实现的利润	如为亏损,本项目以"-"号填列
所得税费用	反映企业应从当期利润总额中扣除的所得税费用	本项目应根据"所得税费用"科目的发生额分析填列
净利润	反映企业实现的净利润	如为亏损,本项目以"-"号填列

【例 10-4】 恒宝公司 20×1 年有关账户 12 月的发生额如表 10-11 所示。

表 10-11 恒宝公司 20×1 年 12 月收入类、费用类账户的发生额　　　单位:元

账 户 名 称	本期发生额	
	借　方	贷　方
主营业务收入		75 000
其他业务收入		4 000
投资收益		
营业外收入		1 500
主营业务成本	40 000	
其他业务成本	2 500	
税金及附加	3 000	
销售费用	8 000	
管理费用	12 000	
财务费用	4 000	
营业外支出	1 000	
所得税费用		

其中:恒宝公司企业所得税税率为 25%。

根据上述资料和利润表填列方法要求,编制恒宝公司 20×1 年 12 月的利润表,如表 10-12 所示。

表 10-12 利润表

编制单位:恒宝公司　　　　　　　20×1 年 12 月　　　　　　　　　单位:元

项　　目	本期金额	上期金额
一、营业收入	79 000	
减:营业成本	42 500	
税金及附加	3 000	

续表

项　　目	本期金额	上期金额
销售费用	8 000	
管理费用	12 000	
研发费用		
财务费用	4 000	
其中：利息费用		
利息收入		
加：其他收益		
投资收益（损失以"－"号填列）		
其中：对联营企业和合营企业的投资收益		
以摊余成本计量的金融资产终止确认收益（损失以"－"号填列）		
净敞口套期收益（损失以"－"号填列）		
公允价值变动收益（损失以"－"号填列）		
信用减值损失（损失以"－"号填列）		
资产减值损失（损失以"－"号填列）		
资产处置收益（损失以"－"号填列）		
二、营业利润（亏损以"－"号填列）	9 500	
加：营业外收入	1 500	
减：营业外支出	1 000	
三、利润总额（亏损以"－"号填列）	10 000	
减：所得税费用	2 500	
四、净利润（净亏损以"－"号填列）	7 500	

10.4　现金流量表的意义与结构框架

10.4.1　现金流量表的意义

现金流量表是反映企业一定会计期间现金和现金等价物流入和流出的会计报表。因为它反映的是一定会计期间的财务信息，所以它同利润表一样属于动态的会计报表。

现金流量表的意义如下。

(1) 有助于报表使用者了解和评价企业获取现金的能力。

(2) 有助于报表使用者对企业的现金支付能力和偿债能力以及对企业对外部资金的需求情况作出可靠的判断。

(3) 有助于预测企业未来现金流量。为企业编制现金流量计划，组织现金调度、合理节约地使用现金提供信息；为投资者和债权人评价未来的现金流量，作出投资和信贷决策提供必要的信息。

(4) 有助于分析企业收益质量及分析影响现金净流量的因素。通过编制现金流量表，可以掌握经营活动产生了多少现金，并与净利润相比较，就可以从现金流量表的角度了解净利润的质量,进一步判断影响现流入量的因素。

10.4.2 现金流量表的编制基础

现金流量表是以现金为基础编制的,这里指的现金是指企业的库存现金、可以随时用于支付的存款、现金等价物。具体内容包括库存现金、银行存款、其他货币资金、现金等价物等。不能随时用于支付的存款不属于现金。

(1) 库存现金是指企业持有的随时用于支付的库存现金金额。

(2) 银行存款是核算单位存入金融企业随时可以用于支付的存款。

(3) 其他货币资金是核算单位的外埠存款、银行汇票存款、银行本票存款和信用卡存款等其他货币资金。

(4) 现金等价物是指企业持有的期限短、流动性强、易于转换为已知金额现金、价值变动风险很小的投资。现金等价物虽然不是现金,但其支付能力与现金的差别不大,可视为现金,一般在"交易性金融资产"等账户核算,如企业拥有的、可在证券市场上流通的三个月内到期的短期债券投资等。

权益性投资变现的金额通常不确定,因而不属于现金等价物。企业应当根据具体情况,确定现金等价物的范围,一经确定不得随意变更。

10.4.3 现金流量表的结构框架

现金流量表包括正表和补充资料两部分。正表是直接法编制的现金流量表,按照现金流量的类别分别列示。正表包括五项内容:一是经营活动产生的现金流量;二是投资活动产生的现金流量;三是筹资活动产生的现金流量;四是汇率变动对现金的影响额;五是现金及现金等价物的净增加额。

补充资料是按照间接法编制的现金流量表,主要包括三部分内容:一是将净利润调节为经营活动的现金流量;二是不涉及现金收支的重大投资和筹资活动;三是现金及现金等价物净增加情况。

企业会计准则对现金流量表格式分别一般企业、商业银行、保险公司、证券公司等企业类型予以规定。企业应根据其经营活动的性质,确定企业适用的现金流量表格式。一般企业现金流量表的列报格式如表 10-13 所示。

表 10-13 现金流量表

编制单位:　　　　　　　　　　　年　月　　　　　　　　　　　　单位:元

项　目	本期金额	上期金额
一、经营活动产生的现金流量		
销售商品、提供劳务收到的现金		
收到的税费返还		
收到其他与经营活动有关的现金		
经营活动现金流入小计		
购买商品、接受劳务支付的现金		
支付给职工以及为职工支付的现金		

续表

项 目	本期金额	上期金额
支付的各项税费		
支付其他与经营活动有关的现金		
经营活动现金流出小计		
经营活动产生的现金流量净额		
二、投资活动产生的现金流量		
收回投资收到的现金		
取得投资收益收到的现金		
处置固定资产、无形资产和其他长期资产收回的现金净额		
处置子公司及其他营业单位收到的现金净额		
收到其他与投资活动有关的现金		
投资活动现金流入小计		
购建固定资产、无形资产和其他长期资产支付的现金		
投资支付的现金		
取得子公司及其他营业单位支付的现金净额		
支付其他与投资活动有关的现金		
投资活动现金流出小计		
投资活动产生的现金流量净额		
三、筹资活动产生的现金流量		
吸收投资收到的现金		
取得借款收到的现金		
收到其他与筹资活动有关的现金		
筹资活动现金流入小计		
偿还债务支付的现金		
分配股利、利润或偿付利息支付的现金		
支付其他与筹资活动有关的现金		
筹资活动现金流出小计		
筹资活动产生的现金流量净额		
四、汇率变动对现金的影响		
五、现金及现金等价物净增加额		
加：期初现金及现金等价物余额		
六、期末现金及现金等价物余额		

补 充 资 料	本期金额	上期金额
1.将净利润调节为经营活动现金流量		
净利润		
加：资产减值准备		
固定资产折旧、油气资产折耗、生产性生物资产折旧		
无形资产摊销		

续表

项　目	本期金额	上期金额
长期待摊费用摊销		
待摊费用减少(增加以"－"号填列)		
预提费用增加(减少以"－"号填列)		
处置固定资产、无形资产和其他长期资产的损失(收益以"－"号填列)		
固定资产报废损失(收益以"－"号填列)		
公允价值变动损失(收益以"－"号填列)		
财务费用(收益以"－"号填列)		
投资损失(收益以"－"号填列)		
递延所得税资产减少(增加以"－"号填列)		
递延所得税负债增加(减少以"－"号填列)		
存货的减少(增加以"－"号填列)		
经营性应收项目的减少(增加以"－"号填列)		
经营性应付项目的增加(减少以"－"号填列)		
其他		
经营活动产生的现金流量净额		
2. 不涉及现金收支的重大投资和筹资活动		
债务转为资本		
一年内到期的可转换公司债券		
融资租入固定资产		
3. 现金及现金等价物净变动情况		
现金的期末余额		
减：现金的期初余额		
加：现金等价物的期末余额		
减：现金等价物的期初余额		
现金及现金等价物净增加额		

注：现金流量表的填列方法将在"中级财务会计"课程中讲述。

10.5　会计报表附注和财务情况说明书

10.5.1　会计报表附注

会计报表附注是为了会计报表使用者更好地理解会计报表的内容而对资产负债表、利润表、现金流量表和所有者权益变动表等会计报表中所列示项目的文字描述或明细资料，以及对未能在这些报表中列示项目的详细说明。

会计报表附注是对会计报表及其相关附表的补充与说明，也是企业财务报告的重要组成部分。因此，会计报表附注有助于财务报告使用者正确理解会计报表提供的信息，便于他们客观公正地评价企业财务状况、经营业绩以及现金流动。

会计报表附注应当按照一定的结构进行系统、合理地排列和分类,有顺序地披露信息。企业应当按照企业会计准则的要求,在附注中主要披露下列内容。

(1) 企业的基本情况。具体包括:企业注册地、组织形式和总部地址;企业的业务性质和主要经营活动;母公司以及集团最终母公司的名称;财务报告的批准报出者和财务报告批准报出日。

(2) 财务报表的编制基础。具体包括会计年度、记账本位币、会计计量所运用的计量基础、现金和现金等价物的构成。

(3) 遵循企业会计准则的声明。企业应当明确说明编制的财务报表符合企业会计准则的要求,真实、完整地反映了企业的财务状况、经营成果和现金流量等有关信息。

(4) 重要会计政策和会计估计。企业应当披露采用重要的会计政策和会计估计,不具有重要性的会计政策和会计估计可以不披露。判断会计政策和会计估计是否重要,应当考虑与会计政策或会计估计相关项目的性质和金额。

(5) 会计政策和会计估计变更以及差错更正的说明。企业应当按照企业会计准则及其应用指南的规定,披露会计政策、会计估计变更和差错更正的有关情况。

(6) 报表重要项目的说明。企业对重要报表项目的明细说明,应当按照资产负债表、利润表、现金流量表、所有者权益变动表的顺序以及报表项目列示的顺序进行披露,应当以文字和数字描述相结合的方式进行披露。报表重要项目的明细金额合计,应当与报表项目相衔接。

(7) 或有事项、资产负债表日后事项、关联关系及其交易。企业应当按照企业会计准则相关规定对或有事项、资产负债表日后事项、关联关系及其交易进行披露。

10.5.2 财务情况说明书

财务情况说明书又称"财务状况说明书",是指企业在一定时期内对财务、成本计划的执行情况,以及损益形成和增减的原因进行分析总结所形成的文字材料,是财务报表的补充说明,也是财务报告的重要组成部分。

编写好财务情况说明书对贯彻《中华人民共和国会计法》,突出规范会计行为,保证会计资料质量的立法宗旨具有重要作用。

财务情况说明书至少应当对下列情况作出说明。

(1) 企业生产经营的基本情况。
(2) 利润实现和分配情况。
(3) 资金增减和周转情况。
(4) 所有者权益增减变动及国有资本保值增值情况。
(5) 对企业财务状况、经营成果和现金流量有重大影响的其他事项。
(6) 针对本年度企业经营管理中存在的问题,新年度拟采取的改进管理和提高经营业绩的具体措施,以及业务发展计划。

注:会计报表附注和财务情况说明书的具体实例将在"中级财务会计"课程中介绍。

课程思政

财务报告除了四张表还有会计报表附注和财务状况说明书,分析报表不能只看报表,需要分析整个财务报告,才能全面客观地看清企业的经济实质。在平时的学习和生活中也一样,不能只执着于眼前的情景,需要拓宽眼界,从全局着手,透过现象看本质,全面客观地看问题,培养全局观,大局观。

本章小结

财务报告是会计的产品,编制财务报告是会计的基本核算方法之一,也是会计核算过程的结果。通过编制财务报告,将会计日常通过确认、计量、记录过程所获取的大量信息转化成向外披露的财务信息,从而满足信息需求者对信息的需求。财务报告一般由会计报表、会计报表附注以及财务情况说明书组成。会计报表包括资产负债表、利润表、现金流量表、所有者权益(或股东权益)变动表。会计报表加上报表附注又称为财务报表,也称为"四表一注"。

编制财务报告是一项复杂的工作,要求要掌握比较全面的专业知识,在学习基础会计阶段,同学们还无法掌握全面的财务报告的编制方法。因此,本章只要求同学们掌握与财务报告相关的概念及财务报告的组成内容;熟悉资产负债表、利润表、现金流量表的基本结构;掌握资产负债表和利润表的编制方法。其他报表及附注的编制将在"中级财务会计"课程中学习。

本章习题

一、单项选择题

1. 小企业可以不编报的会计报表是(　　)。
   A. 资产负债表　　　　　　　　B. 利润表
   C. 所有者权益变动表　　　　　D. 现金流量表

2. 编制资产负债表的依据是(　　)。
   A. 账户的期初余额　　　　　　B. 账户的期末余额
   C. 账户的借方发生额　　　　　D. 账户的贷方发生额

3. 资产负债表中,流动资产项目不包括(　　)。
   A. 应收票据　　B. 预付款项　　C. 存货　　D. 无形资产

4. "应付账款"科目所属明细科目如有借方余额,应在资产负债表的(　　)项目中反映。
   A. 预付款项　　B. 应收票据　　C. 预收款项　　D. 应付票据

5. 甲公司20×1年12月31日,"原材料"科目余额为100万元,"库存商品"科目余额为200万元,"发出商品"科目余额为50万元,"存货跌价准备"科目余额(贷方)为10万元。在编制20×1年资产负债表时,"存货"科目余额应填列(　　)万元。
   A. 350　　　　B. 340　　　　C. 300　　　　D. 290

6. 某企业20×7年4月1日从银行借入期限为3年的长期借款1 000万元,编制20×9年12月31日资产负债表时,此项借款应填入的报表项目是(　　)。
   A. 短期借款　　　　　　　　　B. 长期借款
   C. 其他长期负债　　　　　　　D. 一年内到期的非流动负债

7. 资产负债表内有关所有者权益的项目的排列顺序是(　　)。
   A. 实收资本、资本公积、未分配利润、盈余公积、其他综合收益

B. 实收资本、资本公积、其他综合收益、盈余公积、未分配利润

C. 未分配利润、其他综合收益、盈余公积、实收资本、资本公积

D. 实收资本、未分配利润、资本公积、其他综合收益、盈余公积

8. 企业编制的利润表,其编制的理论依据是( )。

　　A. 资产＝负债＋所有者权益　　　　B. 资产－负债＝所有者权益

　　C. 资产－负债－所有者权益＝0　　D. 收入－费用＝利润

9. 下列不应列入利润表中"税金及附加"项目的是( )。

　　A. 增值税　　　B. 消费税　　　C. 城市维护建设税　　D. 印花税

10. 下列说法正确的是( )。

　　A. 资产负债表反映的是特定时点的财务状况

　　B. 利润表反映的是特定时点的经营成果

　　C. 现金流量表揭示的是企业盈利能力

　　D. 会计报表附注是为了会计报表使用者更好地理解会计报表的内容而对会计报表中所列示项目的文字描述或明细资料,以及对能在这些报表中列示项目的详细说明

二、多项选择题

1. 一套完整的财务报表至少应当包括( )。

　　A. 资产负债表　　　　　　　　　B. 利润表

　　C. 现金流量表　　　　　　　　　D. 所有者权益变动表

2. 下列属于中期财务报表的是( )。

　　A. 月度财务报表　　　　　　　　B. 季度财务报表

　　C. 半年度财务报表　　　　　　　D. 年度财务报表

3. 下列内容,应记入资产负债表中"存货"项目的是( )。

　　A. 原材料　　　B. 生产成本　　　C. 周转材料　　　D. 库存商品

4. 甲公司库存现金 5 万元,银行存款 300 万元,外埠存款 20 万元,银行汇票存款 10 万元,信用卡存款 3 万元,应收账款科目借方余额为 200 万元,坏账准备科目余额(贷方)为 5 万元。假定不考虑其他因素,则下列说法中正确的有( )。

　　A. "货币资金"科目的余额为 338 万元

　　B. "货币资金"科目的余额为 305 万元

　　C. "应收账款"填列 195 万元

　　D. "应收账款"填列 200 万元

5. 在资产负债表中,对于所有者权益至少应当单独列示的项目有( )。

　　A. 实收资本或股本　　　　　　　B. 资本公积、盈余公积

　　C. 未分配利润、其他综合收益　　D. 本期净利润

6. 利润表中需要计算填列的项目有( )。

　　A. 营业利润　　B. 资产减值损失　　C. 利润总额　　D. 净利润

7. 现金流量表中的现金包括( )。

　　A. 库存现金　　B. 银行存款　　C. 其他货币资金　　D. 现金等价物

8. 下列项目中,属于会计报表附注应当披露的内容是( )。

A. 财务报表编制基础　　　　　　B. 重要会计政策的说明
C. 企业利润实现和分配情况　　　D. 资产负债表日后非调整事项

三、判断题

1. 资产负债表是反映企业一定时期的财务状况的会计报表,利润表是体现某一定特定日期的经营成果的会计报表。（　）
2. 资产负债表中的资产项目一般是按照资产的流动性大小排列的。（　）
3. 在编制资产负债表时"应收账款"的贷方余额应填列到"预收款项"中。（　）
4. 如果"利润分配——未分配利润"科目出现借方余额,应在资产负债"未分配利润"项目中以负数填列。（　）
5. "应付职工薪酬"项目,反映企业根据有关规定应付职工的工资、职工福利、社会保险费、住房公积金、工会经费、职工教育经费,但不包括非货币性福利、辞退福利费等薪酬。（　）
6. "长期借款"项目,是根据总账科目余额直接填列。（　）

四、业务题

业务题一

目的：练习编制资产负债表。

资料：蓝天股份有限公司 20×1 年 12 月有关资料见以下科目余额表和债权债务明细科目余额表。

科目余额表　　　　　　　　　　　　　　　　　　单位：元

科目名称	借方余额	贷方余额
库存现金	5 000	
银行存款	26 700	
应收票据	3 000	
合同资产	9 000	
预付账款	3 000	
坏账准备		500
原材料	17 000	
库存商品	10 000	
固定资产	140 000	
累计折旧		40 000
在建工程	5 200	
无形资产	15 000	
短期借款		12 500
应付账款		7 000
合同负债		2 000
应付职工薪酬		600
应交税费		1 300
长期借款		80 000
实收资本		50 000
盈余公积		20 000
利润分配		20 000
合计	233 900	233 900

债权债务明细科目余额

单位：元

账户名称	总账账户借方余额	总账账户贷方余额	明细账户借方余额	明细账户贷方余额
合同资产	9 000			
合同资产——A 合同			7 000	
合同资产——B 合同			2 000	
预付账款	3 000			
预付账款——C 企业			5 000	
预付账款——D 企业				2 000
应付账款		7 000		
应付账款——E 企业				9 000
应付账款——F 企业			2 000	
合同负债		2 000		
合同负债——B 合同				1 000
合同负债——C 合同				1 000

该公司长期借款共两笔，均为到期一次性还本付息。其金额及归还期限如下。

(1) 从农业银行借入 20 000 元（本利和），离到期日还有六个月。

(2) 从中国银行借入 60 000 元（本利和），离到期日还有两年。

要求：编制蓝天股份有限公司 20×1 年 12 月的资产负债表。

业务题二

目的：练习编制利润表。

资料：蓝天股份有限公司 20×1 年 12 月有关资料见下表。

蓝天公司 20×1 年 12 月损益类账户发生额

单位：元

账户名称	本期发生额	
	借方	贷方
主营业务收入		172 800
其他业务收入		6 000
营业外收入		700
投资收益		2 000
主营业务成本	153 900	
其他业务成本	4 500	
税金及附加	2 500	
销售费用	1 900	
管理费用	2 100	
财务费用	500	
营业外支出	1 400	
所得税费用	3 675	

要求：编制蓝天股份有限公司 20×1 年 12 月的利润表（所得税税率 25%）。

第 11 章 会计处理程序

本章的学习将会使你:
- 悉知会计处理程序的意义和种类;
- 掌握不同会计处理程序下需要采用的会计凭证组织、会计账簿组织及其相互结合的方式;
- 明确各种会计处理程序的内容、特点及其适用范围。

会计处理程序是会计核算中的各种凭证组织、账簿组织相互结合运用的方式,是前面各章各种会计核算基本方法系统、综合的运用。本章的学习可以提高同学们对各种会计核算方法综合运用的能力。

导入案例

以国资国企流程优化为抓手,实现企业高质量管理提升

上海临港经济发展(集团)有限公司(以下简称临港集团)是以园区开发、企业服务和产业投资为主业的市属大型国有企业集团。为有效提高临港集团内部管理质量,进一步明确各部门职能管理的责任与监督,强调权利与义务相结合,职责与权利相分离的管理理念与风险管控意识,根据集团管理要求,通过建立"分层分级"管理机制,明确集团决策层与职能部门之间,以及集团与子公司之间权力责任的对等关系,减少多头审批、重复审批、无效审批的无序现象,达到加强风险管控、提质增效的管理目的。

目前,临港集团行政流程分为业务管理流程和公文管理流程两大类。涵盖多种业务类别,多个部门使用。公文管理流程没有统一文种归类和行文规定,子公司上报事项无规律、不规范、没要求,职责不清晰、责任不明确,收发单位众多、事项繁杂无序。由于以上各类流程没有明显的可识别标志设定,行政拟办存在严重判断障碍,参与会签部门及领导众多,审批职责不清且层次界面模糊,导致批转工作量大效率低下。为了解决这些疑难杂症,临港集团实行"54321"优化方法:"5 个全面",即全样本分析、全维度管理、全过程协同、全方位对接、全系统规划;"4 个意识",即增强协作配合、风险防范、资源共享、责任担当意识;"3 个结构",即形成承上启下、瞻前顾后、聚零为整的制度结构;"2 个黏合",即加强经营决策与日常管控、业务管理与技术支撑之间的黏度;"1 个保障",即制定可量化的效用评价指标体系保障优化成果可持续。形成"瘦身、压缩、分拣"流程优化成果,实现关键和重点业务的分级管理、控制与监督分流的分层管理、归口与效率清晰的分类管理的优化目标。

流程优化是企业高质量发展过程中永不间断的目标,持续改进是企业提高自我管理能力的永恒主题。临港集团流程优化,为企业内部高质量发展奠定了坚实的基础,为企业树立了高质量管理思维,为企业提升核心竞争力、影响力、防风险能力提供了有效支撑。

资料来源:https://baijiahao.baidu.com/s?id=1761078214381112380&wfr=spider&for=pc。

思考：一个成功的企业需要完善的业务流程，而我们的会计工作是否也需要一个有效的业务流程呢？企业从交易或事项发生到编制成财务报告，整个会计业务处理的流程如何才能更有效呢？

11.1 会计处理程序的意义和种类

11.1.1 会计处理程序的意义

会计处理程序又称账务处理程序或会计核算形式，是指在会计循环中，企业所采用的会计凭证、会计账簿、会计报表的种类和格式，登记账簿的方法和会计循环程序。

实务中，可以选择的会计凭证、会计账簿和财务报表种类较多，格式也各不相同。企业应根据自身经营活动的特点以及企业本身的实际情况，选择适合的会计处理程序。

科学合理的会计处理程序，对准确核算会计业务、及时提供系统完整的会计信息都具有重要意义。

（1）有助于规范会计核算工作。建立科学合理的会计处理程序，规范会计核算工作秩序，确立会计人员责任分工，有助于使会计核算过程有序可循。

（2）有助于保证会计核算工作质量。建立科学合理的会计处理程序，会计信息的加工和整理得到了有效的控制，有助于保证会计核算的正确、完整和合理，从而提供会计核算工作质量和会计信息质量。

（3）有助于提高会计核算工作效率。建立科学合理的会计处理程序，各处理环节分工明确，责任清楚，约束力强，有助于提供会计处理工作的效率。

11.1.2 会计处理程序的种类

目前，企业采用的会计处理程序一般有以下几种：记账凭证会计处理程序、科目汇总表会计处理程序、汇总记账凭证会计处理程序、多栏式日记账会计处理程序、普通日记账会计处理程序。

以上各种会计处理程序的主要区别表现在登记总账的依据和方法不同。在实际工作中，运用较多的是前三种会计处理程序。

课程思政

记账凭证会计处理程序、科目汇总表会计处理程序和汇总记账凭证会计处理程序，虽然登记总账的方法不同，但是最后对外披露的会计信息是相同的，同学们要理解"条条大路通罗马"的道理，培养殊途同归的思维方式。

11.2 记账凭证会计处理程序

11.2.1 记账凭证会计处理程序的定义

记账凭证会计处理程序是指根据经济业务发生以后所填制的各种记账凭证直接逐笔地登记总分类账并定期编制会计报表的一种会计处理程序。它是最基本的会计处理程序，其他会计处理程序都是在此基础上发展演变而形成的。

11.2.2 记账凭证会计处理程序的设置与步骤

1. 记账凭证会计处理程序的凭证与账簿设置

（1）记账凭证会计处理程序下会计凭证的设置。在记账凭证会计处理程序下，采用的记账凭证可以设置收款凭证、付款凭证和转账凭证，也可以采用通用记账凭证。记账凭证是登记总分类账的依据，需要逐笔逐日登记总分类账。

（2）记账凭证会计处理程序下账簿的设置。在记账凭证会计处理程序下，需要设置借、贷、余三栏式的现金日记账、银行存款日记账和总分类账，明细分类账可根据实际需要采用借、贷、余三栏式或数量金额式或多栏式。

（3）记账凭证会计处理程序下会计报表的设置。在记账凭证会计处理程序下，使用的会计报表主要有资产负债表、利润表、现金流量表等。会计报表的种类不同，格式也不同，各种会计报表的种类和格式参见第10章财务报告的有关内容。

2. 记账凭证会计处理程序的步骤

在记账凭证会计处理程序下，对经济业务进行账务处理的程序包括以下步骤（见图11-1）。

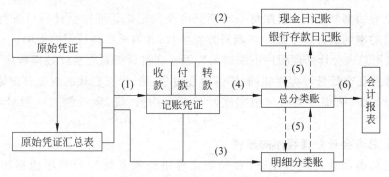

图11-1 记账凭证会计处理程序

（1）根据原始凭证或汇总原始凭证，编制记账凭证（包括收款凭证、付款凭证和转账凭证）。

（2）根据收款凭证、付款凭证逐日逐笔登记现金日记账和银行存款日记账。

（3）根据原始凭证、汇总原始凭证和记账凭证逐笔登记各种明细分类账。

（4）根据记账凭证登记总分类账。

（5）月末，将日记账、明细账与总分类账核对，保证账账相符。

（6）月末，根据总账和明细账编制会计报表。

3. 记账凭证会计处理程序的特点和评价

（1）记账凭证会计处理程序的特点是直接根据每张记账凭证逐笔登记总分类账。在记账凭证会计处理程序下，登记总分类账的依据是记账凭证。

（2）记账凭证会计处理程序的评价。

① 优点：记账凭证会计处理程序简单明了，手续简便；总分类账可以详细地记录和反映经济业务的发生情况，便于查对账目。

② 缺点：记账凭证会计处理程序下的总分类账是直接根据每张记账凭证逐笔登记的，工作量大，也不便于会计工作的分工。

③ 适用范围：适用于规模较小、业务量较少的企业和单位。

11.3 科目汇总表会计处理程序

11.3.1 科目汇总表会计处理程序的定义

微课：科目汇总表账务处理程序

科目汇总表会计处理程序是指根据各种记账凭证先定期（或月末一次）按会计科目汇总编制科目汇总表，然后根据科目汇总表登记总分类账，并定期编制会计报表的一种会计处理程序。科目汇总表会计处理程序是在记账凭证会计处理程序的基础上发展演变而形成的。

11.3.2 科目汇总表会计处理程序的设置与步骤

1. 科目汇总表会计处理程序的凭证与账簿设置

（1）科目汇总表会计处理程序下会计凭证的设置。在科目汇总表会计处理程序下，在设置收款凭证、付款凭证和转账凭证基础上，再设置科目汇总表。科目汇总表作为登记总分类账的依据。

科目汇总表的编制方法：定期将一定期间的全部记账凭证按会计科目进行归类，汇总每一会计科目的本期借方发生数和本期贷方发生数，并填写在科目汇总表中。

（2）科目汇总表会计处理程序下账簿的设置。在科目汇总表会计处理程序下的会计账簿形式与记账凭证会计处理程序相同，即需要设置借、贷、余三栏式的现金日记账、银行存款日记账和总分类账，明细分类账可根据实际需要采用借、贷、余三栏式或数量金额式或多栏式。

2. 科目汇总表会计处理程序的步骤

在科目汇总表会计处理程序下，对经济业务进行账务处理的程序包括以下步骤（见图 11-2）。

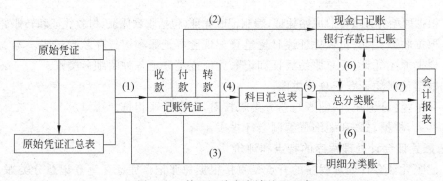

图 11-2 科目汇总表会计处理程序

（1）根据原始凭证或汇总原始凭证，编制记账凭证（包括收款凭证、付款凭证和转账凭证）。

（2）根据收款凭证、付款凭证逐日逐笔登记现金日记账和银行存款日记账。

（3）根据原始凭证、汇总原始凭证和记账凭证逐笔登记各种明细分类账。

（4）根据一定时期内的全部记账凭证，汇总编制成科目汇总表。

(5) 根据定期编制的科目汇总表登记总分类账。

(6) 月末,将日记账、明细账与总分类账核对,保证账账相符。

(7) 月末,根据总账和明细账编制财务报表。

【例 11-1】 某企业 1 月上旬发生以下经济业务,具体见表 11-1 中的摘要。表 11-1 是分录表,以此代替相关业务的记账凭证。

表 11-1　某企业 1 月上旬经济业务分录表

日期	凭证编号	摘　要	总账科目	借方	贷方
20×1.1.3	银付 1	付维修费	管理费用 银行存款	1 857.00	1 857.00
20×1.1.3	银收 1	出售产品	银行存款 主营业务收入 应交税费	91 530.00	81 000.00 10 530.00
20×1.1.5	银付 2	交上月所得税	应交税费 银行存款	21 450.00	21 450.00
20×1.1.5	现付 1	付职工医药费	应付职工薪酬——福利费 库存现金	76.50	76.50
20×1.1.5	银付 3	提现	库存现金 银行存款	1 500.00	1 500.00
20×1.1.5	银付 4	购铝锭	原材料 应交税费 银行存款	165 750.00 21 547.50	187 297.50
20×1.1.6	银付 5	交上月增值税	应交税费 银行存款	225 500.00	225 500.00
20×1.1.6	银付 6	交上月城建税	应交税费 银行存款	13 680.00	13 680.00
20×1.1.6	银付 7	交上月教育费附加	应交税费 银行存款	4 560.00	4 560.00
20×1.1.9	银付 8	交印花税	应交税费 银行存款	1 030.00	1 030.00
20×1.1.9	银付 9	购生铁	原材料 应交税费 银行存款	10 500.00 1 365.00	11 865.00
20×1.1.9	现付 2	付生活困难补助	应付职工薪酬——福利费 库存现金	200.00	200.00
20×1.1.9	银付 10	付养路费	管理费用 银行存款	580.00	580.00
20×1.1.9	银付 11	购办公用品	管理费用 银行存款	1 260.00	1 260.00
20×1.1.10	银收 2	出售产品	银行存款 主营业务收入 应交税费	50 850.00	45 000.00 5 850.00
20×1.1.10	银付 12	付快递费	管理费用 银行存款	2 400.00	2 400.00

续表

日期	凭证编号	摘要	总账科目	借方	贷方
20×1.1.10	银付13	购生铁	原材料	51 000.00	
			应交税费	6 630.00	
			银行存款		57 630.00
20×1.1.10	转1	生产领用材料	生产成本	50 000.00	
			原材料		50 000.00

(1) 根据记账凭证登记明细分类账,这里仅以管理费用和应付福利费明细账为例,如表 11-2 和表 11-3 所示。

表 11-2 应付职工薪酬明细账

20×1年		凭证编号	摘要	借方	贷方	借或贷	余额
月	日						
1	1		上年结转			贷	22 260.00
	5	现付1	付职工医药费	76.50			
	9	现付2	付生活困难补助	200.00			

表 11-3 管理费用明细账

20×1年		凭证编号	摘要	借方		
月	日			合计	公司经费	税金
1	3	银付1	付维修费	1 857.00	1 857.00	
	9	银付10	付养路费	580.00	580.00	
	9	银付11	购办公用品	1 260.00	1 260.00	
	10	银付12	付快递费	2 400.00	2 400.00	

(2) 根据记账凭证登记现金、银行存款日记账,如表 11-4 和表 11-5 所示。

表 11-4 现金日记账

20×1年		凭证		摘要	对方账户	收入	支出	余额
月	日	种类	号					
1	1			上年结转				500.00
	5	现付	1	付职工医药费	应付职工薪酬		76.50	
	5	银付	3	提现	银行存款	1 500.00		
				本日合计		1 500.00	76.50	1 923.50
	9	现付	2	付生活困难补助	应付职工薪酬		200.00	1 723.50

表 11-5 银行存款日记账

20×1年		凭证		摘要	对方账户	收入	支出	余额
月	日	种类	号					
1	1			上年结转				630 000.00
	3	银付	1	付维修费	管理费用		1 857.00	628 143.00

续表

20×1年		凭证		摘要	对方账户	收入	支出	余额
月	日	种类	号					
	3	银收	1	出售产品	主营业务收入	81 000.00		
					应交税费	10 530.00		719 673.00
	5	银付	2	交上月所得税	应交税费		21 450.00	698 223.00
	5	银付	3	提现	库存现金		1 500.00	696 723.00
	5	银付	4	购铝锭	原材料		165 750.00	
					应交税费		21 547.50	509 425.50
	6	银付	5	交上月增值税	应交税费		225 500.00	283 925.50
	6	银付	6	交上月城建税	应交税费		13 680.00	270 245.50
	6	银付	7	交上月教育附加	应交税费		4 560.00	265 685.50
	9	银付	8	交印花税	应交税费		1 030.00	264 655.50
	9	银付	9	购生铁	原材料		10 500.00	
					应交税费		1 365.00	252 790.50
	9	银付	10	付养路费	管理费用		580.00	252 210.50
	9	银付	11	购办公用品	管理费用		1 260.00	250 950.50
	10	银收	2	出售产品	主营业务收入	45 000.00		
					应交税费	5 850.00		301 800.50
	10	银付	12	付快递费	管理费用		2 400.00	299 400.50
	10	银付	13	购生铁	原材料		51 000.00	248 400.50
					应交税费		6 630.00	241 770.50

(3) 编制科目汇总表。

① 编制科目汇总表的底稿,如表 11-6 所示。

表 11-6 科目汇总表的底稿

借方发生数	科目	贷方发生数
银付(3)1 500/1 500	库存现金	现付(1)76.5 现付(2)200/276.5
银收(1)91 530 银收(2)50 850/142 380	银行存款	银付(1)1 857 银付(2)21 450 银付(3)1 500 银付(4)187 297.5 银付(5)225 500 银付(6)13 680 银付(7)4 560 银付(8)1 030 银付(9)11 865 银付(10)580 银付(11)1 260 银付(12)2 400 银付(13)5 7 630/530 609.50
银付(4)165 750 银付(9)10 500 银付(13)51 000/227 250	原材料	转字(1)50 000/50 000
转字(1)50 000/50 000	生产成本	
现付(1)76.5 现付(2)200/276.5	应付职工薪酬	
银付(2)21 450 银付(4)21 547.5 银付(5)225 500 银付(6)13 680 银付(7)4 560 银付(8)1 030 银付(9)1 365 银付(13)6 630 /295 762.5	应交税费	银收(1)10 530 银收(2)5 850/16 380

续表

借方发生数	科　　目	贷方发生数
	主营业务收入	银收(1)81 000 银收(2)45 000/126 000
银付(1)1 857　银付(10)580 银付(11)1 260 银付(12)2 400/6 097	管理费用	
723 266	合计	723 266

② 将底稿中每一科目的发生额合计数填列在科目汇总表,如表11-7所示。

表 11-7　科目汇总表

编号:科汇1　　　　　　20×1年1月1日至10日　　　　　　凭证1号至17号

会 计 科 目	借方发生数	贷方发生数
库存现金	1 500.00	276.50
银行存款	142 380.00	530 609.50
原材料	227 250.00	50 000.00
生产成本	50 000.00	
应付职工薪酬	276.50	
应交税费	295 762.50	16 380.00
主营业务收入		126 000.00
管理费用	6 097.00	
总计	723 266.00	723 266.00

(4) 根据科目汇总表登记总账,如表11-8～表11-15所示。

表 11-8　现金总账

20×1年		凭　证		摘　要	借方	贷方	借或贷	余额
月	日	种类	号					
1	1			上年结转			借	500.00
	10	科汇	1	汇总1—10日业务	1 500.00	276.50		

表 11-9　银行存款总账

20×1年		凭　证		摘　要	借方	贷方	借或贷	余额
月	日	种类	号					
1	1			上年结转			借	630 000.00
	10	科汇	1	汇总1—10日业务	142 380.00	530 609.50		241 770.50

表 11-10　原材料总账

20×1年		凭　证		摘　要	借方	贷方	借或贷	余额
月	日	种类	号					
1	1			上年结转			借	30 000.00
	10	科汇	1	汇总1—10日业务	227 250.00	50 000.00		207 250.00

表 11-11　生产成本总账

20×1年		凭证		摘要	借方	贷方	借或贷	余额
月	日	种类	号					
1	1			上年结转			借	40 000.00
	10	科汇	1	汇总1—10日业务	50 000.00			90 000.00

表 11-12　应付职工薪酬总账

20×1年		凭证		摘要	借方	贷方	借或贷	余额
月	日	种类	号					
1	1			上年结转			贷	22 260.00
	10	科汇	1	汇总1—10日业务		276.50		22 536.50

表 11-13　应交税费总账

20×1年		凭证		摘要	借方	贷方	借或贷	余额
月	日	种类	号					
1	1			上年结转			贷	453 680.00
	10	科汇	1	汇总1—10日业务	295 762.50	16 380.00		733 062.50

表 11-14　主营业务收入总账

20×1年		凭证		摘要	借方	贷方	借或贷	余额
月	日	种类	号					
1	10	科汇	1	汇总1—10日业务		126 000.00	贷	126 000.00

表 11-15　管理费用总账

20×1年		凭证		摘要	借方	贷方	借或贷	余额
月	日	种类	号					
1	10	科汇	1	汇总1—10日业务	6 097.00		借	6 097.00

3. 科目汇总表会计处理程序的特点和评价

(1) 科目汇总表会计处理程序的特点是定期根据每张记账凭证汇总编制科目汇总表，根据科目汇总表登记总分类账。

(2) 科目汇总表会计处理程序的评价。

① 优点：科目汇总表会计处理程序定期对记账凭证进行科目汇总，因此它在一定程度上定期检验了账户的发生额的试算平衡，从而保证了总分类账登记的正确性；同时由于总分类账是根据定期编制的科目汇总表登记的，这样可以大大减少登记总分类账的工作量。

② 缺点：科目汇总表是按照总分类账汇总编制的，只能作为登记总分类账和试算平衡的依据，不便于分析经济业务的缘由，也不便于查对账目。同时编制科目汇总表的工作量比较大。

③ 适用范围：科目汇总表会计处理程序能够进行账户发生额的试算平衡以及减少总分类账登记的工作量等优点，因此不论规模大小、交易或事项繁简的会计主体都可以采用。

11.4 汇总记账凭证会计处理程序

11.4.1 汇总记账凭证会计处理程序的定义

汇总记账凭证会计处理程序是指根据各种专用记账凭证定期编制汇总记账凭证,然后根据汇总记账凭证登记总分类账,并定期编制会计报表的一种会计处理程序。汇总记账凭证会计处理程序也是在记账凭证会计处理程序的基础上发展演变而来的一种会计处理程序。

11.4.2 汇总记账凭证会计处理程序的设置与步骤

1. 汇总记账凭证会计处理程序的凭证与账簿设置

(1) 汇总记账凭证会计处理程序下会计凭证的设置。在汇总记账凭证会计处理程序下,设置收款凭证、付款凭证和转账凭证,并设置汇总收款凭证、汇总付款凭证和汇总转账凭证,作为登记总分类账的依据。

① 汇总收款凭证是按库存现金和银行存款科目的借方分别设置,定期将这一期间内的全部现金收款凭证、银行存款收款凭证按对应的贷方科目加以归类汇总得到。格式见表11-16。

表 11-16　汇总收款凭证

借方科目:库存现金(或银行存款)　　　　　　　　　　　　　　汇收第　号

贷方科目	金　额				总账账页	
	1—10日	11—20日	21日—月末	合计	借方	贷方
合计						

② 汇总付款凭证是按库存现金和银行存款科目的贷方分别设置,定期将这一期间内的全部现金付款凭证、银行存款付款凭证按对应的借方科目加以归类汇总得到。格式见表11-17。

表 11-17　汇总付款凭证

贷方科目:库存现金(或银行存款)　　　　　　　　　　　　　　汇付第　号

借方科目	金　额				总账账页	
	1—10日	11—20日	21日—月末	合计	借方	贷方
合计						

③ 汇总转账凭证是根据一定时期的转账凭证汇总编制而成的。汇总转账凭证按贷方科目分别设置，按对应的借方科目加以归类汇总。为了便于编制汇总转账凭证，要求所有的转账凭证只能编制一借一贷或多借一贷的分录，不得编制一借多贷的分录。当某些贷方科目一个月出现的次数不多，对这些转账凭证可以不编制汇总转账凭证，可直接登记总账。格式见表 11-18。

表 11-18　汇总转账凭证

贷方科目：　　　　　　　　　　　　　　　　　　　　　　　　　　　　　　　汇转第　　号

借方科目	金额				总账账页	
	1—10 日	11—20 日	21 日—月末	合计	借方	贷方
合计						

（2）汇总记账凭证会计处理程序下账簿的设置。在汇总记账凭证会计处理程序下，设置借、贷、余三栏式的现金日记账、银行存款日记账；而设置总分类账按每一总分类账科目设置账页且采用三栏式；明细分类账可根据实际需要采用借、贷、余三栏式或数量金额式或多栏式。

2. 汇总记账凭证会计处理程序的步骤

在汇总记账凭证会计处理程序下，对经济业务进行账务处理的程序包括以下步骤（见图 11-3）。

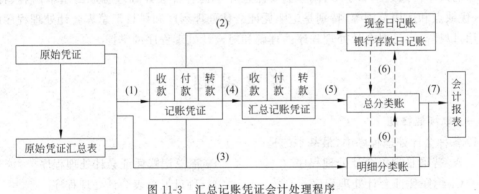

图 11-3　汇总记账凭证会计处理程序

（1）根据原始凭证或汇总原始凭证，编制记账凭证（包括收款凭证、付款凭证和转账凭证）。

（2）根据收款凭证、付款凭证逐日逐笔登记现金日记账和银行存款日记账。

（3）根据原始凭证、汇总原始凭证和记账凭证逐笔登记各种明细分类账。

（4）根据一定时期内的全部记账凭证，汇总编制汇总收款凭证、汇总付款凭证和汇总转账凭证。

（5）根据定期编制的汇总收款凭证、汇总付款凭证和汇总转账凭证登记总分类账。

（6）月末，将日记账、明细账与总分类账核对，保证账账相符。

(7) 月末,根据总账和明细账编制会计报表。

3. 汇总记账凭证会计处理程序的特点和评价

(1) 汇总记账凭证会计处理程序的特点是定期将记账凭证汇总记账凭证,然后根据各种汇总记账凭证登记总分类账。

(2) 汇总记账凭证会计处理程序的评价。

① 优点:汇总记账凭证会计处理程序减轻了登记总分类账的工作量,同时由于按照账户对应关系编制记账凭证,便于了解账户之间的相互关系。

② 缺点:汇总记账凭证会计处理程序下,按每一贷方科目编制汇总转账凭证,不利于会计核算的日常分工,并且当转账凭证较多时,编制汇总转账凭证的工作量较大。

③ 适用范围:适用于规模较大、业务量较多的企业和单位。

课程思政

根据审核无误的记账凭证,定期编制科目汇总表或汇总记账凭证,从而将记账凭证零散的会计信息进行归类汇总,减少登记总账的工作量,同学们要掌握如何将零散的信息进行有效整合、汇总的技能。

本章小结

本章是对前面所学的会计凭证、会计账簿、会计报表等各部分内容的一个综合运用,即如何根据企业的具体情况选择合适的凭证组织、账簿组织并将其有机的结合,形成适合企业的会计处理程序,最后生成有效的会计信息。合理的设置和运用会计处理程序,可以提高会计工作的效率。通过本章学习,同学们要熟悉并掌握各种会计处理程序的基本内容、特点、程序、优缺点和适用范围等,特别是记账凭证会计处理程序和科目汇总表会计处理程序的具体运用,以提高自己对会计处理程序的理解和对会计处理程序的掌握。

本章习题

一、单项选择题

1. 各种会计处理程序中,最基本的是(   )。
   A. 普通日记账会计处理程序   B. 汇总记账凭证会计处理程序
   C. 记账凭证会计处理程序   D. 科目汇总表会计处理程序
2. 各种会计处理程序之间的主要区别是(   )。
   A. 凭证及账簿设置不同   B. 记账方法不同
   C. 记账程序不同   D. 登记总账的依据和方法不同
3. 汇总记账凭证会计处理程序与科目汇总表会计处理程序的主要相同点是(   )。
   A. 记账凭证的汇总方法相同   B. 记账凭证都需要汇总
   C. 登记总账的依据相同   D. 汇总凭证的格式相同
4. 编制科目汇总表直接依据的凭证是(   )。
   A. 原始凭证   B. 汇总原始凭证
   C. 记账凭证   D. 汇总记账凭证

5. 规模小、业务量少、使用会计科目不多的企业单位一般可采用( )。
   A. 记账凭证会计处理程序　　　　　B. 汇总记账凭证会计处理程序
   C. 科目汇总表会计处理程序　　　　D. 日记账会计处理程序

二、多项选择题

1. 登记总分类账的直接依据可以是( )。
   A. 记账凭证　　　　　　　　　　　B. 汇总记账凭证
   C. 科目汇总表　　　　　　　　　　D. 库存现金和银行存款日记账

2. 适用于记账凭证会计处理程序的企业应该是( )。
   A. 规模不大　　　　　　　　　　　B. 经济业务数量不多
   C. 规模很大　　　　　　　　　　　D. 经济业务数量较多

3. 在汇总记账凭证会计处理程序下,应编制( )。
   A. 收款凭证和汇总收款凭证　　　　B. 付款凭证和汇总付款凭证
   C. 转账凭证和汇总转账凭证　　　　D. 科目汇总表

4. 登记总账工作量较小的会计处理程序是( )。
   A. 记账凭证会计处理程序　　　　　B. 汇总记账凭证会计处理程序
   C. 科目汇总表会计处理程序　　　　D. 普通日记账会计处理程序

三、判断题

1. 在记账凭证会计处理程序下,总账可以根据记账凭证逐笔登记,也可以定期总登记。( )
2. 科目汇总表会计处理程序是一般企业常采用的会计处理程序。( )
3. 无论哪种会计处理程序,在编制会计报表之前都要进行对账工作。( )
4. 无论哪种会计处理程序,一般都要设置日记账、总分类账和明细账。( )
5. 汇总记账凭证不仅能体现账户之间的对应关系,还能起到入账前的试算平衡。( )

四、业务题

目的:练习并掌握记账凭证会计处理程序。

资料:

1. 大华公司 20×1 年 12 月各总分类账户期初余额见下表。

总分类账户期初余额表 单位:元

账户名称	期初借方余额	期初贷方余额
库存现金	5 000	
银行存款	75 000	
应收账款	56 500	
其他应收款	2 500	
原材料	65 000	
库存商品	20 000	
固定资产	3 500 000	
累计折旧		500 000

续表

账户名称	期初借方余额	期初贷方余额
无形资产	100 000	
短期借款		50 000
应付账款		68 200
应付职工薪酬		30 000
应付利息		5 500
应交税费		25 300
实收资本		2 500 000
盈余公积		100 000
本年利润		300 000
利润分配		245 000
合计	3 824 000	3 824 000

2. 部分明细分类账户的月初余额如下。

(1)"应收账款——诚毅工厂":56 500元。

(2)"应付账款——素源工厂":68 200元。

(3)"原材料——A材料":2 000千克,单价15元,金额30 000元;"原材料——B材料":1 000千克,单价35元,金额35 000元。

(4)"库存商品——甲产品":100件,单位成本200元,金额20 000元。

3. 大华公司12月发生的经济业务如下。

(1)12月2日,收到A企业投入的一台全新设备。投资双方评估确认价值60 000元。设备已投入使用。

(2)12月3日,从银行借入6个月短期借款40 000元,款项已存入银行。

(3)12月3日,销售员章程出差,预借差旅费3 000元,用现金支付。

(4)12月5日,从来远工厂购入A材料500千克,买价8 000元,增值税1 040元,运杂费800元。款项尚未支付,材料已验收入库(材料按实际成本核算,下同)。

(5)12月7日,从中华工厂购入B材料300千克,买价9 000元,增值税1 170元。款项尚未支付,材料已验收入库。

(6)12月8日,生产甲产品领用A材料400千克,单价15元;B材料500千克,单价30元。生产车间一般耗用A材料100千克,单价16元;管理部分领用B材料150千克,单价32元。

(7)12月9日,销售员章程出差回来,报销差旅费2 500元,退回余款500元。

(8)12月11日,从银行提取现金4 000元,备作零星支出。

(9)12月15日,用银行存款支付产品广告费8 500元。

(10)12月18日,用现金支付办公用品费600元,其中生产车间400元,管理部门200元。

(11)12月20日,销售给北风工厂甲产品200件,单价300元,增值税7 800元。款项尚未收到。

(12)12月21日,用银行存款支付之前欠素源工厂的材料货款68 200元。

(13) 12 月 23 日,销售给胜利工厂甲产品 500 件,单价 300 元,增值税 19 500 元。款项尚未收到。

(14) 12 月 24 日,收到诚毅工厂所欠货款 56 500 元,款项已存入银行。

(15) 12 月 25 日,用银行存款支付本月水电费 10 000 元,其中生产车间 7 000 元,管理部门 3 000 元。

(16) 12 月 25 日,用银行存款向"希望工程"捐款 20 000 元。

(17) 12 月 28 日,计提本月应负担的短期借款利息 500 元。

(18) 12 月 31 日,结算本月应付职工工资 60 000 元,其中生产甲产品工人工资 30 000元,车间管理人员工资 10 000 元,企业管理人员工资 20 000 元。

(19) 12 月 31 日,计提本月固定资产折旧 21 000 元,其中生产车间 16 000 元,管理部门 5 000 元。

(20) 12 月 31 日,将本月发生的制造费用转入生产成本。

(21) 12 月 31 日,本月生产的 600 件甲产品全部完工入库。结转生产成本。

(22) 12 月 31 日,结转本月销售的 700 件甲产品的生产成本(本月甲产品的加权平均单位生产成本为 150 元)。

(23) 12 月 31 日,按照本月应缴纳的增值税的 7% 和 3% 的税率分别计算应缴纳的城市维护建设税和教育费附加。

(24) 12 月 31 日,将本月损益类账户的余额转入"本年利润"账户。

(25) 12 月 31 日,将本月实现的利润总额的 25% 计算并结转应交所得税。

(26) 12 月 31 日,结转全年实现的净利润。

(27) 12 月 31 日,按全年净利润的 10% 提取法定盈余公积,按全年净利润的 5% 向投资者分配现金股利。股利尚未支付。

(28) 12 月 31 日,结转利润分配的相关明细分类账户。

要求:

(1) 根据经济业务填制收款凭证、付款凭证和转账凭证(用会计分录代替。在每笔分录前写上凭证编号。凭证采用五种编号法编号)。

(2) 根据记账凭证逐笔登记总分类账(用 T 形账户代替总分类账)。

(3) 编制总分类账户本期发生额及余额试算平衡表。

第 12 章 会计工作组织

本章的学习将会使你：
- 悉知会计工作组织的基本内容；
- 了解会计机构的设置、会计人员的配备与管理以及会计档案的管理。

希望通过本章学习，同学们能够清楚知道会计工作组织的具体内容，从而更好、更快地了解会计工作环境。

导入案例

一年来互联网企业频频开刀组织架构，职级调整也逃不过

腾讯、字节跳动旗下抖音集团、阿里巴巴旗下淘天集团均在 2023 年对现行的职级体系、管理制度做出了调整。

腾讯缩减干部层级，减少业务的管理角色，推动公司的组织层级更加扁平。腾讯时任高级副总裁、人力资源负责人在集团战略会上称，会更激进地落实干部"能上、能下、能动"，为年轻员工创造晋升机会。

抖音集团则在考虑调整已施行超过五年的"5 级 10 等"员工职级体系，但方案未定。字节跳动专门成立了职级与薪酬变革项目组。

淘天集团考虑增加基层员工职级（P 序列改为 14～28 级），简化晋升方式。还计划将 OKR 考核制度调整为 OKR 与 KPI 并行，以 KPI 为主的考核制度。此外，10 人以上团队强制执行末尾淘汰。

三家企业相同的是，都已经迈入超大公司的成熟期，并且陷入了营收增长难、盈利能力波动的问题，这也让各公司都对效率有了更高要求，开启了更严格的绩效考核以及人员优化。

具体来说，随着公司体量增长，员工会愈发将心思放在晋升而非开拓业务上，在多数公司，员工晋升都需要用很长时间准备汇报材料、参与答辩。"而理想中的职级体系应该是鼓励大家拿战功，而不是鼓励大家浪费时间爬梯子。"一位互联网公司的人力资源负责人说。

可以说，组织如何适应新的周期是互联网公司当下的共同命题，而这背后，实际上是进入成熟期企业面临的共同问题。而在近一年中，中国互联网大企业都在陆续调整其职级、晋升和激励体系，目的是适应新的发展周期。

资料来源：https://new.qq.com/rain/a/20230725A07BFK00.

思考：什么样的组织结构才是最好的？作为会计专业学生，你对未来职业生涯有什么规划？

12.1　会计基本工作规范

12.1.1　会计机构和会计人员

会计机构是执行会计准则,直接从事或组织领导会计工作的职能部门,由专门的会计人员组成。建立健全的会计机构是保证会计工作顺利进行的重要条件;设置合理的会计机构以及配备明确会计岗位职责分工的会计人员,对企业单位会计工作的顺利开展有重要的影响。

1. 会计机构的设置

《中华人民共和国会计法》(以下简称《会计法》)中所指的会计机构就是会计核算机构。在我国,由于会计工作和财务工作都是综合性的管理工作,它们之间有非常密切的联系,因此通常把它们合为一体,设置一个财务会计机构,统一办理财务会计业务,所以会计机构通常指财务会计机构。

在我国,会计工作受财政部门和各级业务主管部门的双重领导。我国财政部是负责管理全国会计工作的领导机构,其内部设置会计事务管理司,主管全国的会计事务工作。各级业务主管部门的会计机构指各级主管部门执行总预算的会计机构,一般设置会计司、局、处、科,主管本系统所属单位的会计工作。

基层单位会计机构一般设置会计(财务)处、科、股、组等。在一些规模小、会计业务简单的单位,也可以不单独设置会计机构,但要在有关机构中设置专职的会计人员来办理会计业务,并指定会计主管人员。

  小贴士——《会计法》第三十八条

《会计法》第三十八条规定:担任会计机构负责人(会计主管人员)的,应当具备会计师以上专业技术职务资格或者从事会计工作三年以上经历。

2. 会计机构的内部组织形式

会计机构同本单位各部门之间的关系是分工协作、分级核算的关系。在企业单位中一般可采用集中核算和非集中核算两种形式。

(1) 集中核算组织方式。此种核算组织方式下,企业经济业务的明细核算、总分类核算、财务报表编制和各有关项目的考核、分析等会计工作集中由企业单位会计部门进行,其他职能部门、车间、仓库的会计组织或会计人员只负责填制原始凭证,为会计部门的进一步核算提供初步核算资料。

(2) 非集中核算组织方式。此种核算组织方式下,企业经济业务的凭证整理、明细核算、有关财务报表编制和分析(特别是适应企业内部日常经营管理需要的内部报表的编制和分析)分散到直接从事该项业务的车间、部门进行,但总分类账核算、企业全面性财务报表的编制和内部各单位的会计工作还是由企业会计部门集中进行。企业会计部门还应对企业内部各单位的会计工作进行业务上的指导和监督。

在一个企业单位内部,对各部门和下属单位的经济业务可以分别采取集中核算和非集中核算。实行集中核算或非集中核算组织方式,主要取决于企业经营管理的需要。集中核算与非集中核算是相对的,但无论采用哪种形式,企业对外的现金收付、银行存款收付、物资供销、应收和应付款项的结算等,都应集中在会计部门进行。

> **课程思政**
>
> 企业的财务部门有会计主管、成本会计、税务会计、出纳等不同的工作岗位,不同的工作岗位其工作内容不同、职责不同,良好的岗位分工可以大大提高工作的质量和效率,同学们要培养团队合作的意识。

3. 会计人员

会计人员是指从事会计工作的人员。《会计法》和其他相关规定中,对会计人员的职责和权限等都做了明确的规定。

(1) 会计人员的职责就是认真履行会计的基本职能——核算和监督。同时由于会计工作又是管理活动的一部分,因此把会计人员的职责归纳为进行会计核算、实行会计监督、参与会计管理三部分。

(2) 会计人员的权限主要有以下几方面。

① 会计人员有权要求本企业有关部门人员认真执行国家批准的计划、预算,遵守国家的财经纪律和财务会计的有关法律、法规。

② 会计人员有权参与本企业计划及预算的编制、定额的制订、经济合同的签订,参加有关生产、经营管理会议,并提出对财务收支和经营决策方面的意见等。

③ 会计人员有权监督本企业有关部门的财务收支、资金使用和财产保管、收发、计量、检验等情况。有关部门及人员要积极配合会计人员的工作并如实提供财务会计工作有关的情况和资料。

4. 会计人员的专业技术职务

要能胜任一个会计岗位,需要有相应的专业技术职务。根据《会计专业职务试行条例》规定,会计专业职务有高级会计师、会计师、助理会计师。高级会计师为高级职务,会计师为中级职务,助理会计师为初级职务。国家对各级专业技术职务有任职的基本条件和基本职责要求,见表 12-1。

表 12-1 各会计职称的基本任职条件和基本职责要求

职务	高级会计师	会计师	助理会计师
基本条件	较系统地掌握经济、财务会计理论和专业知识;具有较高的政策水平和丰富的财务会计工作经验;较熟练地掌握一门外语	较系统地掌握财务会计基础理论和专业知识;掌握并能正确贯彻执行有关的财经方针、政策和财务会计法规、制度;具有一定的财务会计工作经验,能担负一个单位或管理一个地区、一个部门、一个系统某个方面的财务会计工作;取得博士学位并具有履行会计师职责的能力;取得硕士学位并担任助理会计师职务 2 年左右;第二学士学位或研究生班结业证书并担任助理会计师职务 2~3 年;大学本科或大学专科毕业并担任助理会计师职务 4 年以上;掌握一门外语	掌握一般财务会计基础理论和专业知识;熟悉并能正确执行有关的财经方针、政策和财务会计法规、制度;能担负某个方面或某个重要岗位的财务会计工作;取得硕士学位,或第二学士学位或研究生班结业证书,具备履行助理会计师职务的能力;大学本科在财务会计工作岗位上见习一年期满;大学专科毕业并担任会计员 2 年以上;或中等专业学校毕业并担任会计员职务 4 年以上
基本职责	负责草拟和解释、解答一个地区或一个部门、一个系统的经济核算和财务会计工作;培养中级会计人才	负责制定比较重要的财务会计制度、规定、办法,解释、解答财务会计法规、制度中的重要问题,分析检查财务收支和预算执行情况;培养初级会计人才	负责草拟一般的财务会计制度、规定、办法,解释财务会计法规、制度中的一般规定;分析检查某一方面或某些项目的财务收支和预算执行情况

课程思政

伴随经济的快速发展,会计也在不断地发展和完善。身为会计人员,要不断地学习和更新专业知识。通过考证,比如初级会计职称、中级会计师、注册会计师、管理会计师等,不断提升自身的专业技能和竞争力,保持终身学习和进步的能力。

小贴士——《会计法》第三十六条

《会计法》第三十六条规定:国有的和国有资产占控股地位或者主导地位的大中型企业必须设置总会计师。总会计师的任职资格、任免程序、职责权限由国务院规定。

注册会计师不是会计专业技术职务,而是一种执业资格。注册会计师是指由会计师事务所统一接受委托,依法独立执行审计业务、会计咨询业务和会计服务业务的人员。根据《中华人民共和国注册会计师条例》的规定,申请担任注册会计师的人员,须具备大专以上(包括大专)学历,经全国统一考试合格,由财政部门批准注册,并加入一个会计师事务所,才能从事注册会计师工作。

12.1.2 会计人员的职业道德

1. 会计职业道德的定义

为了更好地履行会计人员的职责和权限,会计人员必须具备职业道德。会计人员的职业道德,简称为会计职业道德,是指在会计职业活动中应当遵循的、体现会计职业特征的、调整会计职业关系的职业行为准则和规范。会计职业道德的含义包括以下几个方面。

(1)会计职业道德是调整会计职业活动利益关系的手段。会计职业道德可以按照国家法律制度,调整职业关系中的经济利益关系,维护正常的经济秩序。

(2)会计职业道德具有相对稳定性。会计职业道德主要依附于历史继承性和经济规律,在社会经济关系不断变迁中,保持自己的相对稳定性。

(3)会计职业道德具有广泛的社会性。会计职业道德是人们对会计职业行为的客观要求。从受托责任观念出发,会计目标决定了会计所承担的社会责任。会计因其服务对象涉及社会的方方面面,提供的会计信息是公共产品,所以会计职业道德的优劣将影响国家和社会公众利益。

2. 会计职业道德规范的主要内容

会计职业道德规范,是根据会计这一职业的特点,对会计人员在社会经济生活中的会计行为所提出的道德要求。会计职业道德规范是财经法律、法规和制度所不能代替的。它的主要内容主要包括以下几方面。

(1)爱岗敬业。爱岗敬业要求会计人员充分认识本职工作在整个经济和社会事业发展过程中的地位和作用,珍惜自己的工作岗位,一丝不苟,兢兢业业。同时要求会计人员在工作中自觉主动地履行岗位职责,以积极健康高效的态度对待会计工作,做到恪尽职守。

(2)诚实守信。诚实守信是会计人员的基本道德素养。要求会计人员不弄虚作假,如实反映和披露单位经济业务事项。同时要求会计从业人员要执业谨慎,信誉至上以及在日常工作中保密守信,不为利益所诱惑。

(3)廉洁自律。廉洁自律是会计人员的基本品质,是会计职业道德的基本原则。廉洁自律要求会计人员在日常工作中做到公私分明,不贪不占;遵纪守法,坚决抵制行业不正之风;会计人员还要重视会计职业声望。

(4) 客观公正。客观公正是会计人员必须具备的行为品德,是会计职业道德规范的灵魂。客观公正要求会计人员端正态度,依法办事;实事求是,不偏不倚,保持独立。

(5) 坚持准则。坚持准则的"准则"包括会计法律、法规,会计准则,会计制度等,是会计人员从事会计工作所应遵守的行为规范和具体要求。坚持准则,依法办事是会计人员职业道德的重中之重。坚持准则,要求会计人员在处理交易或事项过程中,严格按照会计法律制度办事,不为主观或他人意志左右。

(6) 提高技能。精通业务,胜任本职工作是会计人员必须具备的职业道德品质。没有娴熟的专业技能,是无法开展会计工作、履行会计职责的。提高技能要求会计人员要不断进取,努力提高业务水平。

(7) 参与管理。会计人员参与管理,就是为管理者当好参谋,成为决策层的参谋助手,为改善企业单位内部管理、提高经济效益服务。同时,会计人员应当努力钻研相关业务,只有业务娴熟,并具有精湛的技能,才能为参与管理打下坚实的基础。

(8) 强化服务。强化服务是会计工作的宗旨,也是行业文明的标志。强化服务要求会计人员树立服务意识,履行会计职能;提高服务质量,不断开拓创新,努力维护和提升会计职业的良好社会形象。

课程思政

会计人员从事会计工作,时刻恪守爱岗敬业、诚实守信、廉洁自律、客观公正、提高技能、强化服务等职业道德,对自己负责、对企业负责、对社会负责,同学们要培养高度的社会责任感和使命感。

12.2 我国的会计规范体系

企业是在特定的法律环境中开展经营活动的。会计人员在履行对企业经营管理活动的反映和监督职能时,必然需要掌握相应的法律、法规知识。我国的会计考试制度均把经济法律知识列入考试范围。我国现行的会计法规体系包括会计法律、会计行政法规、国家统一的会计制度、地方性会计法规等,如表12-2所示。就层级效力而言,下位法应当遵循上位法。

表12-2 我国现行会计法规体系中的部分法规

法律渊源	法规示例
法律	《中华人民共和国税收征收管理法》 《中华人民共和国企业所得税法》 《中华人民共和国公司法》 《中华人民共和国会计法》 《中华人民共和国注册会计师法》等
行政法规	《总会计师条例》 《企业财务会计报告条例》等

续表

法 律 渊 源	法 规 示 例
国家统一的会计制度	《企业会计准则——基本准则》 《企业会计准则第 1 号——存货》等 42 项具体会计准则 《小企业会计准则》 《会计基础工作规范》 《会计专业技术资格考试暂行规定》 《会计档案管理办法》 《注册会计师全国统一考试办法》等
地方性会计法规	《广东省会计条例》等

课程思政

会计人员处理会计工作必须依照《会计法》《会计基础工作规范》《企业会计准则》《会计档案管理办法》等相关法律、法规的要求,一旦违法,必须承担相应的法律责任,同学们要成为懂法、守法的优秀会计人才。

12.2.1 会计法律

我国立法机构为全国人民代表大会和全国人民代表大会常务委员会。全国人民代表大会制定和修改刑事、民事、国家机构的和其他的基本法律。全国人民代表大会常务委员会则制定和修改除应当由全国人民代表大会制定的其他法律。全国人民代表大会休会期间由全国人民代表大会常务委员会对其制定的法律进行修改和补充,但不得同该法律的基本原则相抵触。

《中华人民共和国会计法》(以下简称《会计法》)是会计的根本大法,于 1985 年 1 月 21 日第六届全国人大常委会第九次会议通过颁布。现行的《会计法》是 1999 年 10 月 31 日第九届全国人大常委会第十二次会议修订的《会计法》,自 2000 年 7 月 1 日起实施。《会计法》是会计法律制度中层次最高的法律规范,是制定其他会计法规的依据,也是指导会计工作的最高准则。《会计法》的立法宗旨是规范会计行为,保证会计资料真实、完整,加强经济管理和财务管理,提高经济效益,维护社会主义市场的经济秩序。现行的《会计法》共有 7 章 52 条,主要对会计工作总的原则、会计核算、公司和企业核算的特别规定、会计监督、会计机构和会计人员以及法律责任等方面作了具体的规定。

《中华人民共和国注册会计师法》(以下简称《注册会计师法》)由第八届全国人民代表大会常务委员会第四次会议于 1993 年 10 月 31 日通过,自 1994 年 1 月 1 日起施行。《注册会计师法》是为了发挥注册会计师在社会经济活动中的鉴证和服务作用。加强对注册会计师的管理,维护社会公共利益和投资者的合法权益,促进社会主义市场经济的健康发展制定的法规。

其他法律在以后的"经济法""税法"等相关课程中详细介绍,本书不做赘述。

12.2.2 会计行政法规

我国的行政法规是由国务院制定并颁布。与会计相关的行政法规,主要是《企业财务会计报告条例》和《总会计师条例》。《企业财务会计报告条例》对财务会计报告的构成、编制、对外提供、法律责任等作出了规定。《总会计师条例》对总会计师的设置、职权、任免和奖惩做出了规定。

12.2.3 国家统一的会计制度

国家统一的会计制度是指国务院财政部门根据《会计法》制定的关于会计核算、会计监督、会计机构和会计人员以及会计工作管理的制度,包括规章和规范性文件。会计规章是根据《中华人民共和国立法法》规定的程序,由财政部制定,并由部门首长签署命令予以公布的制度办法。会计规范性文件是指主管全国会计工作的行政部门,即国务院财政部门制定并发布的各种核算制度及办法。

在所有的国家统一的会计制度中最重要的为会计准则,其他会计制度本书不做赘述。会计准则是反应经济活动、确认产权关系、规范收益分配的会计技术标准,是生成和提供会计信息的重要依据,也是政府调控经济活动、规范经济秩序和开展国际经济交流等的重要手段。会计准则具有严密和完整的体系,我国已颁布的会计准则有企业会计准则、小企业会计准则和政府会计准则。

1. 企业会计准则

我国自1992年以来的会计改革借鉴国际会计准则(International Financial Reporting Standards)和美国证券市场上的公认会计准则(Generally Accepted Accounting Principle),于2006年建立了与国际会计准则"实质趋同"的企业会计准则体系。目前,这一体系由《企业会计准则——基本准则》、1~42号具体准则和1~13号会计准则解释组成,已推行于大中型企业和上市公司。后续会在"中级财务会计"和"高级财务会计"课程对企业会计准则进行更深入的学习,此处不再赘述。具体准则名称和修订日期见表12-3。

表12-3 企业会计准则中的具体准则一览表

编号	准 则 名 称	发布日期	修订日期
1	存货	2006.2.15	
2	长期股权投资	2006.2.15	2014.3.13
3	投资性房地产	2006.2.15	
4	固定资产	2006.2.15	
5	生物资产	2006.2.15	
6	无形资产	2006.2.15	
7	非货币性资产交换	2006.2.15	2019.5.9
8	资产减值	2006.2.15	
9	职工薪酬	2006.2.15	2014.1.27
10	企业年金基金	2006.2.15	
11	股份支付	2006.2.15	
12	债务重组	2006.2.15	2019.5.16
13	或有事项	2006.2.15	
14	收入	2006.2.15	2017.7.5
15	建造合同	2006.2.15	

续表

编号	准则名称	发布日期	修订日期
16	政府补助	2006.2.15	2017.5.10
17	借款费用	2006.2.15	
18	所得税	2006.2.15	
19	外币折算	2006.2.15	
20	企业合并	2006.2.15	2018.12.7
21	租赁	2006.2.15	2017.3.31
22	金融工具确认和计量	2006.2.15	2017.3.31
23	金融资产转移	2006.2.15	2017.3.31
24	套期会计	2006.2.15	2020.12.19
25	原保险合同	2006.2.15	2020.12.19
26	再保险合同	2006.2.15	
27	石油天然气开采	2006.2.15	
28	会计政策、会计估计变更和差错更正	2006.2.15	
29	资产负债表日后事项	2006.2.15	
30	财务报表列报	2006.2.15	2014.1.26
31	现金流量表	2006.2.15	
32	中期财务报告	2006.2.15	
33	合并财务报告表	2006.2.15	2014.2.17
34	每股收益	2006.2.15	
35	分部报告	2006.2.15	
36	关联方披露	2006.2.15	
37	金融工具列报	2006.2.15	2014.6.20 2017.5.2
38	首次执行企业会计准则	2006.2.15	
39	公允价值计量	2014.1.26	
40	合营安排	2014.1.27	
41	在其他主体中权益的披露	2014.3.14	
42	持有待售的非流动资产、处置组和终止经营	2017.4.28	

2. 小企业会计准则

《小企业会计准则》于 2011 年 10 月 18 日由中华人民共和国财政部印发。《小企业会计准则》分总则、资产、负债、所有者权益、收入、费用、利润及利润分配、外币业务、财务报表、附则 10 章 90 条，自 2013 年 1 月 1 日起施行。

《小企业会计准则》适用于在中华人民共和国境内依法设立的、符合《中小企业划型标准规定》所规定的小型企业标准的企业。下列三类小企业除外。

(1) 股票或债券在市场上公开交易的小企业。

(2) 金融机构或其他具有金融性质的小企业。

(3) 企业集团内的母公司和子公司。

《小企业会计准则》不仅适用于小企业,根据准则第八十九条的规定,符合划型标准的微型企业也参照执行本准则,因此同时适用于小型企业和微型企业。

3. 政府会计准则

2015年10月23日,中华人民共和国财政部令第78号公布《政府会计准则——基本准则》,共6章62条,自2017年1月1日起施行。自2016年7月以来,陆续共出台11号具体准则。2017年10月24日,财政部制定印发了《政府会计制度——行政事业单位会计科目和报表》,自2019年1月1日起施行。并自2019年1月1日起,政府会计准则制度在全国各级各类行政事业单位全面施行,各事业单位不再单设其他会计准则。

12.3 会计档案

现行会计档案管理管理工作由财政部和国家档案局在2015年12月11日颁布的《会计档案管理办法》进行规范,《会计档案管理办法》于2016年1月1日起施行。

12.3.1 会计档案的定义

会计档案是指单位在进行会计核算等过程中接收或形成的,记录和反映单位经济业务事项的,具有保存价值的文字、图表等各种形式的会计资料,包括通过计算机等电子设备形成、传输和存储的电子会计档案。

会计档案对于分析企业经济业务,指导企业生产经营管理,查验经济问题以及研究经济发展的方针和战略等都具有重要作用。会计档案具体包括以下几方面内容。

(1) 会计凭证,包括原始凭证、记账凭证。

(2) 会计账簿,包括总账、明细账、日记账、固定资产卡片及其他辅助性账簿。

(3) 财务会计报告,包括月度、季度、半年度、年度财务会计报告。

(4) 其他会计资料,包括银行存款余额调节表、银行对账单、纳税申报表、会计档案移交清册、会计档案保管清册、会计档案销毁清册、会计档案鉴定意见书及其他具有保存价值的会计资料。

12.3.2 会计档案的保管

1. 会计档案的归档要求

(1) 单位的会计机构或会计人员所属机构按照归档范围和归档要求,负责定期将应当归档的会计资料整理立卷,编制会计档案保管清册。

(2) 单位可以利用计算机、网络通信等信息技术手段管理会计档案。

(3) 满足一定条件的企业内部形成或从外部取得的会计档案可以仅以电子形式归档保存,形成电子会计档案。

(4) 当年形成的会计档案,在会计年度终了后一年内,由本企业单位会计机构保管。期满后,应由会计机构编制会计移交清册,移交本企业单位的档案机构统一保管。单位会计管理机构临时保管会计档案最长不超过三年。临时保管期间,会计档案的保管应当符合国家档案管理的有关规定,且出纳人员不得兼管会计档案。

(5) 单位会计管理机构在办理会计档案移交时，应当编制会计档案移交清册，并按照国家档案管理的有关规定办理移交手续。纸质会计档案移交时应当保持原卷的封装。电子会计档案移交时应当将电子会计档案及其源数据一并移交，且文件格式应当符合国家档案管理的有关规定。特殊格式的电子会计档案应当与其读取平台一并移交。单位档案管理机构接收电子会计档案时，应当对电子会计档案的准确性、完整性、可用性、安全性进行检测，符合要求的才能接收。

2. 会计档案的保管期限

会计档案的保管期限分为永久、定期两类。定期保管期限一般分为10年和30年。保管期限从会计年度终了后的第一天算起。企业和其他组织会计档案保管期限如表12-4所示。

表12-4 会计档案保管期限

序号	档 案 名 称	保管期限	备 注
一	会计凭证		
1	原始凭证	30年	
2	记账凭证	30年	
二	会计账簿		
3	总账	30年	
4	明细账	30年	
5	日记账	30年	
6	固定资产卡片		固定资产报废清理后保管5年
7	其他辅助性账簿	30年	
三	财务会计报告		
8	月度、季度、半年度财务会计报告	10年	
9	年度财务会计报告	永久	
四	其他会计资料		
10	银行存款余额调节表	10年	
11	银行对账单	10年	
12	纳税申报表	10年	
13	会计档案移交清册	30年	
14	会计档案保管清册	永久	
15	会计档案销毁清册	永久	
16	会计档案鉴定意见书	永久	

课程思政

会计凭证、会计账簿、财务报告等会计资料，不能随意销毁，必须按照《会计档案管理办法》的要求进行管理，便于查账和追责。同学们要养成重要文件、资料定期归档管理的习惯，提高归档管理的能力。

小贴士——财政总预算、行政单位、事业单位和税收会计档案保管期限

《会计档案管理办法》对政府部门和行政事业单位的会计档案保管期限也做了明确的规定,具体保管期限见表12-5。

表12-5 财政总预算、行政单位、事业单位和税收会计档案保管期限表

序号	档案名称	保管期限			备注
		财政总预算	行政单位事业单位	税收会计	
一	会计凭证				
1	国家金库编送的各种报表及缴库退库凭证	10年		10年	
2	各收入机关编送的报表	10年			
3	行政单位和事业单位的各种会计凭证		30年		包括原始凭证、记账凭证和传票汇总表
4	财政总预算拨款凭证和其他会计凭证	30年			包括拨款凭证和其他会计凭证
二	会计账簿				
5	日记账		30年	30年	
6	总账	30年	30年	30年	
7	税收日记账(总账)			30年	
8	明细分类、分户账或登记簿	30年	30年	30年	
9	行政单位和事业单位固定资产卡片				固定资产报废清理后保管5年
三	财务会计报告				
10	政府综合财务报告	永久			下级财政、本级部门和单位报送的保管2年
11	部门财务报告		永久		所属单位报送的保管2年
12	财政总决算	永久			下级财政、本级部门和单位报送的保管2年
13	部门决算		永久		所属单位报送的保管2年
14	税收年报(决算)			永久	
15	国家金库年报(决算)	10年			
16	基本建设拨、贷款年报(决算)	10年			
17	行政单位和事业单位会计月、季度报表		10年		所属单位报送的保管2年
18	税收会计报表			10年	所属税务机关报送的保管2年
四	其他会计资料				
19	银行存款余额调节表	10年	10年		
20	银行对账单	10年	10年	10年	
21	会计档案移交清册	30年	30年	30年	

续表

序号	档案名称	保管期限			备注
		财政总预算	行政单位事业单位	税收会计	
22	会计档案保管清册	永久	永久	永久	
23	会计档案销毁清册	永久	永久	永久	
24	会计档案鉴定意见书	永久	永久	永久	

3. 会计档案的借阅要求

（1）各单位应当严格按照相关制度利用会计档案，在进行会计档案查阅、复制、借出时履行登记手续，严禁篡改和损坏。

（2）各单位保存的会计档案一般不得对外借出。确因工作需要且根据国家有关规定必须借出的，应当严格按照规定办理相关手续。会计档案借用单位应当妥善保管和利用借入的会计档案，确保借入会计档案的安全完整，并在规定时间内归还。

12.3.3 会计档案的销毁

单位应当定期对已到保管期限的会计档案进行鉴定，并形成会计档案鉴定意见书。经鉴定，仍需继续保存的会计档案，应当重新划定保管期限；对保管期满，确无保存价值的会计档案，可以销毁。

保管期满但未结清的债权债务会计凭证和涉及其他未了事项的会计凭证不得销毁，纸质会计档案应当单独抽出立卷，电子会计档案单独转存，保管到未了事项完结时为止。会计档案保管期满，单位负责人签署意见后，可以进行销毁。

单位档案管理机构负责组织会计档案销毁工作，并与会计管理机构共同派员监销。监销人在会计档案销毁前，应当按照会计档案销毁清册所列内容进行清点核对；在会计档案销毁后，应当在会计档案销毁清册上签名或盖章。电子会计档案的销毁还应当符合国家有关电子档案的规定，并由单位档案管理机构、会计管理机构和信息系统管理机构共同派员监销。

本 章 小 结

会计工作的组织，是指如何安排、协调和管理好企业的会计工作。会计机构和会计人员是会计工作系统运行的必要条件，而会计法规是保证会计工作系统正常运行的必要约束机制。要做好会计工作，必须有专门的会计机构、专职的会计人员，并按照规定的会计法规制度开展日常工作。因此，设置会计机构、配备会计人员、制定会计管理制度等工作的总称就是会计工作的组织。本章阐述了会计工作组织的重要意义和详细内容，详细阐述了会计机构的设置和会计人员的职责与主要权限，以及会计人员的任职要求，并对会计档案的管理工作进行了概要的介绍。

本章习题

一、单项选择题

1. 根据《会计法》的规定，主管全国会计工作的是（   ）。
   A. 全国人大常委会　　　　　　　　B. 国务院
   C. 国务院财政部门　　　　　　　　D. 司法部

2. 下列选项不属于《会计法》所指的单位负责人的是（   ）。
   A. 局长　　　　　　　　　　　　　B. 董事兼总经理
   C. 董事长　　　　　　　　　　　　D. 独资企业的投资人

3. 会计核算工作组织形式有集中核算和（   ）。
   A. 专业核算　　B. 班组核算　　C. 个别核算　　D. 非集中核算

4. 担任单位会计机构负责人（会计主管人员）的，应当具备会计师以上专业技术职务资格或从事会计工作（   ）以上经历。
   A. 5年　　　　B. 2年　　　　C. 3年　　　　D. 8年

5. 下列不属于会计人员专业技术职务的是（   ）。
   A. 高级会计师　　　　　　　　　　B. 总会计师
   C. 助理会计师　　　　　　　　　　D. 会计师

6. 在会计职业中，（   ）是会计人员必须具备的行为品德，是会计职业道德规范的灵魂。
   A. 廉洁自律　　B. 坚持准则　　C. 客观公正　　D. 提高技能

7. 东方公司会计张某利用工作之余，参加了某培训机构举办的企业财务管理课程培训，并在培训结束之后，利用自己在培训班所学的知识，结合本公司的经营特点，针对企业的存货管理提出了可行的改进意见，并得到了领导的同意。在张某的身上没有体现的会计职业道德是（   ）。
   A. 爱岗敬业　　B. 廉洁自律　　C. 提高技能　　D. 参与管理

8. 根据《会计档案管理办法》的规定，各级财政部门销毁会计档案时，应由（   ）。
   A. 同级审计部门派人监销　　　　　B. 档案部门和会计部门共同派人监销
   C. 会计部门派人监销　　　　　　　D. 上级审计部门派人监销

9. 会计档案的定期保管期限中不包括（   ）档。
   A. 永久　　　　B. 10年　　　　C. 20年　　　　D. 30年

10. 银行存款余额调节表、银行对账单应当保存（   ）。
    A. 3年　　　　B. 永久　　　　C. 10年　　　　D. 30年

二、多项选择题

1. 下列项目中，属于我国会计法规体系组成部分的有（   ）。
   A. 《会计法》　　　　　　　　　　B. 企业会计准则
   C. 各项具体会计制度　　　　　　　D. 会计组织
   E. 政府会计准则

2. 报考中级会计资格考试的人员除具备基本条件外，还必须具备下列（   ）条件。
   A. 取得大学专科学历，从事会计工作满5年

B. 取得双学士学位或研究生班毕业,从事会计工作满 1 年
C. 取得硕士学位,从事会计工作满 1 年或取得博士学位
D. 取得大学本科学历,从事会计工作满 4 年

3. 会计职业道德的内容有"坚持准则"一项,这里的"准则"是指(　　)。
A. 会计准则　　　　　　　　B. 会计法律
C. 会计行政法规　　　　　　D. 与会计相关的法律制度

4. 会计档案的定期保管期限有(　　)年。
A. 3　　　　B. 5　　　　C. 10　　　　D. 20　　　　E. 30

5. 根据《会计档案管理办法》的规定,下列各项中,属于会计档案的有(　　)。
A. 固定资产卡片　　　　　　B. 记账凭证
C. 会计档案保管清册　　　　D. 电子凭证

6. 下列各项中,需要永久保管的会计档案有(　　)。
A. 会计档案保管清册　　　　B. 会计档案销毁清册
C. 会计档案移交清册　　　　D. 年度财务报告

三、判断题

1. 会计管理机构是指在政府职能部门中负责组织、领导会计工作的机构。（　）
2. 在一个单位内部,对各部门和下属单位的经济业务可以分别采取集中核算和非集中核算。（　）
3. 会计人员的初级资格是助理会计师。（　）
4. 注册会计师是单位行政领导成员,协助单位主要行政领导人工作,主要对单位主要行政领导负责。（　）
5. 《会计法》规定,所有企业单位必须设置总会计师。（　）
6. 银行对账单不属于会计凭证,因而也就不属于会计档案。（　）
7. 正在项目建设期间的建设单位,其保管期满的会计档案可以销毁。（　）

四、业务题

目的:练习并理解会计人员的职责与权限,会计档案的销毁相关规定以及违反《会计法》应承担的法律责任。

资料:20×6 年 1 月,某企业发生以下事项。

(1) 2 日,该企业单位会计人员王某脱产学习一个月,会计科长指定出纳张某兼管王某的债权债务账目的登记工作,未办理会计工作交接手续。

(2) 5 日,该企业单位档案科同会计科销毁一批保管期限已满的会计档案,未报经单位领导批准,也未编造会计档案销毁清册。销毁后未履行任何手续。

(3) 该企业单位 20×5 年度亏损 50 万元。20 日会计科长授意会计人员采取伪造会计凭证等手段调整企业的财务会计报告,将本年度利润调整为盈利 30 万元,并将调整后的企业财务会计报告经企业法定代表人签名、盖章后向有关单位报送。

要求:根据以上资料回答下列问题。

(1) 出纳张某临时兼管王某的债权债务账目的登记工作是否符合规定?

(2) 该企业档案科会同会计科销毁保管期满的会计档案在程序上是否符合规定?

(3) 该企业法定代表人对会计科长授意会计人员采取伪造会计凭证等手段调整企业的财务会计报告的行为是否要承担法律责任?

参 考 文 献

[1] 龚翔,施先旺.会计学原理[M].大连:东北财经大学出版社,2019.
[2] 崔智敏,陈爱玲.会计学基础[M].7版.北京:中国人民大学出版社,2020.
[3] 朱小平,秦玉熙,等.基础会计[M].11版.北京:中国人民大学出版社,2021.
[4] 周华.会计学基础[M].2版.北京:中国人民大学出版社,2020.
[5] 徐泓.基础会计学[M].4版.北京:中国人民大学出版社,2019.
[6] 崔智敏.会计学基础学习指导书[M].7版.北京:中国人民大学出版社,2020.
[7] 黄爱玲,韩永斌.会计学基础[M].大连:东北财经大学出版社,2021.
[8] 孙陇.会计学基础[M].北京:经济科学出版社,2022.
[9] 尹美群,李伟,代冰彬.会计学基础[M].2版.北京:经济管理出版社,2022.
[10] 顾远,王明虎.基础会计学[M].大连:东北财经大学出版社.2022.
[11] 石道金.会计学基础[M].3版.杭州:浙江大学出版社,2021.
[12] 全浙玉.基础会计学[M].西安:西安电子科技大学出版社,2022.
[13] 臧红文.会计学基础[M].3版.北京:北京大学出版社,2020.
[14] 财政部会计资格评价中心.初级会计实务[M].北京:经济科学出版社,2023.
[15] 会计准则研究组.最新企业会计准则讲解与操作指南[M].大连:东北财经大学出版社,2021.
[16] 新企业会计准则重点难点解析编写组.新企业会计准则重点难点解析[M].北京:企业管理出版社,2020.
[17] 财政部会计资格评价中心.中级会计实务[M].北京:经济科学出版社,2023.
[18] 龚菊明.基础会计学[M].苏州:苏州大学出版社,2021.
[19] 龚菊明.基础会计学学习指导与习题集[M].苏州:苏州大学出版社,2021.
[20] 孔莉.基础会计学[M].北京:高等教育出版社,2020.
[21] 梅叶.基础会计学[M].武汉:武汉理工大学出版社,2021.
[22] 王蕾,陈淑贤,等.基础会计学[M].3版.北京:清华大学出版社,2021.
[23] 韩冰.新编基础会计学辅导与练习[M].5版.大连:东北财经大学出版社,2020.